U0694663

 全国高等职业院校护理类专业第二轮教材

# 康复护理

（供护理、助产等相关专业用）

主　编　梁　娟　王　琼　蔡佳佳
副主编　卢玉仙　邹　颖　陈秀玲
编　者　（以姓氏笔画为序）
　　　　马　可（滨州医学院）
　　　　王　琼（苏州卫生职业技术学院）
　　　　卢玉仙（江苏医药职业学院）
　　　　刘　雁（中南大学湘雅二医院）
　　　　许若晴（福建生物工程职业技术学院）
　　　　杜　丽（山东中医药高等专科学校）
　　　　邹　颖（江苏护理职业学院）
　　　　张丽莎（苏州卫生职业技术学院）
　　　　陈秀玲（山东中医药高等专科学校）
　　　　柏　平（山东医学高等专科学校）
　　　　唐懿芳（中南大学湘雅二医院）
　　　　梁　娟（山东中医药高等专科学校）
　　　　蔡佳佳（中南大学湘雅二医院）

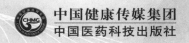 中国健康传媒集团
中国医药科技出版社

## 内 容 提 要

本教材为"全国高等职业院校护理类专业第二轮教材"之一，系根据高等职业院校护理类专业教学大纲的基本要求和课程特点编写而成。内容涵盖绪论、康复护理评定、常用康复治疗技术、常用康复护理技术、脑卒中的康复护理、颅脑损伤的康复护理、脑性瘫痪的康复护理、脊髓损伤的康复护理、帕金森病的康复护理、老年痴呆症的康复护理、颈肩腰腿痛的康复护理、骨折后的康复护理、截肢后的康复护理、人工髋膝关节置换术后的康复护理、慢性阻塞性肺疾病的康复护理、冠心病的康复护理、糖尿病的康复护理等内容。本教材为书网融合教材，即纸质教材有机融合电子教材、教学配套资源（PPT、微课、视频、图片等）、题库系统、数字化教学服务（在线教学、在线作业、在线考试）。本教材具有内容新颖、实用性强等特点。

本教材主要供全国高等职业院校护理、助产等相关专业使用。

## 图书在版编目（CIP）数据

康复护理/梁娟，王琼，蔡佳佳主编．—北京：中国医药科技出版社，2023.1

全国高等职业院校护理类专业第二轮教材

ISBN 978 – 7 – 5214 – 3542 – 9

Ⅰ.①康… Ⅱ.①梁… ②王… ③蔡… Ⅲ.①康复医学 – 护理学 – 高等职业教育 – 教材 Ⅳ.①R47

中国版本图书馆 CIP 数据核字（2022）第 257370 号

**美术编辑** 陈君杞

**版式设计** 友全图文

**出版** **中国健康传媒集团** | 中国医药科技出版社

**地址** 北京市海淀区文慧园北路甲 22 号

**邮编** 100082

**电话** 发行：010 – 62227427 邮购：010 – 62236938

**网址** www.cmstp.com

**规格** 889 × 1194mm $^1/_{16}$

**印张** 13 $^1/_2$

**字数** 382 千字

**版次** 2023 年 1 月第 1 版

**印次** 2023 年 1 月第 1 次印刷

**印刷** 北京盛通印刷股份有限公司

**经销** 全国各地新华书店

**书号** ISBN 978 – 7 – 5214 – 3542 – 9

**定价** 40.00 元

获取新书信息、投稿、为图书纠错，请扫码联系我们。

为贯彻落实《国家职业教育改革实施方案》《职业教育提质培优行动计划（2020—2023年）》《关于推动现代职业教育高质量发展的意见》等有关文件精神，不断推动职业教育教学改革，对标国家健康战略、对接医药市场需求、服务健康产业转型升级，支撑高质量现代职业教育体系发展的需要，中国医药科技出版社在教育部、国家药品监督管理局的领导下，在本套教材建设指导委员会主任委员西安交通大学医学部李小妹教授，以及长春医学高等专科学校、江苏医药职业学院、江苏护理职业学院、益阳医学高等专科学校、山东医学高等专科学校、遵义医学高等专科学校、长沙卫生职业学院、重庆医药高等专科学校、重庆三峡医药高等专科学校、漯河医学高等专科学校、皖西卫生职业学院、辽宁医药职业学院、天津生物工程职业技术学院、承德护理职业学院、楚雄医药高等专科学校等副主任委员单位的指导和顶层设计下，通过走访主要院校对2018年出版的"全国高职高专院校护理类专业'十三五'规划教材"进行了广泛征求意见，有针对性地制定了第二版教材的出版方案，旨在赋予再版教材以下特点。

**1. 强化课程思政，体现立德树人**

坚决把立德树人贯穿、落实到教材建设全过程的各方面、各环节。教材编写应将价值塑造、知识传授和能力培养三者融为一体，在教材专业内容中渗透我国医疗卫生事业人才培养需要的有温度、有情怀的职业素养要求，着重体现加强救死扶伤的道术、心中有爱的仁术、知识扎实的学术、本领过硬的技术、方法科学的艺术的教育，为人民培养医德高尚、医术精湛的健康守护者。

**2. 体现职教精神，突出必需够用**

教材编写坚持现代职教改革方向，体现高职教育特点，根据《高等职业学校专业教学标准》《职业教育专业目录（2021）》要求，以人才培养目标为依据，以岗位需求为导向，进一步优化精简内容，落实必需够用原则，以培养满足岗位需求、教学需求和社会需求的高素质技能型人才准确定位教材。

**3. 坚持工学结合，注重德技并修**

本套教材融入行业人员参与编写，强化以岗位需求为导向的理实教学，注重理论知识与岗位需求相结合，对接职业标准和岗位要求。在教材正文适当插入临床案例，起到边读边想、边读边悟、边读边练，做到理论与临床相关岗位相结合，强化培养学生临床思维能力和操作能力。

#### 4. 体现行业发展，更新教材内容

教材建设要根据行业发展要求调整结构、更新内容。构建教材内容应紧密结合当前临床实际要求，注重吸收临床新技术、新方法、新材料，体现教材的先进性。体现临床程序贯穿于教学的全过程，培养学生的整体临床意识；体现国家相关执业资格考试的有关新精神、新动向和新要求；满足以学生为中心而开展的各种教学方法的需要，充分发挥学生的主观能动性。

#### 5. 建设立体教材，丰富教学资源

依托"医药大学堂"在线学习平台搭建与教材配套的数字化资源（数字教材、教学课件、图片、视频、动画及练习题等），丰富多样化、立体化教学资源，并提升教学手段，促进师生互动，满足教学管理需要，为提高教育教学水平和质量提供支撑。

本套教材凝聚了全国高等职业院校教育工作者的集体智慧，体现了凝心聚力、精益求精的工作作风，谨此向有关单位和个人致以衷心的感谢！

尽管所有参与者尽心竭力、字斟句酌，教材仍然有进一步提升的空间，敬请广大师生提出宝贵意见，以便不断修订完善！

# 数字化教材编委会

主　编　梁　娟　王　琼　蔡佳佳
副主编　卢玉仙　邹　颖　陈秀玲
编　者　（以姓氏笔画为序）
　　　　马　可（滨州医学院）
　　　　王　琼（苏州卫生职业技术学院）
　　　　卢玉仙（江苏医药职业学院）
　　　　刘　雁（中南大学湘雅二医院）
　　　　许若晴（福建生物工程职业技术学院）
　　　　杜　丽（山东中医药高等专科学校）
　　　　邹　颖（江苏护理职业学院）
　　　　张丽莎（苏州卫生职业技术学院）
　　　　陈秀玲（山东中医药高等专科学校）
　　　　柏　平（山东医学高等专科学校）
　　　　唐懿芳（中南大学湘雅二医院）
　　　　梁　娟（山东中医药高等专科学校）
　　　　蔡佳佳（中南大学湘雅二医院）

# 前言 PREFACE

康复护理学是研究病、伤、残者身体或心理康复的护理理论、护理知识和护理技能的一门学科。康复护理既是康复医学的组成部分，又是护理学的一个重要分支。随着人类社会的文明进步和医学技术的飞速发展，康复护理对促进功能障碍者的全面康复发挥着重要作用。

康复护理是高等职业院校护理类专业的专业技能课程，在专业发展领域中越来越受到重视。教材编写以高等职业院校护理类专业教学为目标，以临床康复护理工作过程为主线，注重学生实践技能的培养，体现"立德树人、德技并修"，培养高素质的技能型康复护理专业人才。教材编写团队成员均来自教学与临床一线，有着丰富的临床和教学经验。教材内容共17章，涵盖了康复护理基础理论、基本技术以及临床应用。各章节编写分工：第1、14章由梁娟编写，第2章由柏平编写，第3章由马可编写，第4章由王琼编写，第5、7章由杜丽编写，第6、13章由张丽莎编写，第8、15章由许若晴编写，第9、10章由卢玉仙编写，第11、12章由邹颖编写，第16章由蔡佳佳、刘雁、唐懿芳编写，第17章由陈秀玲编写。本教材为书网融合教材，即纸质教材有机融合电子教材、教学配套资源（PPT、微课、视频、图片等）、题库系统、数字化教学服务（在线教学、在线作业、在线考试）。

本教材的使用对象为全国高等职业院校护理类专业学生，也可作为从事康复医疗、临床护理工作专业人员的参考用书。

由于新兴学科专业知识更新较快，编写人员水平有限，书中难免有错误、遗漏和不妥之处，恳请各位专家和广大读者给予批评指正，以便再版时进行修订、补充、完善。

编　者
2022年10月

# 第一章　绪　论

**情境导入**

**情景描述**　患者，女，70岁，因突发左侧肢体活动不利2小时入院。既往有高血压病史7年。头颅CT检查：右侧基底节区脑出血。入院后予以脱水、降颅压等对症治疗，现患者病情稳定，意识无异常，无大小便障碍。

**讨论**　1. 患者存在的功能障碍有哪些？

2. 应如何为患者进行康复护理？康复护理与临床护理有什么异同？

## 第一节　康复护理学基础  微课 1

PPT

康复医学的兴起反映了现代人对医疗保健及康复的更高要求，人们不仅要治愈疾病，而且要获得良好的功能和生存质量。康复护理既是康复医学的重要组成部分，也是护理学的一个重要分支，在提高患者功能水平、减少和防止残疾影响、促进全面康复等方面发挥着不可替代的作用。

## 一、基本概念

### （一）康复、康复医学

康复（rehabilitation）是指综合、协调地应用医学、教育、社会、职业等各种措施，减轻残疾因素造成的影响，以恢复或改善病伤残者在躯体、精神、社会上的能力，提高生活质量，重返家庭和社会。康复是使残疾者和功能障碍者恢复功能、权利的过程，从某种意义上说，没有功能障碍，没有残疾就没有康复。

康复医学（rehabilitation medicine）是医学的重要分支，主要研究病、伤、残者功能障碍的预防、评定及治疗，恢复或改善患者活动能力、重返社会。康复医学是以人为中心的生物－心理－社会医学模式的具体体现，反映了现代人对医疗保健与康复需求的更高要求。

康复的服务领域包括医学康复、教育康复、职业康复、社会康复和康复工程五个方面。

**1. 医学康复（medical rehabilitation）**　利用各种医疗和康复手段促进病、伤、残者身心康复。如临床通过药物治疗、手术治疗、护理措施、物理疗法、作业疗法、言语疗法等，为功能障碍者提供各种医疗、康复的技术和方法。医学康复是临床医学的重要分支之一，涵盖了整个医学范畴。

**2. 教育康复（educational rehabilitation）**　通过教育和培训手段达到康复目标。如聋哑儿童、智障儿童、肢体伤残儿童及青少年等的教育和技能训练等。

**3. 职业康复（vocational rehabilitation）** 对残疾者进行就业能力评定、培训、职业选择等，充分发挥残疾者的潜能，帮助其取得就业机会，实现自我价值。

**4. 社会康复（social rehabilitation）** 从社会角度推进和保障残疾人再就业，研究和协助残疾者重返社会后遇到的各种社会问题。如住宅、道路、交通等无障碍设施的建立；创造就业条件、改善经济状况；从法律角度维护和保证残疾人基本权益，为残疾人创造平等参与、发挥潜能、适应生存环境的有利条件。

**5. 康复工程（rehabilitation engineering）** 利用和借助工程学原理和手段，将现代科技转化为有助于改善病、伤、残者功能的具体服务。如截瘫下肢行走训练器、人工假肢及人工喉等。

### （二）康复护理

康复护理是指根据康复医疗计划，围绕全面康复目标，由康复护士配合其他康复专业人员（如康复医师、康复治疗师等），对因伤、病、残造成的各种功能障碍者采取一系列的康复护理措施。如观察残疾情况；预防感染、压疮、萎缩、挛缩、畸形等并发症；防止继发性残疾；日常生活自理能力再训练；康复辅助器具的使用与指导；心理康复疏导等。

康复护理源于一般护理，随着康复医学向临床各科的不断渗透，康复护理作为整体护理的重要组成部分，对促进功能障碍者的全面康复发挥着重要作用。

## 二、康复医学基础理论

### （一）骨与关节的运动学基础

**1. 人体骨杠杆** 人体骨杠杆是指在肌肉拉力作用下，骨骼的功能与杠杆的原理相符合，能够围绕关节轴转动，克服阻力做功。骨杠杆的结构也包括支点、力点和阻力点。人体骨骼发挥着杠杆臂作用，肌肉在骨的附着点为力点；支点相当于关节运动中心；骨杠杆上的阻力为阻力点，与运动方向相反。人体骨杠杆分为平衡杠杆、省力杠杆、速度杠杆三类。

（1）平衡杠杆 支点在力点和阻力点中间，主要作用在于传递动力与保持平衡。如寰枕关节：寰枕关节为支点，斜方肌、肩胛提肌等颈后肌的牵拉力为力点，头的重量为阻力点，共同维持着头的前仰与后伸平衡。

（2）省力杠杆 阻力点在支点和力点之间，力臂长于阻力臂，可用较小的作用力克服较大阻力。如站立位时的上提足跟动作：支点在跖趾关节，小腿三头肌的粗大跟腱附着在跟骨上为力点，人体重力通过踝关节向下形成阻力点。人体此类杠杆较为少见。

（3）速度杠杆 力点在支点和阻力点之间，阻力臂长于力臂，有利于物体移动，产生速度。如人体的肘关节屈曲动作：肘关节中心为支点，屈肘时肱二头肌收缩力为作用力点，手部或手所持物体时的重心点为阻力点。人体此类杠杆最为普遍。

通过分析人体骨杠杆的类型，帮助人们在日常工作和运动中，尝试如何省力、获得速度和防止肌肉损伤。如人在提重物时，重物越靠近身体越省力；举杠铃时，杠铃贴近身体，可缩短阻力臂以省力；挥拍击球时，通过球拍长度延长阻力臂，可使阻力点移动距离和速度增大；抛掷物体时，可先伸展手臂后完成投掷，以获得速度等。

**2. 人体运动的面与轴** 关节面的形态及结构决定关节活动的轴。根据人体运动的基本姿势，分为三个相互垂直的运动平面和运动轴。

人体运动的基本姿势：身体直立，面向前，双目平视，两足并立，足尖向前，双上肢垂于躯干两侧，掌心向前（中立位时手掌贴于身体两侧）。

（1）运动平面 包括矢状面、额状面（冠状面）和水平面（横切面），三个平面相互垂直。

①矢状面：沿前后径将人体分为左右两部分，与人体侧面平行。

②额状面：沿左右径将人体分为前后（腹侧与背侧）两部分，与人体前面（腹侧）或后面（背侧）平行。

③水平面：直立位时，将人体分为上下两部分，与地面平行。

（2）运动轴 包括矢状轴、额状轴和垂直轴，三个运动轴相互垂直。

①矢状轴：沿身体前后方向垂直通过额状面，为矢状面与水平面交叉所形成的前后方向的线（轴）。

②额状轴：沿身体左右方向垂直通过矢状面，为额状面与水平面交叉所形成的左右方向的线（轴）。

③垂直轴：沿身体上下方向垂直通过水平面，为矢状面与额状面交叉所形成的上下方向的线（轴）。

**3. 关节的运动方向** 包括屈曲与伸展、内收与外展、内旋与外旋、旋前与旋后、内翻与外翻。

（1）屈曲与伸展 当关节两骨彼此接近，关节间夹角变小为屈曲；反之，关节两骨彼此远离，关节间夹角变大为伸展。即关节在矢状面上绕额状轴的运动。

（2）内收与外展 以中立位为基准线，肢体远离基准线（如身体中线、手正中线）向人体内侧移动为内收，肢体远离基准线向人体外侧移动为外展。即关节在额状面绕矢状轴的运动。

（3）旋转 骨以关节垂直轴为中心在水平面上进行的运动。

①内旋与外旋：肢体向身体前、内方旋转为内旋，向身体后、外方旋转为外旋。如肩、髋关节运动。

②旋前与旋后：身体中立位，上肢置于体侧、屈肘90°，当前臂旋转向尺侧、手掌心朝向地面时为旋前；反之，前臂旋转向桡侧、手背朝向地面时为旋后。如尺桡关节（前臂）运动。

（4）内翻与外翻 踝和足的联合运动。

①内翻：足底转向内侧、足内侧缘抬起朝向面的动作。

②外翻：足底转向外侧、足外侧缘抬起朝向外的动作。

**4. 关节的运动链** 人体的几个部位通过关节连接组成复合链。如上肢运动链由肩带、上臂、肘关节、前臂、桡腕关节和手组成；下肢运动链由髋关节、大腿、膝关节、小腿、踝关节和足组成。若将一侧肢体视为一条长链，则每个关节均为链扣。肢体远端游离为开链运动，此时可任意活动某一单独关节或同时活动若干关节；如步行时的摆动相、上肢日常活动等；远端闭合为闭链运动，如步行时双足支撑地面、双上肢接触墙面或桌面、两手相握等。

**5. 关节的生理与附属运动**

（1）关节的生理运动 关节在机体生理范围内发生的运动，为主动运动。如屈曲和伸展、内收和外展、内旋与外旋、内翻与外翻运动等。

（2）关节的附属运动 关节在生理范围之外、解剖范围之内完成的被动运动，如关节松动技术中对某一关节的分离、牵拉、滑动等附属运动（如牵拉肩关节、腕骨或跗骨间关节滑动、髌骨的移动等）。关节的附属运动在康复治疗过程中，对治疗关节疾患是一种不可缺少的被动运动。

**（二）肌肉的运动学基础**

人体运动取决于关节运动，关节运动取决于肌肉收缩。

**1. 肌肉收缩的类型** 根据骨骼肌在完成运动中的不同作用，分为原动肌、拮抗肌、固定肌和中和肌。

（1）原动肌 直接完成动作的肌群，包括主动肌和副动肌。在运动发动和维持中起主要作用的肌肉为主动肌；协助或帮助完成动作或仅在动作的某一阶段起作用的肌肉为副动肌。如肱二头肌和肱肌在屈肘动作中起主要作用，为主动肌；屈肘动作中的肱桡肌和旋前圆肌，为副动肌。

（2）拮抗肌 与原动肌作用相反的肌群。如屈肘动作中，肱三头肌是肱二头肌的拮抗肌；伸肘动作中，肱二头肌是肱三头肌的拮抗肌。在原动肌收缩时，拮抗肌协调性放松，以保持关节活动稳定性，增加动作的准确性，防止关节损伤。

（3）固定肌　为发挥原动肌对肢体运动的动力作用，将肌肉近端附着的骨骼充分固定的肌群。如肘关节屈伸动作时，固定肩关节的肌群。

（4）中和肌　抵消原动肌收缩所产生的不需要动作的肌群。如扩胸运动时，斜方肌和菱形肌为原动肌，斜方肌收缩使肩胛下角外旋，菱形肌收缩使肩胛下角内旋，使肩胛骨既不向内旋转、也不向外旋转。

（5）协同肌　副动肌、固定肌和中和肌称为协同肌。人体肌肉作用可随动作变化而变化，同一肌肉在不同运动中可发挥原动肌、拮抗肌、固定肌和协同肌等不同作用。

**2. 肌肉收缩的形式**　肌肉收缩的形式包括等长收缩和等张收缩。

（1）等长收缩　当肌肉收缩时，肌肉张力增加到最大值，肌肉长度基本不变，不引起关节运动，称等长收缩（静力收缩）。如半蹲位时的股四头肌收缩。当等长抗阻训练时，可在短期内迅速增加肌肉力量。

（2）等张收缩　肌肉收缩时，肌肉张力基本不变，肌肉长度发生改变，引起关节运动，称等张收缩（动力收缩）。如太极拳运动。根据关节运动方向不同，分为向心性（等张）收缩和离心性（等张）收缩。

①向心性收缩（又称等张缩短）：当肌肉收缩时，起止点接近，长度缩短。如上楼梯时，支撑下肢的股四头肌收缩（缩短）。

②离心性收缩（又称等张延伸）：当肌肉收缩时，起止点远离，肌肉恢复到静止时长度。如下楼梯时，支撑下肢的股四头肌的收缩（延长）。

**3. 上下肢运动的肌肉或肌群**

（1）肩关节　主要运动方向包括屈曲和伸展、内收和外展、内旋和外旋。

屈曲：三角肌前部、喙肱肌。

伸展：三角肌后部、大圆肌、背阔肌。

内收：胸大肌、背阔肌。

外展：三角肌中部、冈上肌。

内旋：肩胛下肌、胸大肌、大圆肌、背阔肌。

外旋：冈下肌、小圆肌。

（2）肘关节　主要运动方向包括屈曲和伸展。

屈曲：肱二头肌、肱肌、肱桡肌。

伸展：肱三头肌。

（3）尺桡关节（前臂）　主要运动方向包括旋前和旋后。

前臂旋前：旋前圆肌、旋前方肌。

前臂旋后：旋后肌、肱二头肌。

（4）腕关节　主要运动方向包括屈腕和伸腕、尺偏和桡偏。

屈腕：尺侧腕屈肌、桡侧腕屈肌。

伸腕：尺侧腕伸肌、桡侧腕长伸肌、桡侧腕短伸肌。

尺偏：尺侧腕伸肌、尺侧腕屈肌。

桡偏：桡侧腕屈肌、桡侧腕长伸肌、桡侧腕短伸肌。

（5）髋关节　主要运动方向包括屈曲和伸展、内收和外展、内旋和外旋。

屈曲：髂腰肌。

伸展：臀大肌、股二头长肌。

内收：内收肌群，包括内收大肌、内收长肌、内收短肌。

外展：臀中肌、臀小肌、阔筋膜张肌。

内旋：臀小肌、阔筋膜张肌。

外旋：外旋肌群，包括股方肌、梨状肌、臀大肌、上孖肌、下孖肌、闭孔内肌、闭孔外肌。

（6）膝关节　主要运动方向包括屈曲和伸展。

屈曲：腘绳肌，包括股二头肌、半腱肌、半膜肌。

伸展：股四头肌。

（7）踝足关节　主要运动方向包括屈曲和伸展、内翻和外翻。

踝关节跖屈：小腿三头肌，包括腓肠肌、比目鱼肌。

踝关节背伸：胫骨前肌。

### （三）运动对机体产生的生理效应

运动可反射性引起大脑皮质和丘脑、下丘脑部位兴奋性增高，提高机体反应能力，以适应各种因素给机体造成的应激状态，帮助机体恢复能力。下丘脑是调节内脏、内分泌活动的高级中枢，参与躯干活动的调节作用。

**1. 对运动系统的生理效应**

（1）维持骨骼肌的形态和功能　经常进行肌肉运动训练，可增强肌力和耐力，改善机体主动运动能力，产生最大张力和代谢率。

（2）延缓骨质疏松发生　机体运动时的应力负荷是维持骨骼正常代谢的重要因素，可维持骨代谢的正平衡。骨的代谢有赖于日常的加压和牵伸，以促进骨皮质增厚，减少骨丢失，保持骨小梁的网状立体结构，骨胶原排列紧密、规则，因此，经常运动能够促进骨量增加，预防和延缓骨质疏松发生。

（3）改善软骨营养　软骨无直接的血管供应，其营养主要来自于软骨下的骨组织血液和关节液。关节活动可对软骨起到挤压效应，保持关节液的营养成分，使软骨获得足够营养。

**2. 对心血管系统的生理效应**　运动可促使人体心血管系统的形态、机能和调节能力产生良好适应，提高人体活动能力。

（1）窦性心动徐缓　长期运动可使安静时心率减慢，如某些耐力项目运动员安静时心率可低至40～60 次/min。窦性心动徐缓是长期运动训练后心功能改善的良好反应。

（2）运动性心脏增大　运动训练使心脏增大是对长时间运动负荷的良好适应。

运动性心脏增大与病理性心脏增大区别：运动性增大的心脏，外形丰实，收缩力强，心力储备高；病理性心脏肥大，心脏扩张松弛，收缩力弱，心力储备低。

（3）心血管机能改善　静息时，普通人和运动员的心输出量无明显区别，由于运动员的心率较慢，故每搏输出量较大。当从事最大运动时，普通人与运动员虽达到同样心率，但运动员的每搏输出量及心输出量比静息时增加明显。运动员的每搏输出量的增加是心脏对运动训练的适应。

普通人和运动员每搏输出量和输出量变化：安静时，普通人 5000ml/min（71ml/次 ×70 次/min）；运动员 5000ml/min（100ml/次 ×50 次/min）；最大运动时，普通人 22000ml/min（113ml/次 ×195 次/min）；运动员为 35000ml/min（179ml/次 ×195 次/min）。可以看出，安静状态下两者每分输出量相等，但运动员心率较低，每搏输出量较大；从事最大运动时，两者心率达到同样高度，但运动员的每搏输出量从安静时 100ml 增加到 179ml，每分输出量高达 35000ml，普通人的每搏输出量从安静时的 71ml 增加到 113ml，每分输出量只提高到 22000ml。

经常运动训练的人进行定量工作时，心血管机能动员快、潜力大、恢复快。当运动开始，机体能迅速动员心血管系统功能，适应运动活动的需要；进行最大强度运动时，通过神经和体液调节，发挥心血管系统最大潜力，动员心力储备。运动后恢复期短，运动时功能变化大，运动一旦停止，能快速恢复到安静时水平。

**3. 对中枢神经系统的生理效应**　运动是一系列生理性条件反射的综合，对中枢神经最有效的刺激形式。运动向中枢神经提供感觉、运动和反射性传入信息，随运动复杂性增加，大脑皮层建立暂时性的联系和条件反射。

运动反射性引起大脑皮质和丘脑、下丘脑部位兴奋性提高，下丘脑是调节内脏、内分泌活动的次高级中枢，对躯干活动有调节作用；运动可提高机体的反应能力，适应各种因素对机体造成的应激状态，使人更为积极乐观地投入到运动中并从中获益。

**4. 对呼吸系统的生理效应**　肺的功能在于进行气体交换、调节血容量及分泌激素。健康的人在大运动后对呼吸频率、潮气量、通气量、每分吸氧量和每分二氧化碳排出量等均有一定影响。经常运动锻炼，胸廓和膈肌活动幅度增大，保持肺组织的弹性和顺应性，增大肺活量。膈肌的训练，有利于增强呼吸肌力量，增大呼吸容量，改善氧摄入量和二氧化碳排出量。

（1）运动时通气机能的变化　人体随着运动强度增大，需消耗更多 $O_2$ 和排出更多 $CO_2$，通气机能发生相应变化，呼吸加深加快，肺通气量增加。剧烈运动时潮气量从安静时 500ml 上升至 2000ml 以上，呼吸频率随运动强度增加而增加，由每分钟 12～18 次增加到 40～60 次。

（2）运动时换气机能的变化　通过 $O_2$ 的扩散和交换来体现。

肺换气变化：人体各器官组织代谢加强，流向肺部的静脉血中氧分压（$PO_2$）比安静时低，呼吸膜两侧 $PO_2$ 差增大，$O_2$ 在肺部扩散速率增大；血液中儿茶酚胺含量增多，呼吸细支气管扩张，通气肺泡数量增多；肺泡毛细血管前括约肌扩张，开放肺毛细血管增多，呼吸膜表面积增大；右心室泵血量增加，肺血量增多，通气血流比值仍维持在 0.84 左右。剧烈运动时可能造成过度通气，使通气血流比值大于 0.84。

**5. 对消化系统的生理效应**　运动对胃酸分泌或胃排空有轻度影响，可促使胃肠蠕动，消化液分泌，提高食欲，改善肝和胰腺功能，促进胆汁合成和分泌，利于脂肪代谢，降低胆石症的发生。

**6. 对泌尿系统的生理效应**

（1）运动对水分的影响　运动时，水分因蒸发和水分子跨膜运动影响而丢失。剧烈运动开始，水分从血液中外移至活动的肌细胞中，再从细胞间隙或肌细胞内丧失水分；当脱水相当于体重 6% 时，血浆渗透压升高约 20mmol/L，较重的脱水多由细胞内水分丢失引起。运动时，肾血流减少，剧烈运动时，肾血流量可下降至安静时的 50%，高强度运动可使尿量减少。

（2）运动对电解质的影响　剧烈运动后尿 $Na^+$ 排出量减少，血浆中 $Na^+$ 浓度升高；低强度运动时，尿中排 $K^+$ 量稍增加；短暂大强度运动时，尿 $K^+$ 排出量减少，马拉松运动后血 $K^+$ 浓度升高，甚或出现高钾血症危险。

**（四）长期制动对机体产生的不利影响**

**1. 对运动系统的影响**

（1）失用性肌萎缩　人体骨骼肌约占体重 40%。人在完全卧床时，肌力每周下降 10%～15%；卧床或制动 3～5 周，肌力下降 50%。肌肉不活动或活动减少可引起肌容积缩小、肌肉松弛，肌力和耐力降低，出现失用性肌萎缩。

制动可造成肌萎缩和肌力减退，制动方式不同，肌萎缩程度有所差异。如石膏固定后肌萎缩比卧床休息明显；承担体重和步行的相关肌肉或肌群制动后萎缩最明显；下肢肌力减退比上肢显著。

（2）关节挛缩　包括关节性挛缩、软组织性挛缩、肌源性挛缩等。若关节囊、韧带及皮肤、肌、肌腱、神经等关节结构外软组织长期处于痉挛状态或某种特定位置，可失去弹性，引起肌萎缩、关节变形和固定，导致关节活动范围受限。

当长期卧床或制动，关节不活动或活动不充分，肌肉、韧带、关节囊等软组织维持在短缩状态下5~7天时，可出现肌腹变短，3周后肌肉和关节周围疏松结缔组织被致密结缔组织取代，引起关节囊收缩，引起关节挛缩。

（3）骨质疏松　骨中矿物质不断减少可引起骨脆性及骨折的危险性增加。

骨质疏松的主要原因：当长期制动时，骨骼的压力和牵拉力降低，沿长骨纵轴的压力减少。正常骨质的维持需骨代谢的动态平衡，而长期制动使这种平衡被打破，骨吸收加快，尤其是骨小梁的吸收增加。骨骼的密度和形态取决于施加在骨上的力，骨质疏松时，骨的强度下降、脆性增加，易出现骨折。

抗重力的下肢和躯干姿势肌及相关的骨骼骨质丢失最为明显，如承担体重最大的跟骨的骨钙丢失。骨钙负平衡在卧床早期即可出现，在卧床1~2天尿钙开始增高，5~10天内显著增高，7周时达高峰，卧床30~36周，机体骨钙丢失总量约4.2%。骨钙降低与制动程度有关。如完全性脊髓损伤患者卧床6个月后，跟骨的骨钙丢失可达67%，健康人卧床休息6个月跟骨的骨钙减少仅为1.5%。

（4）异位骨化　骨的部位出现了骨组织化生，多见于髋部、膝、肩、肘部位。异位骨化形成早期可伴有全身低热，局部出现炎症反应，表现为先肿胀后变硬，早期不易检出，后期由于骨组织形成，出现明显关节活动障碍，影像学检查中可显现。异位骨化是长期制动的常见并发症。

**2. 对心血管系统的影响**

（1）基础心率增加　卧床休息时，安静心率每天增加0.5次/分，20天后从69次/分增加到79次/分，3~4周后增加4~15次/分。冠状动脉血流灌注在心搏舒张期，基础心率对保持一定水平的冠状动脉血流灌注量极为重要。基础心率加快，舒张期缩短，冠状动脉血流灌注量减少，心脏储备减少，心功能减退。长期卧床，机体即使从事轻微的体力活动，也可能导致心动过速。

（2）体位性低血压　由卧位转换为坐位或立位时血压显著下降，可出现头晕、恶心、出汗、心动过速、甚至晕厥表现，以老年人较为明显。正常情况下，当人从卧位到站立时，血管内产生静压，体内500~700ml血液从上身转移到下肢，血液大量流向下肢，足踝静脉压增加，为外周转移；当卧位后静压解除，体内500~700ml血液从下肢回到胸腔，为中心体液转移。血液静压作用通过神经血管系统反射调节，长期卧床时，体内此种适应性调节能力减退或丧失，因此当由卧位到坐位或站立时易发生直立性低血压，严重者会产生晕厥。

（3）静脉血栓形成　长期卧床者血栓形成概率增加，以深部静脉血栓、血栓性脉管炎和肺栓塞为主。长期卧床可引起机体血容量进行性减少，静脉回流减少，血黏稠度增高，引起下肢血流淤滞，静脉血栓形成。临床研究发现，不能步行的卒中患者发生深静脉血栓的危险性是步行者的5倍，受累肢体发生血栓危险是非受累肢体的10倍。血栓形成若累及冠状动脉，易诱发心绞痛或心肌梗死。

**3. 对中枢神经系统的影响**　长期制动后，机体感觉输入减少，痛阈下降，严重时可出现异常触觉、运动觉，甚或认知能力、判断力和记忆力下降，出现幻视、幻听。

**4. 对呼吸系统的影响**

（1）肺通气效率降低　卧位时，由于腹腔内容物的挤压膈肌上移，胸腔容积减小，膈肌运动受限，肺呼吸幅度减小。此外，长期卧床后废用性肌力减退，肺活量减少，肺通气效率降低，气体交换受影响。

（2）坠积性肺炎发生率增加　长期卧床数周后，全身肌肉的力量和耐力下降，肋间肌和膈肌活动受限，最大通气量和肺活量明显下降，呼吸表浅，咳嗽无力，呼吸道分泌物排出困难，大量支气管分泌物沉积在背部肺叶（仰卧位）及下侧肺叶（侧卧位），坠积性肺炎等呼吸系统感染的发生率明显增加。

**5. 对消化系统的影响** 卧床及病痛可对精神和情绪产生影响，胃液分泌减少，胃内食物排空速度减慢，食欲下降，胃肠消化、吸收功能不良，蛋白质和碳水化合物吸收减少，出现营养性低蛋白血症。由于胃肠蠕动减弱，食物残渣在肠道内停留时间过长，水分吸收过多而变得干结，造成便秘。

**6. 对泌尿系统的影响** 长期制动时，骨钙代谢障碍，血钙增高，多余的钙自尿液排出，出现高钙尿症；制动后机体抗利尿激素分泌减少，尿量增加，随尿液排出的钙、磷、钾、钠等电解质增加。高钙尿症和高磷尿症可促进尿路结石形成，继发尿路感染。卧位时膈肌活动受限、腹肌收缩无力、盆底肌松弛及神经支配异常等因素，膀胱括约肌与逼尿肌难以完成协调运动，膀胱排空受影响，导致尿潴留发生。

## 三、康复护理的工作特点

### （一）康复护理对象

康复护理对象包括先天或后天因素导致的能力丧失或功能障碍的人。

**1. 残疾者** 包括视力残疾、听力残疾、言语残疾、智力残疾、肢体残疾、精神残疾和多重残疾者等。

根据第七次全国人口普查及第二次全国残疾人抽样调查数据推算，我国残疾人总数约 8502 万人，有残疾人的家庭户约 7050 万户，占全国家庭户总户数 17.80%。其中，在残疾人口的城乡分布中，城镇残疾人口为 2071 万人，占 24.96%；农村残疾人口为 6225 万人，占 75.04%。

调查数据显示，残疾人曾接受的扶助、服务前四项及比例分别为：曾接受过医疗服务与救助的为 35.61%；曾接受过救助或扶持的为 12.53%；曾接受过康复训练与服务的为 8.45%；曾接受过辅助器具的配备与服务的为 7.31%。残疾人需求的前四项及比例分别为：有医疗服务与救助需求的有 72.78%；有救助或扶持需求的有 67.78%；有辅助器具需求的有 38.56%；有康复训练与服务需求的有 27.69%。

**2. 年老体弱者** 第七次全国人口普查结果显示，我国 60 岁及以上人口为 26401 万人，占 18.70%，其中 65 岁及以上人口为 19063 万人，占 13.50%。与第六次全国人口普查相比，60 岁及以上人口的比重上升 5.44%，65 岁及以上人口的比重上升 4.63%。

人进入老年期后，一方面生理功能退化，新陈代谢水平降低，出现耳目失聪、行动不便等机体功能衰退特征；另一方面由于冠心病、高血压、骨关节炎、老年痴呆等慢性疾病引起的机体功能减退，增加了致残的风险。老年人在生活自理、经济收入、参与家庭和社会生活等方面存在着不同程度的康复需求。

**3. 慢性病者** 慢性病的病程缓慢，病情不断变化、反复发作，相应器官出现的功能障碍可进一步加重原有病情，造成继发性功能障碍，导致恶性循环。临床常见慢性病有高血压、心脑血管疾病、恶性肿瘤、糖尿病、呼吸系统疾病、运动系统疾病以及抑郁症、阿尔茨海默病等精神疾病。

**4. 急性伤病及恢复早期患者** 康复护理的早期介入可促进急性伤病恢复及早期患者功能恢复，预防和减少并发症、后遗症的发生。如心肌梗死患者采取早期的运动治疗，对维护患者心脏功能、减少住院时间起着关键作用；长期制动患者，在意识清楚、生命体征平稳情况下，进行的早期康复训练，可预防继发性功能障碍的发生。

**5. 亚健康状态者** 亚健康是人体处于健康和疾病之间的一种状态，表现为机体在一定时间内的活力降低、功能和适应能力减退，但不符合现代医学有关疾病的临床或亚临床诊断标准。如不明原因的疲劳、性功能减退及月经周期紊乱；不明原因的情感障碍；对工作、生活、学习等环境难以适应、人际关系难以协调等。对亚健康状态者如采取积极的康复措施，可使其向健康状态转化，如有氧训练可改善情绪、提高体质。

### （二）工作内容

**1. 提供康复病房环境** 通过评估患者的基本情况、功能障碍程度，及时发现患者残疾状况和功能缺失状态，做好记录，准备康复训练所需要的病房环境及辅助设施，为患者提供安静舒适的病房环境和安全的康复训练场所。

康复病房设施应以满足功能障碍者日常生活和康复需求为准。如走廊两侧配备无障碍扶手，以防跌倒或方便步行训练；房间空间以方便轮椅进出或患者持杖行走；床头、走廊、卫生间呼叫器高度应适中等。

**2. 督导功能训练** 康复护士应掌握日常生活活动训练等基本的康复技术和方法，配合康复医师、康复治疗师等康复技术人员对患者进行功能评价和功能训练，督促和指导患者功能训练。如指导患者用餐、穿衣、辅具使用等。

**3. 指导自我管理** 指导长期卧床患者正确的体位摆放、床上翻身、床－轮椅之间转移等自我康复护理技巧；指导需要辅助器具患者学习假肢、矫形器具等辅具的正确使用和维护保养。

预防并发症和继发性功能障碍是康复护理的重要内容，功能障碍患者因活动能力下降、长期制动或卧床而出现各种并发症或继发性损伤，康复护理时应注意矫正和指导患者保持正确体位，预防压疮、肢体水肿、痉挛、挛缩畸形的发生。

**4. 康复教育与指导** 根据患者遇到的实际问题，提供必要的康复教育和指导，教会患者及家属自我观察病情变化；提供自我康复护理和自我康复管理的相关知识、日常生活技巧和社交等方面的培训，最大限度地提高患者的独立能力。

### （三）工作模式

康复治疗由多个学科和专业人员组合而成，采用"多专业协作组"的团队工作模式，康复护理人员是团队主要成员之一。康复团队不仅限于参与康复医疗的医护人员，还包括所有对康复治疗有影响的相关人员（如特殊教育者、患者家属、朋友以及所在社区成员）。康复医务人员包括康复医师、康复护士、康复治疗师。

根据工作场所的不同，康复护理工作方式分为医疗机构康复护理、上门康复护理和社区康复护理三种类型。

**1. 医疗机构康复护理** 属于专业康复机构，如康复中心、康复医院和综合医院的康复医学科、康复门诊等。专业的康复机构集中了专门的康复专业人才和先进的康复设备，医疗、教学、科研相结合，能解决病、伤、残者急性期、恢复早期和后期各种康复医疗需求，能为所在社区的康复人员提供康复医学培训和技术指导。但专业的康复机构治疗费用高，患者需要在医院才能接受康复治疗。

**2. 上门康复护理** 上门康复护理是介于机构康复护理和社区康复护理的一种形式，由专业的康复护理人员走出康复机构到病、伤、残者家中，定期实施康复护理技术和方法。但期限较短，康复护理内容有所限制，费用成本较高。

**3. 社区康复护理** 社区康复护理是在现有基层条件下，依靠所在社区的人力、财力、物力、信息和技术力量，为社区内的病、伤、残者提供必要的康复护理措施。如城市社区康复服务站，具有服务面广、医疗费用低、简便易行的特点，使病、伤、残者从康复机构回到社区内继续得到康复，解决功能障碍者康复需求问题，方便快捷，为三级康复医疗网络的基层终端。但需要建立固定的转诊（送）系统，解决当地无法解决的各类康复问题。

### （四）康复护士的基本素养与要求

在现代医学模式和新健康观念指导下，人们由"无病就是健康"思想，转变为追求躯体健康、心理健康、社会适应能力良好的完整健康状态，不再满足于病后才进行治疗，重视"未病防病、有病早治、已病防残、病后防复发"理念，健康观念的转变对康复护士的角色和基本素质提出了新的要求。

**1. 康复护士的工作角色**

（1）康复护理措施实施者  病伤残者经历了身体和精神的痛苦，生活发生很大变化，康复护士与患者接触较多，了解患者的伤残情况、心理状态、病情变化等。康复护士应按照康复治疗计划，协助康复医师和康复治疗师督促和指导患者完成康复治疗和康复训练。如日常生活活动训练、运动疗法训练、言语训练，指导患者或家属对易发压疮部位的皮肤护理，为患者提供睡眠与休息的良好环境以及预防并发症和继发性损伤，最大限度地减轻残疾发生等。

（2）康复治疗协调者  在康复治疗过程中，康复护士是康复团队成员之间沟通的桥梁，协调患者与康复小组成员、患者与家属成员、单位、社区等之间的关系，协助解决患者遇到的家庭、社会、经济、职业等问题，使康复治疗有序进行。

（3）康复教育者  在实施康复计划过程中，康复护士要根据患者遇到的实际问题，提供指导和帮助。如教会患者及家属自我观察病情变化；做好出院前患者及家属的安全管理、皮肤管理、大小便管理、矫形器保管等的健康教育与健康指导，提供自我管理的相关知识，帮助患者学会自我康复护理的技术和方法。

（4）康复治疗管理者  鉴于康复病区无障碍环境需求的特殊性，病区设置应充分体现无障碍设计理念，康复护士在病区环境管理中发挥着重要作用。

（5）康复资料研究者  康复护理的主要任务是促进和恢复个体、家庭和社区群体健康的调查研究，康复护士负责病区管理、康复对象个案管理等，能直接发现和评估患者认知能力、营养不良、视听功能减退、抑郁和焦虑等心理问题。康复护士应积极收集相关资料，通过整理和分析比较，研究如何更好地促进健康、恢复功能，为进一步推动康复治疗提供有利的科学依据。

**2. 康复护士的素养要求**

（1）专业基础知识  康复护士应熟练掌握康复医学的基本知识和护理技术，如皮肤护理、饮食护理、体位排痰技术、膀胱肠道护理、日常生活活动训练指导等；学习相关学科知识和技术，如家庭吸氧机、家用物理治疗仪的选购、使用与保养等，及时满足患者的日常康复护理需求。

（2）现代康复理念  以现代康复理念为指导，把康复预防、康复治疗、心理康复、职业康复和社会康复紧密结合起来，发挥患者自我护理、主动康复训练的积极性。

（3）人际沟通能力  人文关怀体现在对生命与健康、权利与要求、人格与尊严的维护。在康复护理过程中，良好的人际沟通是做好护理工作不可缺少的基本素质，康复护士直接与患者及家属接触，应正确运用语言沟通技巧，用患者能够理解的方式和通俗易懂的语言进行交流，主动加强与患者沟通。

（4）敬业精神  康复护理对象的特殊性，需要康复护士在工作中有更高职业道德和敬业精神，尊重、关心、理解患者才能更好地完成康复护理工作。

## 四、康复护理与临床护理的关系

### （一）康复护理与临床护理的相同点

康复护理与临床护理均为护理学的分支学科，两者呈并列关系。

**1. 基础护理**  康复护理与临床护理均需完成基础护理的各项工作。如病情观察、药物治疗、生活照顾、压疮处理、心理护理、饮食护理、排泄护理、健康教育等。

**2. 执行医嘱**　医嘱是临床治疗和康复计划实施的基本保证，康复护理与临床护理都要执行医嘱。

**3. 观察病情**　康复护理与临床护理均需严密观察患者病情动态变化及康复治疗效果，及时向康复医生、康复治疗师反馈病情。

### （二）康复护理与临床护理的区别

康复护理的主要对象包括残疾者、慢性病者、年老体弱者、急性伤病及恢复早期患者以及亚健康状态者等。康复对象的特殊性给护理工作提出了更高的要求，康复护士除完成临床护理基础工作，如用药、清洁处置等，还需要完成各种康复护理工作，如指导与督促患者主动与被动的床上肢体活动、床－轮椅转移、吞咽训练、假肢与矫形器佩戴与维护等。两者区别如表 1 - 1。

表 1 - 1　康复护理与临床护理的区别

|  | 康复护理 | 临床护理 |
|---|---|---|
| 护理对象 | 功能障碍者 | 疾病患者 |
| 护理目的 | 改善或提高功能 | 挽救生命、治疗疾病 |
| 主要手段 | 基础护理＋康复训练 | 基础护理 |
| 患者角色 | 主动参与 | 被动接受 |
| 工作模式 | 治疗小组合作 | 专业化分工 |
| 病房环境 | 无障碍环境设施 | 普通病房 |

PPT

## 第二节　残疾学基础 📱 微课 2

 **素质提升**

身残志不残的中国残奥健儿

2022 年北京冬季残奥会，48 个国家和地区 736 名残疾运动员参加比赛，中国健儿取得 18 金 20 银 23 铜总计 61 枚奖牌，历史上首次位列冬残奥会金牌榜和奖牌榜的双榜首。身残志不残是每个残疾运动员的真实写照，无臂游泳、单腿跳高、用嘴打乒乓……，不一样的画风带给我们肃然起敬的感动。中国残奥健儿用"输在起跑线、赢在终点线"的励志故事，生动诠释了拼搏不止、永不服输的精神魅力。著名物理学家霍金说"一个人如果身体有了残疾，绝不能让心灵也有残疾"，残奥健儿身上的"人性光辉"闪闪发亮，值得每个人学习和致敬！

## 一、基本概念

残疾（disability）是指因外伤、疾病、发育缺陷或精神因素造成明显的身心功能障碍，以致不同程度地持续或永久性丧失正常生活、工作和学习的一种状态。残疾与疾病不同，残疾可造成不能正常生活、工作和学习的身体上、精神上的功能障碍，包括程度不同的肢体残缺、感知觉障碍、日常生活活动障碍、内脏器官功能不全、精神情绪和行为异常、智能缺陷等。残疾分为原发性残疾和继发性残疾。

残疾学是一门研究残疾的各种原因、流行、表现特点、发展规律、后果及评定、康复与预防的学科，以残疾人及残疾状态为主要研究对象。

## 二、致残的原因

**1. 原发性残疾**　原发性残疾是指由于各类疾病、损伤、先天性异常等直接引起的功能障碍。导致原发性残疾的常见原因有以下几个方面。

（1）疾病　各类致残性、传染性疾病，如脊髓灰质炎、乙型脑炎等；先天性发育缺陷；各种慢性疾病，如心脑血管疾病、糖尿病和老年性疾病。

（2）营养不良　如人体某些必需营养成分缺陷或失调，如蛋白质缺乏等。

（3）意外和交通事故　如交通事故、工伤事故、暴力伤害、运动损伤、自然灾害等。

（4）物理化学因素　如烧伤、药物中毒、有毒物品（铅、汞、砷等）伤害等。

（5）其他因素　与残疾发生有关的精神、心理、社会等因素，如重大社会事件等。

**2. 继发性残疾**　由原发性残疾后并发症所导致的功能障碍，机体器官、系统功能进一步减退甚至丧失。如肢体活动障碍、肌肉萎缩、关节挛缩、心肺功能失用性改变等。

## 三、残疾的分类

### （一）国际残疾分类

**1. 国际残损、残疾和残障（ICIDH）分类**　世界卫生组织于 1980 年颁布《国际残损、残疾和残障分类》（International Classification of Impairments，Disabilities and Handicaps，ICIDH），根据残疾的性质、程度和影响，将残疾分为残损、残疾和残障三个类别。

（1）残损（impairment）　躯体结构功能的缺损。因疾病或外伤引起躯体解剖结构、生理功能及心理功能的丧失或异常，影响局限在机体器官系统水平，为生物器官系统水平上的残疾。

（2）残疾（disability）　又称为失能，为个体活动能力受限。残损使个体行为能力受限或缺乏，以致不能按正常的行为、方式和范围内进行活动，为个体水平上的残疾。

（3）残障（handicap）　又称为社会能力障碍，为参与限制。残损或失能限制或妨碍了个体（年龄、性别、社会和文化等因素）应当进行的正常社会活动，为社会水平的残疾。

我国习惯上把残损、残疾、残障统称为残疾。残损、残疾、残障之间没有绝对界限，可以相互转化。若残损者未经正确的康复治疗，可在原发病损基础上转化为失能甚至残障；残障或失能者通过正确的康复治疗可向较轻程度转化。如残损患者因心理障碍而自我封闭，与社会隔绝，可达到残障程度；残障患者若经过积极的康复治疗、心理疏导，可能转化为残损。

**2. ICF 分类**　2001 年 5 月，WHO 公布《国际功能、残疾和健康分类标准》（International Classification of Functioning，Disability and Health，ICF），将残疾和功能分类作为一种相互作用和演进的过程，提出一种多角度的残疾分类方法，如图 1－1。

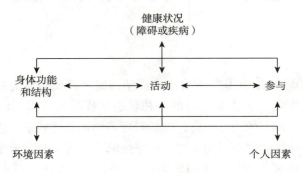

图 1－1　ICF 模式图

ICIDH 分类是一种疾病后果的残疾分类，着眼于"患者"特殊群体；ICF 是一种健康及其相关领域的残疾分类，把健康情况、功能和残疾情况以及背景因素表述为一种可以双向互动的统一体系。

### （二）国内残疾分类

2011 年，我国发布的《残疾人残疾分类和分级标准》，按不同残疾分为视力残疾、听力残疾、言语残疾、肢体残疾、智力残疾、精神残疾和多重残疾。各类残疾按残疾程度分为四级，即残疾一级、残疾二级、残疾三级和残疾四级。残疾一级为极重度，残疾二级为重度，残疾三级为中度，残疾四级为轻度。

**1. 视力残疾** 视力残疾是指各种原因导致双眼视力低下且不能矫正或双眼视野缩小，以致影响正常的日常生活和社会参与。包括盲及低视力。

视力残疾按视力和视野状态分级，其中盲为一级和二级；低视力为三级和四级。视力残疾指双眼，若双眼视力不同，以视力较好的一眼为准。如仅有单眼视力障碍，另一眼视力达到或优于 0.3，则不属于视力残疾范畴。视野以注视点为中心，视野半径小于 10°者，不论视力是否障碍均属于盲。视力残疾分级参阅《残疾人残疾分类和分级标准》GB/T 26341 - 2010。

**2. 听力残疾** 听力残疾是指因各种原因导致双耳不同程度的永久性听力障碍，听不到或听不清周围环境声及言语声，以致影响其日常生活与社会参与。

听力残疾按平均听力损失，听觉系统结构、功能，活动和参与，环境和支持等因素分级（不佩戴助听放大装置）。听力残疾分级参阅《残疾人残疾分类和分级标准》GB/T 26341 - 2010。

注：3 岁以内儿童，残疾程度一、二、三级的定为残疾人。

**3. 言语残疾** 言语残疾是指各种原因导致的不同程度的言语障碍，经治疗一年以上不愈或病程超过两年，不能或难以进行正常的言语交流活动，影响正常日常生活和社会参与。包括失语、运动性构音障碍、器质性构音障碍、发声障碍、儿童言语发育迟滞、听力障碍所致的言语障碍、口吃等。

注：3 岁以下不定残。

言语残疾按不同类型的口语表现和程度，脑及发音器官结构和功能，活动和参与，环境和支持等因素分级。言语残疾分级参阅《残疾人残疾分类和分级标准》GB/T 26341 - 2010。

**4. 肢体残疾** 肢体残疾是指人体运动系统的结构、功能损伤造成的四肢残缺或四肢、躯干麻痹（瘫痪）、畸形等，导致人体运动功能不同程度丧失以及活动受限或参与的局限。

（1）上肢或下肢因伤、病或发育异常所致的缺失、畸形或功能障碍。

（2）脊柱因伤、病或发育异常所致的畸形或功能障碍。

（3）中枢及周围神经因伤、病或发育异常造成躯干或四肢的功能障碍。

肢体残疾按人体运动功能丧失、活动受限、参与局限的程度分级（不佩戴假肢、矫形器和其他辅助器具）。肢体残疾分级参阅《残疾人残疾分类和分级标准》GB/T 26341 - 2010。

**5. 智力残疾** 智力残疾是指智力显著低于一般人水平，并伴有适应行为的障碍。此类残疾是由于神经系统结构、功能障碍，使个体活动和参与受到限制，需要环境提供全面、广泛、有限和间歇的支持。智力残疾包括在智力发育期间（18 岁前），由于各种有害因素导致的精神发育不全或智力迟滞；或智力发育成熟后，由于各种有害因素导致智力损害或智力明显衰退。

智力残疾按 0 ~ 6 岁和 7 岁及以上两个年龄段发育商、智商和适应行为分级。0 ~ 6 岁儿童发育商小于 72 的按发育商分级，发育商在 72 ~ 75 的按适应行为分级。7 岁及以上按智商、适应行为分级；当两者分值不在同一级时，按适应行为分级。智力残疾分级参阅《残疾人残疾分类和分级标准》GB/T 26341 - 2010。

**6. 精神残疾** 精神残疾是指各类精神障碍持续一年以上未痊愈，由于存在认知、情感和行为障碍，以致影响其日常生活和社会参与。

18 岁及以上精神障碍者依据 WHO - DAS Ⅱ 分值和适应行为表现分级，18 岁以下精神障碍者依据适应行为表现分级。精神残疾分级参阅《残疾人残疾分类和分级标准》GB/T 26341－2010。

**7. 多重残疾**　多重残疾是指同时存在视力残疾、听力残疾、言语残疾、肢体残疾、智力残疾、精神残疾中的两种或两种以上残疾。多重残疾按所属残疾中残疾程度最重类别的分级确定残疾等级。

# 第三节　康复护理环境  微课3

PPT

## 一、外界环境设施要求

**1. 人行道**　满足三轮车、轮椅、挂拐者通行，方便视力残疾者通行。

**2. 公园、广场、游览地、道路设施**　满足手摇三轮车和乘轮椅者通过。

**3. 主要商业区和道路交叉口**　设置音响交通信号，方便视力残疾者通过。

**4. 楼梯、阶梯**　以电梯或坡道替代，方便轮椅使用者或使用拐杖、助行器等行动困难者。

## 二、居室内外设施要求

**1. 居室门**　门的有效宽度应为85cm，应设计轨道推拉式，门把手应为向外延伸的横向把手，便于开关。

**2. 居室**

（1）室内地板　不打蜡，尽量去除地毯。

（2）卧室内桌前、柜前和床两侧　应有1.6m的活动空间，方便轮椅360°旋转以应付各种需求。

（3）床头　一侧有柜子，与床应有1m空间，以便轮椅进入。

（4）衣柜　坐在轮椅上手能触及的最大高度约1.22m，衣柜内挂衣架的横木高度不宜高于1.22m，衣柜深度不宜大于60cm。

（5）电源开关　墙上电灯开关高度低于92cm，墙上的电源座离地面超过30cm。

（6）电子声控系统　高位截瘫患者可以安装"电子声控系统"，通过用口吹气的气控方法解决开电灯和电视等操作。

（7）写字台　应满足乘坐轮椅者双腿伸入，宽度以45cm为宜，台面高度应离地面70～75cm。

（8）房间窗户　低于一般窗户高度，不影响乘轮椅者观望户外的视线。

**3. 洗浴室/厕所**

（1）洗手池　底部应大于68cm，便于乘轮椅者双腿进入池底，接近水池洗手和洗脸；水龙头开关宜用长柄式或感应式，便于开关或使用。

（2）浴盆　高度应与轮椅的高度一致（40～45cm），浴盆一端应设30cm的洗浴坐台，在浴盆附近应安装安全扶手，淋浴应采用冷热水混合器。

（3）厕所　门宽不得小于80cm，厕所内应留出1.5m×1.5m空间，以便轮椅回转，厕所内应安装坐便器，坐便器旁边应安装安全扶手。

**4. 居室外环境**

（1）出入口　内外应留有1.5m×1.5m的空间，出入口设计为斜坡形，倾斜角度为5°左右或每长30cm升高2.5cm，宽为1～1.4m。坡的表面要防滑。

（2）电梯　门宽不小于80cm，电梯内面积不小于1.5m×1.5m。

（3）通道　一人或一轮椅的通道宽度为1.2m，两轮椅的通道宽度为1.8m，单拐步行的通道宽度为70～90cm，双拐步行的通道宽度为90～120cm。

### 三、心理康复环境要求

心理状态直接影响情绪，情绪好坏影响患者的康复治疗效果。为功能障碍患者创建积极向上的心理康复环境，对患者在不同阶段的康复效果可产生至关重要的影响。

**1. 建立个体心理调节机制** 心理康复是让患者建立个体心理调节机制的过程，让患者接受系统的心理干预，逐渐适应生活、学习、家庭或工作等方面发生的变化，积极面对出现的各种困难，形成一种积极的心理调节机制，以应付可能出现的各种心理问题，保持心理健康。

**2. 建立人员协助支持系统** 残疾患者生活圈中的人群态度对患者的心理状态有着重要的影响，家属、同事、病友等密切接触者的态度可影响患者心理状态的调节。心理康复不仅要重视患者心理变化，同时也应重视密切接触者的心理辅导，解除由于密切接触者因素而造成的心理压力，为患者的心理康复创造良好的氛围。

**3. 建立专家协助支持机制** 康复护士应接受专门的心理康复培训，掌握心理咨询与治疗的基本知识和方法，拥有从事心理治疗的技能与临床经验，具有敏感的观察力与分析问题和解决问题的能力。

**4. 建立社区辅助支持系统** 康复过程往往伴随残疾者一生，残疾者回到家庭与社会后，社区康复的支持尤为重要。社区辅助支持系统要充分发挥社区中康复专业人员的作用，在残疾者出现心理问题时，能够随时给予指导与帮助，为残疾者的心理康复提供保障。

## 第四节　社区康复护理 📱微课 4

PPT

开展延续性社区医疗服务，使功能障碍者或残疾者在家庭或社区享受康复医疗，在提高患者生存质量的同时，还可缓解大医院长期占用床位或反复间断性占用床位的压力，为实现分级康复创造条件。

### 一、基本概念

#### （一）社区康复

社区康复（community-based rehabilitation，CBR）也称基层康复，是指依靠街道或乡村（社区）的资源，建立由社区各方人员参与的社区医疗康复系统，利用社区医疗卫生资源或志愿者发现社区内的残疾者或功能障碍者，组织和指导开展力所能及的家庭或社区康复治疗，使分散在社区的患者或残疾者能得到基本的康复医疗服务。社区康复是社区发展计划中的一项康复策略，其目的在于使所有功能障碍者或残疾者享有康复医疗服务，实现机会均等、充分参与的目标。

社区康复的实施要依靠残疾人、残疾人亲友、所在社区以及卫生、教育、劳动就业等社会保障相关部门的共同努力，以三级卫生网络为依托，以家庭为单位，以个人为主要服务对象，在社区内开展残疾普查、预防和康复等全程康复服务，减少因病、伤、残带来的后果，最大限度地恢复病、伤、残者的功能和能力，增强其生活自理能力和参与社会生活的能力。

#### （二）社区康复护理

社区康复护理（rehebilitative nursing in the community）是指在社区康复过程中，根据总的康复医疗计划，围绕全面康复目标，针对病、伤、残者的整体进行生理、心理、社会各方面的康复指导，在社区层次上实施康复训练及家庭护理。

社区康复护理是在康复医学理论的指导下，把整体护理与社区康复融为一体，在一般护理的基础上，与传统的患者被动地接受护理人员照顾的"替代护理"相比，康复护理强调"自我护理"和"协同护理"，即在病情允许的条件下，通过护理人员对病、伤、残进行生活能力的康复训练和指导，充分发挥患者潜能，使其达到部分或全部生活自理的目标。

## 二、工作内容

### （一）社区康复护理程序

**1. 收集资料** 了解功能障碍者的一般情况（如性别、年龄、家庭、婚姻、个人嗜好、生活习惯、文化水平、宗教信仰等）、家庭环境、家庭条件、经济状况等，建立社区康复对象档案。

**2. 初次评估** 社区康复护士应对康复对象进行一般体格检查、各项功能检查以及必要的专项检查，确定康复对象的运动功能水平和生活自理、学习、劳动、社会生活等能力，了解康复对象的功能状况、障碍程度、康复潜能及影响因素，为确立康复目标和制定康复护理计划提供依据。

**3. 制定康复护理计划** 对康复对象的身心障碍特点和日常生活活动能力进行综合分析，确立社区康复护理目标，选择适宜康复护理项目，制定康复护理计划。

**4. 实施康复护理计划** 指导和帮助康复对象进行康复训练并作好记录。训练项目应注意从易到难，从简到繁，从少到多，循序渐进，充分调动康复对象积极性。

**5. 康复效果评估** 康复护理计划实施之后，分阶段对康复效果进行评估；了解训练项目是否适合、有效，康复对象对训练的态度等；并根据评定的情况，不断调整康复内容，制定新的护理计划，实施再评定。

### （二）社区康复护理工作内容

社区康复护理遵循现代医学所倡导的全面康复原则，根据康复对象的不同需求，实施心理、生理、社会等各方面康复护理措施。

**1. 全面评估社区康复状况** 开展社区状况调查及社区病、伤、残者普查，了解病、伤、残的类别、人数、程度及因素，制定全面康复护理计划。

**2. 调整康复对象心理状态** 通过心理指导与护理，使其面对现实，以积极的态度，配合康复治疗。

**3. 恢复、改善现存功能障碍** 依靠社区力量，以基层康复站和家庭为基地，采用各种康复护理技术，最大限度地恢复康复对象的生活自理能力，使其功能恢复或改善，防止继发性残疾。

**4. 建立和完善特殊教育系统** 组织残疾儿童接受义务教育和特殊教育，对不同的康复护理对象，开展康复知识的宣传教育活动，提高其康复保健知识。

**5. 协调家庭、社区有关部门工作** 通过协调各部门，建立完善支持系统，对康复对象进行照顾，提供安全、舒适的康复环境。

## 三、社区康复护理服务模式

**1. 社会化综合康复服务模式** 社会化综合康复服务是由政府主导，动员社区内多种力量的综合康复服务模式。该模式将医疗服务与康复工作紧密结合，充分发挥社区医护人员的骨干作用，综合多种措施促进病伤残者康复。

**2. 社区服务保障模式** 社区服务保障是以民政部门为主导，由民政部门负责，综合本社区各种服务资源，对社区内功能障碍对象实施收容和康复的服务保障模式。该模式强调社会基本福利照顾与服务，适当开展社区康复，如社区内的养老院、托老所、临终关怀院、精神病康复站、儿童福利院等。

**3. 社区卫生服务模式** 社区卫生服务是以社区卫生部门医疗为主，以社区卫生服务中心（站）为依托，为本地区的人群防病治病的同时，指导本社区功能障碍者的康复，如社区卫生服务中心设置有康复、中医科室等。

**4. 家庭病床模式**　家庭病床是以医疗护理服务为主，病床建立在家庭内，为患者建立病史档案，医护人员上门进行康复护理专业指导，开展家庭居所康复训练，使康复医疗工作走进家庭，方便残疾患者。

## 目标检测

### 一、选择题

**（一）单项选择题**（下列各题备选结果，只有一个选项正确）

1. 康复护理的服务对象不包括（　　）
 A. 急救患者    B. 老年病患者    C. 慢性病患者
 D. 急性伤病及恢复早期患者   E. 残疾者

2. 康复护士在康复治疗中的作用，不包括（　　）
 A. 康复护理实施者      B. 患者与康复成员协调者
 C. 康复教育者       D. 康复病区管理者
 E. 制订康复治疗计划

3. 下列关于关节生理运动的描述，正确的是（　　）
 A. 关节在生理范围外、解剖范围内的运动   B. 属于被动运动
 C. 关节在生理范围内的运动     D. 由他人或健侧肢体帮助完成
 E. 通常个人不能主动完成

4. 社区康复护理的工作内容不包括（　　）
 A. 残疾的预防和普查   B. 康复技术服务   C. 康复教育
 D. 转介服务     E. 伤病急性期康复

5. 下列哪项不属于长期制动对运动系统的影响（　　）
 A. 失用性肌萎缩    B. 肌肉力量增强   C. 关节挛缩
 D. 异位骨化     E. 骨质疏松

6. 下列关于康复护理的描述，正确的是（　　）
 A. 不属于护理学的分支     B. 属于康复医学的一个重要分支
 C. 工作内容不包括基础护理    D. 不执行医嘱
 E. 与临床护理呈并列关系

**（二）多项选择题**（下列各题备选结果，有 2 个或 2 个以上选项正确）

7. 康复护理的服务对象包括（　　）
 A. 慢性病患者    B. 老年病患者   C. 残疾者
 D. 亚健康者     E. 急性伤病后患者

8. 康复护理的原则包括（　　）
 A. 预防在先、早期介入   B. 预防在后、后期介入   C. 主动参与、注重功能
 D. 整体全面、结合实际   E. 团队协作、重视心理

### 二、思考题

1. 康复护理与临床护理的区别。

2. 康复护士的工作角色。

---

**书网融合……**

本章小结　　　微课1　　　微课2　　　微课3　　　微课4　　　题库

# 第二章　康复护理评定

◎ **学习目标**

　　1. 通过本章学习，重点把握运动功能评定、感知觉功能评定、心肺功能评定、日常生活活动能力和生活质量评定的概念及评定方法。

　　2. 学会运用所学知识，评估患者的功能障碍程度，提出康复护理问题，制定并实施康复护理措施和康复指导，具有良好的人文关怀精神，体现深度和精益求精的品德。

》 **情境导入**

　　**情景描述**　患者，男，43 岁，左膝关节活动受限，于康复中心就诊。患者于两月前乘车时，因急刹车右膝撞击前排座椅致右侧胫骨骨折，行内固定手术，术后长腿管型石膏固定 6 周。现转入康复科，拆除石膏开始接受康复治疗。体检：右侧膝关节周围软组织肿胀、质硬，膝关节活动度消失，右膝 PROM（0°～30°）。

　　**讨论**　1. 该患者膝关节活动度标准的测量方法是什么？

　　　　　　2. 导致患者关节活动度下降的因素有哪些？

　　康复治疗的开展是以全面细致的康复评定为基础的，康复护理措施的介入应充分建立在对患者功能全面评定的基础上。因此，在对病、伤、残者进行康复护理时，康复评定工作是非常重要和必需的，可以说没有康复评定就没有康复护理。

## 第一节　概　述 微课1

PPT

💡 **素质提升**

### 树立"以患者为中心"的工作理念

　　随着我国社会经济快速发展，人们的生活环境、生活方式都在发生变化，慢性病、老年病、亚健康等趋于增多。2016 年中共中央、国务院印发《"健康中国"2030 规划纲要》，提出建立完善的医疗卫生服务体系，加强康复、老年病、长期护理等接续性医疗机构建设，健全"治疗－康复－长期护理"服务链。在这个服务链中康复和护理不再是辅助，未来康复事业的发展终将要靠年轻人承担，作为一名护理专业的学生要站在时代发展前沿，勇挑重担，做到"以患者为中心"，帮助患者提高生活质量和存活价值，助力健康中国建设。

## 一、基本概念

　　康复评定（rehabilitation evaluation and assessment）是在临床检查的基础上，对病、伤、残患者的功能状况及其水平进行客观、定性和（或）定量的描述（评价），并形成结论和障碍诊断的过程。

康复评定目的：检查、判断功能障碍的性质、部位、范围、程度；判断功能障碍的发展、转归和预后；制定康复治疗方案的依据；评估康复治疗效果。

康复护理评定（rehabilitation nursing evaluation and assessment）是对患者功能障碍的有关资料与正常标准进行比较、分析、解释检查结果并做出判断的过程。康复护理评定是康复评定的重要组成部分，也是康复护理的基础。

## 二、康复护理评定目的

1. 明确康复护理诊断，对患者的身体功能、家庭状况、社会环境等方面进行收集分析，掌握其存在或潜在的护理问题。

2. 分析患者障碍程度，对患者身体功能及残存能力进行量化分析，以判定病变器官、组织及全身的功能状态。

3. 为制定康复护理方案提供有效的客观依据。

## 三、康复护理评定内容

**1. 人体形态评定**　如身高、体重、肢体长度、围度的测量、脊柱形态等。

**2. 运动功能评定**　如关节活动度的测量、肌力测定、平衡与协调功能评定等。

**3. 日常生活活动能力评定**　如床上活动、穿衣、起坐、个人卫生、进食、步行、如厕、大小便控制、转移和轮椅使用等。

**4. 言语功能评定**　如声音、语言理解、表达能力和文字语言的理解能力。

**5. 心理评定**　包括对性格、智能、认知和心理适应能力等。

**6. 心肺功能评定**　包括通气功能、换气功能、呼吸力学检查、运动负荷试验是评定心功能常使用的方法。

**7. 神经肌肉电生理检查**　如肌电图、神经传导速度测定等。

**8. 发育评定**　通过运动能力、自理和社会交往能力，综合判断患者的发育水平。

## 四、康复护理评定分期

**1. 初期评定**　首次对患者进行的评定，其目的是确定障碍的性质、范围和程度；寻找和确定障碍发生的原因；确定影响患者康复的外界因素，为改造环境提供依据；根据障碍有目的地制定康复治疗计划判断预后；预防障碍的发生与发展。

**2. 中期评定**　经过一段时间的康复治疗和护理后再次进行评定。其目的是判定康复疗效；与初期评定相比较，了解明确改善的功能障碍程度，体现康复治疗和护理效果；确定现存的功能障碍，为制定下一阶段的康复治疗计划提供依据。

**3. 末期评定**　康复治疗和护理结束进行的末期评定，同时确定随访时间。其目的是判定康复疗效，是否达到预期目标；评估投资－效益比值是否在最短时间里、用最低成本达到最佳效果；定期随访指导出院患者后期的家庭康复。

# 第二节　运动功能评定

PPT

## 一、关节活动度评定 <sub>e</sub> 微课2

关节活动度（range of motion，ROM）又称关节活动范围，是指关节运动时所通过的运动弧，关节活动度分为主动的关节活动度和被动的关节活动度。

### （一）影响关节活动度的因素

**1. 生理因素** 限制关节活动度的生理因素主要包括骨性限制、软组织的限制、韧带的限制等。

（1）解剖结构 构成关节的两个关节面的面积比例以及关节面之间的吻合程度影响着关节活动度的大小。两个关节面的面积差越大，活动度也越大，稳定性也就越低，如肩关节；面积差越小，也就是两关节面越吻合，其活动度也就越小，如椎间关节。

（2）关节周围软组织性质 关节周围的关节囊薄而松弛，关节活动度就大，稳定性也就越低，反之就小；关节处韧带数量越多，关节稳定性也就越高；关节周围的肌肉弹性越好，关节活动度也就越大。

**2. 病理因素**

（1）挛缩 由于长期制动、中枢神经系统损伤、创伤、烫伤等导致关节周围软组织挛缩，影响关节的主动和被动运动范围。

（2）粘连 关节本身疾病如骨性关节炎、类风湿关节炎、关节内骨折、积液等大量的炎性渗出，导致组织广泛粘连，造成关节活动受限。

（3）水肿 关节周围水肿导致关节活动度受限。

### （二）评定目的

1. 确定关节活动度异常的部位及程度。
2. 确定引起关节活动度异常的原因。
3. 制定合理的康复治疗方案。
4. 评估康复治疗效果。

### （三）临床应用

**1. 适应证** 当关节水肿、疼痛，肌肉痉挛、挛缩，关节囊及周围组织的炎症及粘连、皮肤瘢痕等发生时，影响了关节的运动功能，需要测量关节活动度。

**2. 禁忌证** 关节脱位或骨折未愈合，刚刚经历肌腱、韧带、肌肉手术后，骨化性肌炎等。

### （四）评定方法

**1. 测量工具**

（1）通用量角器 是临床应用最普遍的一种测量关节活动度的工具（图2-1）。由一个带有半圆形或者圆形角度计的固定臂和移动臂组成，两臂的交点由一轴心连接。

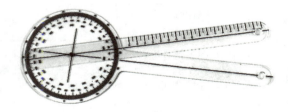

**图2-1 通用量角器**

（2）手指关节测角器 用于测量手指小关节活动范围的工具。测量用具包括：小型半圆形量角器、直尺（用于测量手指外展或手指屈曲距离）、两脚圆规（用于测量拇指外展即虎口张开程度）。

（3）电子关节活动度测量系统 固定臂和移动臂由两个电子压力传感器构成，能快速、准确地进行数据采集，具有完善的临床报告，数字化文件管理。

**2. 测量方法** 通用量角器测量时，在标准测量体位下，将量角器轴心放在运动关节的运动轴中心（骨性标志点）加以固定，固定臂与构成关节的近端骨的长轴平行，移动臂与构成关节的远端骨的长轴平行。使关节绕一个轴心向另一个方向运动达到最大限度，按照移动臂的指针在量角器刻度盘上读出关节活动度数，记录测量结果。上下肢主要关节活动度测量方法见表2-1、表2-2。

表 2-1 上肢主要 ROM 测量

| 关节 | 运动 | 受检者体位 | 量角器放置方法 | | | 正常 ROM |
|---|---|---|---|---|---|---|
| | | | 轴心 | 固定臂 | 移动臂 | |
| 肩 | 屈、伸 | 坐或立位，臂置于体侧，肘伸直 | 肩峰 | 与腋中线平行 | 与肱骨纵轴平行 | 屈 0°～180°<br>伸 0°～50° |
| | 外展 | 坐或立位，臂置于体侧，肘伸直 | 肩峰 | 与身体中线平行 | 与肱骨纵轴平行 | 0°～180° |
| | 内、外旋 | 仰卧，肩外展90°，肘屈90° | 鹰嘴 | 与地面垂直 | 与前臂纵轴平行 | 内旋 0°～90°<br>外旋 0°～90° |
| 肘 | 屈、伸 | 仰卧或坐或立位，臂取解剖位 | 肱骨外上髁 | 与肱骨纵轴平行 | 与桡骨纵轴平行 | 屈 0°～150°<br>伸 0°～5° |
| 桡尺 | 旋前旋后 | 坐位，臂置于体侧，肘屈90°，前臂中立位 | 尺骨茎突 | 与地面垂直 | 腕关节背面（测旋前）或掌面（测旋后） | 旋前 0°～90°<br>旋后 0°～90° |
| 腕 | 屈、伸 | 坐或立位，前臂完全旋前 | 尺骨茎突 | 与前臂纵轴平行 | 与第二掌骨纵轴平行 | 屈 0°～90°<br>伸 0°～70° |
| | 尺偏桡偏 | 坐位，屈肘，前臂旋前，腕中立位 | 腕背侧中点 | 前臂背侧中线 | 第三掌骨纵轴 | 尺偏 0°～55°<br>桡偏 0°～25° |

表 2-2 下肢主要 ROM 测量

| 关节 | 运动 | 受检者体位 | 量角器放置方法 | | | 正常 ROM |
|---|---|---|---|---|---|---|
| | | | 轴心 | 固定臂 | 移动臂 | |
| 髋 | 屈、伸 | 仰卧或侧卧，对侧下肢伸直，被测下肢在上 | 股骨大转子 | 与身体纵轴平行 | 与股骨纵轴平行 | 屈 0°～125°<br>伸 0°～15° |
| | 内收外展 | 仰卧 | 髂前上棘 | 左右髂前上棘连线的垂直线 | 髂前上棘至髌骨中心的连线 | 内收 0°～45°<br>外展 0°～45° |
| | 内旋外旋 | 仰卧，两小腿于床缘外下垂 | 髌骨下端 | 与地面垂直 | 与胫骨纵轴平行 | 内旋 0°～45°<br>外旋 0°～45° |
| 膝 | 屈、伸 | 俯卧，侧卧或坐在椅子边缘 | 股骨外髁 | 与股骨纵轴平行 | 与胫骨纵轴平行 | 屈 0°～150°<br>伸 0° |
| 踝 | 背伸跖屈 | 仰卧，踝于中立位 | 腓骨纵轴线与足外缘交叉处 | 与腓骨纵轴平行 | 与第五跖骨纵轴平行 | 背屈 0°～20°<br>跖屈 0°～45° |
| | 内翻外翻 | 俯卧，足位于床缘外 | 踝后方内、外踝中心 | 小腿后纵轴 | 轴心与足跟中点连线 | 内翻 0°～35°<br>外翻 0°～25° |

结果记录：记录测量日期、肢体关节、主动关 ROM 和被动 ROM；记录单位以"度"表示；被测的某关节出现非正常过伸展情况时，可以用"-"，即负号表示；应对水肿、疼痛、肌紧张、肌肉萎缩、皮肤状况、有无外伤等情况予以记录；分别记录 AROM 与 PROM，从0°开始到终末度数，如肩关节正常前屈 ROM 记录为0°～180°，屈曲受限0°～100°。

**3. 注意事项**

（1）检查者应熟悉解剖学骨性标志、各关节 ROM 正常值及测定技术、标准体位等。

（2）应向患者说明检测目的及方法，注意患者有无影响关节活动的不利因素，如疼痛或挛缩等。

（3）严格按照测量要求，根据检查的部位来选择适当的关节角度尺。

（4）测定时，患者应尽量暴露检查部位，以免影响关节活动度及检查结果。

（5）应同时检查主动和被动两种关节活动范围，先测患者主动 ROM，至最大限度时加外力做被动活动，以患者耐受为限，并分别在记录中说明，必要时参考对侧结果。

（6）操作手法缓慢柔和，避免在按摩、运动及其他康复治疗后立即检查关节活动度。

## 二、肌力、肌张力评定

### （一）肌力评定

肌力（muscle power）是指肌肉或肌群最大随意收缩时产生的力量。肌力评定是测定受试者在主动运动时肌肉或肌群产生的力量，以评定肌肉的功能状态。

**1. 评定目的**

（1）检查肌肉本身的发育和营养状况，注意肌肉有无萎缩、痉挛或挛缩。

（2）判断有无肌力低下及肌力低下的程度与范围。

（3）为制定治疗计划提供依据。

（4）检验治疗和训练的效果。

**2. 临床应用**

（1）适应证　各种原因引起的肌力减弱，包括下运动神经元损伤、原发性肌病、骨关节疾病等。

（2）禁忌证　关节不稳、骨折未愈合、急性渗出性滑膜炎、急性扭伤、骨关节肿瘤、严重疼痛、严重的心血管疾病等。

**3. 评定方法**　常用的肌力评定方法包括徒手肌力检查和器械肌力测定。

（1）徒手肌力检查法（manual muscle testing，MMT）　根据受检肌肉或肌群的功能，让受检者处于不同的受检位置，嘱患者在减重、抗重力或抗阻力的状态下作一定的动作，并使动作达到最大的活动范围。根据肌肉活动能力及抗阻力的情况，按肌力分级标准来评定级别。分级标准，如表 2-3 所示。

徒手肌力检查是检查者用自己的双手，通过感受被检查者肌肉收缩时的力量来判定肌力。因此，检查者应熟悉受检肌肉的起点，肌肉与所通过关节之间的位置关系和肌纤维行走方向。

表 2-3　MMT 级肌力分级标准

| 级别 | 标准 |
| --- | --- |
| 0 | 无肌肉收缩 |
| 1 | 有轻微收缩，不引起关节活动 |
| 2 | 在减重状态下，做关节全范围活动 |
| 3 | 抗重力，做关节全范围运动，但不能抗阻力 |
| 4 | 抗重力，抗一定阻力运动 |
| 5 | 抗重力，抗充分阻力运动 |

（2）器械肌力测试　当肌力超过 3 级时，可用专门的设备进行检测。根据肌肉收缩方式不同，可分别进行等长肌力检查、等张肌力检查和等速肌力检查。目前临床常用器械有握力计、捏力计、拉力计和等速测力计等。

（3）注意事项　检查前，应向患者解释并说明测试的目的、方法，以取得患者配合；让患者了解测试姿势的要求和必要的固定，避免出现代偿动作；检查时要尽量暴露检查部位，以确保测试准确；对高血压和严重心脏病者禁用等长肌力测试，以免引起血压升高，加重心脏负荷；中枢神经系统病损后，当出现肌肉痉挛及共同运动时，不宜采用肌力测试；避免在运动后、疲劳时及饱餐后进行肌力测试；与健侧进行比较时，当两侧差异大于 10% 有临床意义。

### （二）肌张力评定

肌张力（muscle tone）是指肌肉在静息状态下所保持紧张状态的程度。肌张力是维持身体各种姿势以及正常活动的基础。肌肉或结缔组织由于弹性特征，具有一定韧性，肌肉与神经节段存在反射联系，神经肌肉反射弧上的病变都可能导致肌张力的变化。

根据身体所处不同状态，肌张力可分为静止性肌张力、姿势性肌张力，运动性肌张力。静止性肌张力是在安静状态下观察肌肉的外观，触摸肌肉的硬度、被动屈伸运动时活动受限程度及其阻力来判断；姿势性肌张力是在变换各种体位过程中，肌肉的阻抗及调整状态；运动性肌张力是在完成某一动作中，检查相应关节的被动运动阻抗。

**1. 肌张力的特征**

（1）正常肌张力　①具有完全抵抗肢体重力和外来阻力的运动能力。②将肢体被动地放置在空间某一位置上，有保持肢位不变的能力。③能够维持主动肌和拮抗肌间的平衡。④具有随意使肢体由固定到运动和在运动过程中变为固定姿势的能力。⑤需要时可以完成某肌群的协同动作或某块肌肉的独立运动功能的能力。⑥被动运动时有一定的弹性。

（2）肌张力低下　①肌张力低下，主动肌和拮抗肌同时收缩能力减弱或消失。②抗肢体重力能力减弱或消失。③肌力降低或消失。

（3）肌张力增高　①被动运动时诱发牵张反射。②对被动运动产生抵抗。③主动肌和拮抗肌的肌张力平衡失调。④可动范围减少，主动运动减弱或消失。

**2. 评定方法**　评定方法有手法检查、摆动和屈曲维持试验、电生理技术等。手法检查是检查者通过对患者进行关节的被动运动时所感受到的阻力进行分级评估的方法。

（1）临床分级　临床常用改良 Ashworth 痉挛评定量表（表2–4）。

表2–4　改良 Ashworth 痉挛评定标准

| 等级 | 标准 |
| --- | --- |
| 0级 | 无肌张力增加，被动活动患侧肢体无阻力 |
| I级 | 肌张力稍增加，被动活动患侧肢体时，ROM 终末端有轻微的阻力 |
| I⁺级 | 肌张力稍增加，被动活动患侧肢体时，前1/2ROM 中出现轻微卡住，后1/2ROM 中始终有轻微阻力 |
| II级 | 肌张力轻度增加，被动活动患侧肢体时，大部分 ROM 内均有阻力，但仍可以活动 |
| III级 | 肌张力严重增高，被动运动困难 |
| IV级 | 僵直：受累部分被动屈伸时呈现僵直状态，不能活动 |

（2）注意事项　被动牵伸速度影响痉挛程度，在比较痉挛程度时，被动运动速度需要保持一致；影响肌张力的因素较多，如主观因素、环境温度、并发症（尿道结石、感染、膀胱充盈、便秘、压疮、静脉血栓、疼痛、局部肢体受压等）、机体健康情况（发热、代谢和电解质紊乱等）、药物、体位等；多次评定时，应保证评定时间和其他客观条件一致。

## 三、平衡、协调功能评定

平衡与协调是维持人体姿势、保持体位、完成日常生活活动的基本保证，平衡与协调功能评定是躯体功能评定的重要内容。

### （一）平衡功能评定

平衡（balance）是指人体无论处在何种位置，运动或受到外力推动时，自动地调整姿势并维持所需要的姿势的过程。平衡能力（balance ability）是指当人体重心垂线偏离稳定基底时，能立即通过主动的或反射性的活动使重心垂线返回到稳定基底内的能力。

**1. 平衡的分类**　平衡分为静态平衡、自动态平衡和他动态平衡三种状态。

（1）静态平衡　人体或人体某一部位处于某种特定姿势。需要肌肉的等长收缩，如坐、站等姿势保持稳定状态的能力。

（2）自动态平衡　人体在进行各种自主姿势转换运动时，能重新获得稳定状态的能力。如从坐到站或由站到走等姿势转换的运动。需要肌肉的等张收缩。

（3）他动态平衡　人体在外力推拉干扰下，能调整姿势并恢复新的稳定状态的能力。需要肌肉的等张收缩。

平衡是一种自主反应，受大脑皮层控制，属于高级水平的发育性反应，使人体不论在何种姿势或状态下均能保持稳定。人体可根据需要进行有意识的训练，以提高或改善平衡能力。

**2. 维持平衡的条件**

（1）肌张力　正常的肌张力可使人体能支撑自己并能抗重力运动，但又不会阻碍运动。

（2）感觉输入　机体正常的感觉输入包括视觉、本体感觉及前庭感觉输入。

（3）脑部整合作用　大脑能够对所接受的信息进行分析、加工，并形成产生运动的方案。

（4）交互神经支配　使人体能保持身体某些部位的稳定，有选择性地运动身体其他部位。

**3. 评定方法**　根据不同患者病情，进行如卧位倾斜反应、坐位平衡反应、膝手位平衡反应、跪位平衡反应等评定。评定方法包括主观评定和客观评定两方面。主观评定以目测法和量表法为主，客观评定主要使用平衡测试仪。

（1）观察法　让被检查者在静止和运动状态下，完成指定动作，通过目测观察的方法进行评定。观察法比较粗略和主观，缺乏量化，但应用简便，可对平衡功能障碍进行粗略筛选，具有一定的敏感性和判断价值。

①静止状态：分别让被评定者完成指定动作，如睁眼、闭眼坐；睁眼、闭眼站；双足并拢站立；足尖靠足跟站立；单足交替站立等，观察能否保持平衡。闭眼检查是为了减少或去除视觉对平衡的影响，使被检者依靠本体感觉和前庭感觉保持平衡。

②运动状态：让被检查者分别在坐、站立时移动身体；在不同条件下行走，如足尖碰足跟行走、足跟行走、足尖行走、走直线、侧方行走、倒退行走、走圆圈、绕障碍物等，观察能否保持平衡。

（2）量表法　主观进行，不需要专门设备，临床应用方便。国外常用的平衡量表主要有 Berg 平衡量表（表 2 - 5）、Tinnetti 量表以及"站立 - 走"计时测试（the timed UP and Go test）、跌倒危险指数（fall risk index）等。

表 2 - 5　Berg 平衡评定量表

| 姓名： | 性别： | | 年龄： | | 评定者： | | 诊断： | |
|---|---|---|---|---|---|---|---|---|
| 项目 | 年　月　日 | | 年　月　日 | | 年　月　日 | |
| 1. 由坐到站 | 4 / 3 / 2 / 1 / 0 | | 4 / 3 / 2 / 1 / 0 | | 4 / 3 / 2 / 1 / 0 | |
| 2. 独立站立 | 4 / 3 / 2 / 1 / 0 | | 4 / 3 / 2 / 1 / 0 | | 4 / 3 / 2 / 1 / 0 | |
| 3. 独立坐 | 4 / 3 / 2 / 1 / 0 | | 4 / 3 / 2 / 1 / 0 | | 4 / 3 / 2 / 1 / 0 | |
| 4. 由站到坐 | 4 / 3 / 2 / 1 / 0 | | 4 / 3 / 2 / 1 / 0 | | 4 / 3 / 2 / 1 / 0 | |
| 5. 床 - 椅转移 | 4 / 3 / 2 / 1 / 0 | | 4 / 3 / 2 / 1 / 0 | | 4 / 3 / 2 / 1 / 0 | |
| 6. 闭眼站立 | 4 / 3 / 2 / 1 / 0 | | 4 / 3 / 2 / 1 / 0 | | 4 / 3 / 2 / 1 / 0 | |
| 7. 双足并拢站立 | 4 / 3 / 2 / 1 / 0 | | 4 / 3 / 2 / 1 / 0 | | 4 / 3 / 2 / 1 / 0 | |
| 8. 站立位上肢前伸 | 4 / 3 / 2 / 1 / 0 | | 4 / 3 / 2 / 1 / 0 | | 4 / 3 / 2 / 1 / 0 | |

| 项目 | 年 月 日 | 年 月 日 | 年 月 日 |
|---|---|---|---|
| 9. 站立位从地上拾物 | 4 / 3 / 2 / 1 / 0 | 4 / 3 / 2 / 1 / 0 | 4 / 3 / 2 / 1 / 0 |
| 10. 转身向后看 | 4 / 3 / 2 / 1 / 0 | 4 / 3 / 2 / 1 / 0 | 4 / 3 / 2 / 1 / 0 |
| 11. 转身一周 | 4 / 3 / 2 / 1 / 0 | 4 / 3 / 2 / 1 / 0 | 4 / 3 / 2 / 1 / 0 |
| 12. 双足交替踏台阶 | 4 / 3 / 2 / 1 / 0 | 4 / 3 / 2 / 1 / 0 | 4 / 3 / 2 / 1 / 0 |
| 13. 双足前后站立 | 4 / 3 / 2 / 1 / 0 | 4 / 3 / 2 / 1 / 0 | 4 / 3 / 2 / 1 / 0 |
| 14. 单腿站立 | 4 / 3 / 2 / 1 / 0 | 4 / 3 / 2 / 1 / 0 | 4 / 3 / 2 / 1 / 0 |
| 总分 | /56 | /56 | /56 |

Berg 平衡量表包括 14 个动作项目，最低分 0 分，最高分 56 分，根据患者完成情况，将每个评定项目分为 0、1、2、3、4 五个等级。评定结果：0~20 分，提示平衡能力差，需矫形器或乘坐轮椅；21~40 分：提示有一定平衡能力，可辅助下步行；41~56 分：说明平衡功能较好，可独立步行；<40 分，提示有跌倒危险。

（3）平衡测试仪评定　仪器采用高精度的压力传感器和电子计算机技术，通过连续测定和记录身体作用于压力传感器表面的垂直力位置来确定身体摆动的轨迹，使身体自发摆动情况得以定量分析。

评定项目包括：①静态平衡测试：评定人体在静力状态下姿势的稳定性，主要参数包括重心移动的轨迹类型、长度、范围及移动中心点的偏移距离等。②动态平衡测试：包括身体向各个方向主动转移的能力和在支持面不稳定时身体重新获得平衡的能力，主要参数包括稳定极限、调整反应等。

（4）注意事项　向被检查者说明评定目的、方法及步骤，获得患者的积极合作；保持环境安静、舒适；注意保护患者安全，防止跌倒。

### （二）协调功能评定

协调（coordination）是指人体产生平滑、准确、有控制的运动能力。协调与平衡密切相关。协调障碍是指以笨拙的、不平衡的和不准确的运动为特点的异常运动，又称为共济失调（dystaxia）。中枢神经系统参与协调控制的部位主要有小脑、基底节、脊髓后索等。

**1. 评定内容**

（1）是否能完成指定的动作。

（2）完成动作所用的时间是否正常。

（3）睁、闭眼时动作有无差异。

（4）动作过程中有无辨距不良、震颤、僵硬。

（5）加快速度是否影响工作质量。

（6）动作完成的精确程度。

（7）活动时有无多余的身体活动。

（8）是一侧性或双侧性，哪个部位（头、躯干、上肢、下肢）最明显。

（9）是否容易感到疲劳。

**2. 评定方法**　评定方法主要是观察被测试者在完成指定的动作中有无异常，临床常用方法如下所述。

（1）指鼻试验　被测试者用自己的示指先接触自己的鼻尖，再去接触检查者的示指。检查者通过改变自己示指的位置，来评定被测试者完成该试验的能力。

（2）指–指试验　检查者与被测试者相对面坐，将示指放在被测试者面前，让其用示指去接触检查者的示指。检查者通过改变示指的位置来评定被测试者对方向、距离改变的应变能力。

（3）轮替试验　被测试者双手张开，一手向上，一手向下，交替转动；也可以一侧手在对侧手背上交替转动。

（4）示指对指试验　被测试者双肩外展90°，伸肘，再同时向正中线运动，双手示指相对。

（5）拇指对指试验　被测试者拇指依次与其他四指相对，速度可以由慢渐快。

（6）握拳试验　被测试者双手握拳、伸开，可以同时进行或交替进行（一手握拳，一手伸开），速度可以逐渐加快。

（7）拍膝试验　被测试者一侧用手掌拍膝，对侧握拳拍膝，或一侧手掌在同侧膝盖上做前后运动，对侧握拳在膝盖上做上下运动。

（8）跟－膝－胫试验　被测试者仰卧，抬起一侧下肢，先将足跟放在对侧下肢的膝盖上，再沿着胫骨前缘向下推移。

（9）旋转试验　被测试者上肢在身体一侧屈肘90°，前臂交替旋前、旋后。

（10）拍地试验　被测试者足跟触地，足尖抬起做拍地动作，可双足同时做或分别做。

**3. 注意事项**

（1）向被检查者说明评定目的、方法及步骤，获得患者的积极合作。

（2）观察被检查者在完成指定动作中是否直接、精确，时间是否正常，有无辨距不良、震颤或僵硬。

（3）注意两侧进行对比。

## 四、步态评定

步态（gait）是人类步行的行为特征。涉及行为习惯、职业、教育、年龄及性别等因素，也受到疾病的影响。步态评定是研究步行规律的检查方法，利用生物力学和运动学手段，对人类步行方式进行系统研究和评价，揭示步态异常的原因和影响。

### （一）基本概念

**1. 步行周期**　步行周期（gait cycle）是指一侧足跟着地到该侧足跟再次着地为止所用的时间与过程。根据下肢在步行的位置变化，分为支撑相和摆动相两个阶段。

（1）支撑相　足跟着地承受重力到足尖离地的时期，占整个步行周期的60%，分支撑相早期、支撑相中期和支撑相末期。其中单侧下肢着地时称为单支撑期，双侧下肢同时着地时称为双支撑期。

（2）摆动相　下肢离开地面向前迈步到再次着地前的时期，占整个周期的40%。分摆动相早期、摆动相中期和摆动相末期。

**2. 步态分析参数**　正常步态是在身体没有疾病和异常心理因素影响情况下的步行状态。需要合理的步长、步宽、步频；上身姿势稳定；由最佳能量消耗或最省力的步行姿势构成。

（1）步长（step length）　又称步幅，行走时左右足跟（或足尖）先后着地两点之间的距离。正常为50~80cm。步长受身高影响，身材越高，步长越大。

（2）步幅（stride length）　又称跨步长，同侧足跟（或足尖）先后两次着地点之间的距离。正常跨步长为步长2倍，即100~160cm。

（3）步宽（stride width）　一足的纵线至另一足的纵线之间的距离。正常为5~11cm。

（4）足偏角（foot angle）　足的长轴和纵线形成的夹角。正常约6.75°。

（5）步频（cadence）　单位时间内行走的步数（步数/min）。正常平均自然步频为95~125步/min。

（6）步速（walking velocity）　即步行速度，单位时间内行走的距离（m/min）。步行速度＝距离/所需时间（m/s），正常为65~100 m/min。

## （二）评定目的

1. 判断有无步态改变及异常步态的性质、程度，为制订康复计划提供依据。
2. 对治疗前后的步态进行比较，评价康复疗效。
3. 了解使用假肢和矫形器的情况，是否需要调整。
4. 确定患者有无必要进行耐力和步行速度方面的训练等。

## （三）评定方法

**1. 定性分析** 目测分析法。通过观察患者行走过程，按照一定的观察内容进行分析得出结论。结果的准确性或可靠性与观察者的临床经验有密切关系。

**2. 定量分析** 通过器械或专业设备获得客观数据，对步态进行分析的方法。

（1）足印法 主要设备：行走通道、墨汁、秒表、直尺。

采集过程：在患者足底涂上墨汁，嘱患者正常行走，从一侧足跟着地时开始计时，走完全程后于同一侧足跟着地时停止计时，计算平均步行周期的时间，测量行走距离、步长和步宽，计算步频和步速，分析结果。

（2）三维步态分析系统 主要设备：高速摄像机、测力台、肌电遥测系统、计算机处理系统。

过程：运动图像捕捉分析系统，包括6~8个专业用摄像头和标志点，通过摄像头捕捉人体标志点的运动轨迹，再通过计算机分析得到标记物的三维空间坐标，从而得到人体、肢体关节运动角度的参数。

**3. 注意事项** 评测环境应光线充足，评定场地适中，受试者尽可能着短裤进行评测，以便清楚地观察骨盆、髋、膝、踝关节活动；如有严重的心肺疾患者，应待病情稳定再行检查；如患者拄拐行走，应分别观察独立行走和拄拐行走。

## （四）临床常见异常步态

### 1. 中枢神经系统疾病常见异常步态

偏瘫步态：又称划圈步态，多见于脑血管病患者。表现为摆动相时，出现患侧骨盆代偿性上提，髋关节外展、外旋，膝伸直，足下垂、内翻，患肢经外侧划弧向前迈步，呈现划圈样步态。

脑瘫步态：又称为剪刀步，多见于脑瘫患儿。常见小腿肌肉痉挛导致足下垂、足外翻或足内翻，股内收肌痉挛导致步行时两膝内侧互相摩擦，严重者两腿交叉难分，无法步行，腘绳肌痉挛导致膝关节屈曲，表现为足尖着地行走，呈踮足剪刀步。

截瘫步态：脊髓损伤平面在$L_3$以下，可能独立步行，但由于小腿三头肌和胫骨前肌瘫痪，摆动相患者有显著的足下垂，出现屈髋跨步的行走姿势，状如跨槛。

帕金森步态：又称为慌张步态。帕金森病以普遍性肌肉张力异常为特征，表现为步行启动困难，行走时上肢僵硬，缺乏伴随的运动，下肢摆幅减小，髋膝关节轻度屈曲，重心前移，步频加快以保持平衡，不能随意立停或转向，步行时显得慌慌张张。

共济失调步态：又称为酩酊步态，见于小脑或前庭功能损害。表现为不能走直线，常呈曲线或折线行进。两足间距增大，步幅、步速不规则，全身运动不协调，摇摆不稳，状如醉酒，故又称为酩酊步态或醉酒步态。

### 2. 骨关节病及外周神经损伤常见异常步态

臀大肌步态：臀大肌无力导致在支撑相早期臀部出现后撤，中期腰部前凸，表现为躯干前后摆动显著增加，出现仰胸凸腹的姿势，类似鹅行走，又称为鹅步。

臀中肌步态：臀中肌无力导致在支撑相早期和中期骨盆向患侧下移超过5°，髋关节向患侧移动，以增加骨盆稳定度，表现为躯干左右摆动显著增加，类似鸭子行走，又称为鸭步。

股四头肌无力步态：股四头肌无力导致支撑相早期膝关节处于过伸位，用臀大肌保持股骨近端位置，用比目鱼肌保持股骨远端位置，以此获得膝关节的稳定，长期保持这种姿势会增加膝关节韧带和关节囊的压力，出现损伤和疼痛。

胫前肌无力步态：胫前肌无力导致踝关节跖屈功能受限，患者在摆动相出现足下垂，下肢功能性增长，通过增加屈髋和屈膝的角度将足抬离地面，在支撑相早期由全脚掌或前脚掌先接触地面，类似跨越门槛，又称为跨栏步态。

**3. 骨关节疾病常见异常步态**

短腿步态：当患肢缩短幅度超过 2.5cm，行走时会出现患侧骨盆下降，肩下沉，腿摇摆，称之为斜肩步；如果缩短幅度超过 4cm，则会通过患侧足尖着地来代偿的异常步态。

关节僵直步态：当髋关节屈曲挛缩时出现代偿性骨盆前倾，腰椎过度后伸，步长缩短；当膝关节屈曲挛缩超过 30°，会出现短腿步态；当膝关节伸直挛缩时，摆动相患肢外展或同侧骨盆上提，以防足趾拖地；当踝关节跖屈挛缩时足跟不能着地，摆动相通过增加屈髋、屈膝角度来代偿。

疼痛步态：由于各种原因导致患腿负重时出现疼痛，人体会尽可能缩短患肢的支撑相时间，使对侧腿跳跃式摆动前行，步长缩短，又称短促步。

# 第三节　感知与认知功能评定 <sub>微课3</sub>

PPT

感知是将视、听、触等感觉信息综合为有含义的认识的过程，包括感觉和知觉。认知是认识和知晓事物过程的总称，人为了适应环境需要而获得和应用信息的能力，属于心理过程范畴，包括知觉、注意、记忆及思维等。

感知与认知功能障碍是脑损伤后大脑为解决问题而摄取、储存、重整和处理信息的基本功能障碍而出现的异常表现。不同脑区损害可导致不同形式和程度的感知认知功能障碍。如额叶病变可引起记忆、注意和智能方面的障碍；顶叶病变可引起空间辨别障碍、失用症、躯体失认、忽略症和体象障碍；枕叶病变往往引起视觉失认和皮质盲；颞叶病变可引起听觉理解和短期记忆障碍；广泛的大脑皮质损伤可出现全面的智能减退甚至成为痴呆等。

## 一、感知功能评定

### （一）感觉功能评定

**1. 分类**

（1）感觉分类

①浅感觉：受外在环境的理化刺激而产生，感受器大多表浅，位于皮肤内，主要包括皮肤及黏膜的触觉、痛觉、温度觉和压觉。

②深感觉：深部组织的感觉，由于体内肌肉收缩，刺激了肌腱、关节和骨膜等处的神经末梢，即本体感受器（肌梭、腱梭等）而产生的感觉，包括运动觉、震动觉、位置觉。

③复合感觉：大脑综合分析、判断的结果，包括皮肤定位感觉、两点辨别觉、体表图形感觉、实体辨别觉。

（2）感觉障碍分类

①感觉过敏：感觉敏感度增高，神经兴奋的阈值下降，轻微刺激即可引起强烈感觉，如痛觉过敏即对痛的感觉增强，一个轻微的痛刺激可引起较强的疼痛感。

②感觉倒错：对刺激的认识完全倒错，比如非疼痛性刺激却诱发疼痛感觉，将冷刺激误为热刺激等。

③感觉异常：在无外界刺激情况下出现异常自发性感觉，如烧灼感、麻木感、肿胀感、沉重感、痒

感、蚁走感、针刺感、电击感、束带感和冷热感等。

④感觉错位：刺激一侧肢体时，本侧肢体无感觉，对侧肢体出现感受。

⑤感觉缺失：在意识清楚情况下无法感受到刺激。

⑥感觉减退：神经兴奋阈值高，无法感受较低的刺激，对较强刺激才能感知，感受到刺激性质不变。

**2. 评定方法**

（1）浅感觉评定

①触觉：闭眼，检查者用棉签按神经节段分布区域依序轻拭患者皮肤，询问能否有感觉，两个对比，检查有无触觉异常。检查顺序为面部、颈部、上肢、躯干、下肢。刺激四肢时走向应与肢体长轴平行；刺激胸腹部时走向应与肋骨平行。

②痛觉：闭眼，检查者先用大头针针尖在患者正常皮肤区域用针尖刺激，让患者感受正常刺激的感觉，然后用大头针按神经支配节段双侧对比进行针刺刺激检查，询问患者有没有感觉到疼痛及疼痛程度。

③温度觉：闭眼，检查者分别用盛有冷水和热水的试管，交替、随意接触皮肤，试管与皮肤的接触时间为2～3秒，询问患者是"冷"或"热"的感觉。盛冷水的试管温度是5～10℃，盛热水的试管温度40～45℃。

（2）深感觉评定

①位置觉：闭目，检查者将其肢体放在一定的位置上，让患者说出所放的位置或者让患者把另一侧肢体放在同样的位置上。

②振动觉：闭眼，检查者将振动的音叉置于体表骨性标志突起处，如手指、尺骨茎突、鹰嘴、桡骨小头、内外踝、髂嵴、棘突、锁骨等，询问患者有没有振动感及其程度是否两侧一样。

③运动觉：闭眼，检查者轻轻地活动患者手指、足趾、腕关节、踝关节，询问是否有感觉，并判断是哪个位置做了哪个方向上的运动。

（3）复合感觉评定

①图形觉：闭目，检查者用手指或其棉签在患者皮肤上划一个几何图形或数字，让患者说出所写的图形或数字。

②两点辨别觉：闭目，检查者用两脚规、叩诊锤的两尖端或针尖同时轻触皮肤，距离由大到小，测定能区别两点的最小距离。

③皮肤定位觉：闭目，检查者用棉签、手指等轻触患者皮肤后，患者指出刺激的部位。

④实体觉：闭目，检查者将一熟悉的物件（如笔、钥匙、火柴盒、硬币等）放于患者手中，让其抚摸以后说出物品名称。

**3. 注意事项**

（1）检查时，患者必须意识清醒，能够听懂指令并配合。

（2）向被检查者说明测量的目的和方法，获得患者的积极配合。

（3）患者必须闭上眼睛或用东西遮住眼睛，检查时注意两侧对称部位进行比较。

（4）避免用引导性语气暗示患者，可以反复多次进行。

（5）先检查浅感觉，再检查深感觉，最后检查复合感觉。

（6）根据神经所支配和分布的皮区去检查。

（7）一次检查时间不宜过长。

## （二）知觉功能评定

知觉障碍（perception deficits）是指在感觉传导系统完整的情况下，大脑皮质特定区域对感觉刺激的认识和整合障碍，可见于各种原因所致的局灶性或弥漫性脑损伤患者。根据损伤部位和损伤程度的不同，知觉障碍可有各种不同的表现形式。如单侧忽略、失认症、失用症、躯体构图障碍及视觉辨别障碍等，临床以单侧忽略、失认症、失用症多见。

**1. 单侧忽略的评定** 单侧忽略是指不能整合和利用来自身体或环境一侧的知觉，对自身的一半（左或右侧）不能感知。临床主要表现为对大脑损伤对侧身体或空间物品不能注意以及对身体或环境所发生的变化不能做出相应反应或反应迟缓。单侧忽略的评定方法较多，临床常用的有以下几种。

（1）书面评估

①Schenkenberg 二等分线段测验：在一张 26cm × 20cm 的白纸上画两组平行线段，每组 6 条，长度分别为 8cm、10cm、12cm、14cm、16cm、18cm，在最上边及下边各画一条 15cm 长的线段作为示范（图2－2）。嘱患者用笔在每条线段的中点做一标记（每条线段只能画一个标记），其中最上端和最下端各一条线段用来做示范，不统计在内。被检者画完后，通过粗略目测即

**图2－2 Schenkenberg 二等分线段测验**

可发现所画"中点"是否均偏向一侧，或漏掉标注线段中点。可通过较精细地测量和计算来判断所画"中点"普遍偏向哪侧，偏离程度如何。切分点偏移距离超出全长的 10% 或与正常组对照而偏移大于 3 个标准差者为异常。

②Albert 线段划消测验：在一张 26cm × 20cm 的白纸上画 40 条线段，每条线段长 2.5cm，分为 7 个纵行，中间一行为 4 条线段，其他 6 行有 6 条线段。要求被测试者划消每一个线段，最后分析遗漏的线段数及偏向。也可以划消字母、数字、相同的汉字或符号等（图2－3）。

③绘图测验：将画好表盘或房子等大致左右对称的图画出示给评定对象，要求其临摹（图2－4）。也可以要求被测试者在画好的圆圈内填写表盘上的数字和指针，要求指向 11 点一刻。只画图形的一半或将表盘数字均填写在圆圈一侧者为异常。

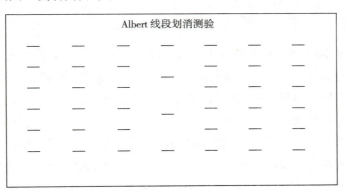

**图2－3 Albert 线段划消测验**

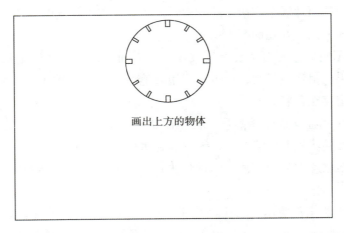

画出上方的物体

**图2－4 绘图测验**

（2）日常行为观察　通过日常行为观察和 ADL 评估量表评定发现，单侧忽略明显影响患者的日常生活活动能力。单侧忽略患者常见日常忽略行为见表 2-6。

表 2-6　单侧忽略患者常见日常忽略行为

| 日常生活活动 | 忽略行为 |
| --- | --- |
| 坐姿 | 不能独立保持稳定的坐姿<br>坐位时躯干向健侧倾斜<br>脸偏向健侧，眼睛（视线）只注视健侧<br>不能注意到患侧肢体放置位置不正确<br>与人交谈时不目视对方，忽略站在其患侧的人 |
| 进食 | 忽略患侧的餐具以及餐具内患侧的食物 |
| 修饰 | 剃须、梳头、洗脸、刷牙、洗澡时忽略患侧部分<br>化妆和佩戴首饰时遗漏患侧 |
| 更衣 | 穿衣困难，漏穿患侧衣袖，找不到患侧袖口<br>漏穿患侧的鞋、袜等 |
| 如厕 | 忽略位于患侧冲水把手、纸篓 |
| 轮椅与转移 | 转移时遗忘患侧肢体<br>忽略制动其患侧的轮椅手闸；或忽略抬起或放下患侧脚托<br>驾驶轮椅时撞到患侧的人或障碍物 |
| 行走 | 忽略患侧行人及建筑物，走过位于其患侧目标或迷路 |
| 阅读与书写 | 读横排的文字时漏读患侧的文字或漏写患侧偏旁 |
| 游戏活动 | 在象棋、围棋等游戏活动中不使用患侧的棋子或不把棋子放在患侧棋盘，也忽略对手来自患侧的攻击。在插花时只插健侧 |
| 行为特征 | 乐观、不注意自己的障碍（忽略、偏瘫）<br>否认瘫痪，在病房中照顾其他患者 |

**2. 失认症的评定**　失认症指在特定感觉正常的情况下，不能通过该感觉方式认识以往熟悉的事物，但仍可利用其他感觉途径对其识别的一类症状。失认症并非由于感觉障碍、智力衰退、意识不清、注意力不集中等所致，而是因感觉信息向概念化水平的传输和整合过程受到破坏的结果。

临床常见失认症包括视觉失认、触觉失认、听觉失认、身体失认、空间关系辨认障碍等类型。

（1）视物辨认　将生活中常见的物品实物或照片放在被检查者面前，如电视、牙膏、牙刷、鸡蛋、碗、筷子等，要求被检者说出物品的名称，或检查者说出某种物品的名称，被检者指出相应的物品。

（2）触物辨认　被检者闭上眼睛，触摸常用的生活物品，并说出它的名字。

（3）面容辨认　出示被检者本人、亲人、朋友或著名人物的照片，要求被检者说出人物的名字和面部特征；也可以将相同的照片混杂在诸多照片中，要求其挑选出相同的；还可以根据声音、步态和服装等特征辨认，不能完成者判定存在面容失认。

（4）色彩辨认　将不同颜色的物品或卡片放在被检者面前，检查者说出某种颜色，要求被检者指出来；或出示常见的水果或植物线条画，让被检者用彩笔涂上相应的颜色，如西红柿、香蕉、苹果、橘子等，不能完成者可判定存在色彩失认。

**3. 失用症的评定**　失用症又称运用障碍，由于脑损伤致患者在没有智力障碍、理解困难、感觉障碍、运动障碍、肌强直及共济失调的情况下，无法准确执行有目的的动作。

临床常见失用症包括意念性失用、意念运动性失用、运动性失用、结构性失用和穿衣失用等类型。本节只简单介绍。

（1）意念性失用　无法正常使用日常生活中常用的物品，导致各种基本动作的逻辑次序混乱，患者只能完成一套动作的一些分解动作，不能将各个组成部分合乎逻辑地连贯结合为一套完整的动作。例如知道物体是何物，不会使用。评定方法可用日常用具使用试验、活动逻辑试验。

（2）意念运动失用　完成言语命令或视觉模仿动作困难，主要特点为无意识时能做到的动作随意时难以完成，例如让患者可以自己完成进食，但口头提示进食却不能完成。评定方法常采用模仿动作试验、口头命令动作试验。

（3）运动性失用　双侧或对侧运动区及其纤维或胼胝体前部病变，引起对侧肢体尤其是上肢远端的运动障碍。一般简单动作无困难，表现为动作笨拙，失去执行精巧、熟练动作的能力，患者被动执行口令、模仿及主动自发动作仅限于上肢远端，失去执行精巧、熟练动作能力，患者执行口令模仿及自发动作均受影响。

（4）结构性失用　将物体零部件组合成一定形状的能力障碍，主要类型有物体构成障碍和身体构成障碍。评价方法有画空心十字试验、火柴棒拼图试验、砌积木试验、拼图案试验、几何图、临摹试验。

（5）穿衣失用　日常穿衣能力丧失，衣服的各个部分与患者身体各部位空间关系障碍，评价方法可让患者给玩具娃娃穿衣或患者自己穿衣。

## 二、认知功能评定

认知障碍（cognitive deficits）是指当认知功能因大脑及中枢神经系统障碍而出现异常。如注意、记忆、推理、判断、抽象思维、排列顺序的障碍等，临床以注意障碍、记忆障碍多见。

### （一）注意障碍的评定

注意障碍评定是通过视觉、听觉测验被试者注意的选择性、持续性以及转移的灵活性，或通过测试信息处理的速度和效率来进行评定。

#### 1. 视跟踪和辨别

（1）视跟踪　让患者注视某一光源，测试者将光源做左、右、上、下移动，观察患者视觉随之移动的能力。每个方向评1分，正常4分。

（2）形状辨别　让患者分别复制一根垂线、一个圆、一个正方形和大写字母A。每项评1分，正常4分（图2-5）。

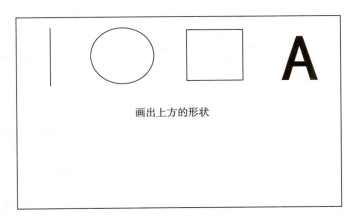

画出上方的形状

图2-5　形状辨别

（3）字母划消测验　每行中52个英文字母，共6行，让患者以最快的速度准确地删除字母中的C和E。每行有18个要删除的字母，随机地分散在每行字母中，100秒内删错多于一个为注意有缺陷（图2-6）。

#### 2. 数或词的辨别

（1）听认字母　测试者在60秒内以每秒一个的速度读无规则排列的字母，其中有10个为指定的同

字母划消测验

QWERCYUCOPESEFGEJKLZXCVENCMCBVCXELCJHGFESCPEICYTREWQ

WCOAEPCZEHDAESCOPZEXFCJYERCOEFKGCLUEFNCVMEAQCTREUDES

PSEUZCYEMCFEGHCAEKIEOPCAQEZXCDEFJCHTCRESLCKJEFCHYRTD

WEUSCDJCFIEROEGOCVIETJCSHEZYCQAEKZCIOEPDCJNEVMCFEKCG

SHZERCTUEIOEVKEFJCHGCZXCNEVMEKPCOREEWQCACHCYEUCJDFKL

SEHDCRPEGOCBMEETPCVKCSAEZHCGFEYRCIUYEFNCNXDEDKCLPEHC

图 2 - 6  字母划消测验

一字母，让患者每听到此字母时拍击一下桌子。正常应拍击 10 次。

（2）数字顺背和倒背测验  采用韦氏智力测验中数字倒背和顺背测验。如测试者以每秒一个的速度读出随机排列的数字，从 2 个开始，每念完一组让患者重复一次，一直进行到患者不能重复为止。复述不到 5 个数字为异常。

**3. 听跟踪**  闭目听铃声，将铃在患者左、右、前、后和头上方摇动，让患者指出铃所在的位置。每种位置评 1 分，少于 5 分为异常。

**4. 声辨认**  向患者播放一段录音，含有重复出现的电话铃声、钟表滴答声、门铃声和号角声等，其中号角声出现 5 次。患者每听到一次号角声就敲击一下桌子，少于 5 次为有缺陷。

### （二）记忆障碍的评定

记忆障碍（memory deficit）是脑损伤后常见的认知功能障碍，表现为不能回忆或记住伤后所发生的事件。记忆障碍可分为瞬时记忆障碍、短时记忆障碍和长时记忆障碍。临床多采用韦氏记忆量表和临床记忆量表对记忆功能进行评定。

**1. 韦氏记忆量表**  用于 7 岁以上儿童及成人。有甲乙两式，便于前后比较。测试内容包括 10 项分测验，分测验 A - C 测长时记忆，D - I 测短时记忆，J 测瞬时记忆，MQ 表示记忆的总水平（表 2 - 7）。

表 2 - 7  韦氏记忆表测试量表

| 测试项目 | 内容 | 评分方法 |
| --- | --- | --- |
| A. 经历 | 5 个与个人经历有关问题 | 每回答正确一题记 1 分，最高 5 分 |
| B. 定向 | 5 个有关时间和空间问题 | 同上 |
| C. 数字顺序关注<br>（A）顺数从 1 到 100<br>（B）倒数从 100 到 1<br>（C）累加从 1 起每次加 3 至 49 | 限时记错、记漏或退数次数，扣分<br>同（A）<br>同（A） | 按记分公式算出原始分<br>同（A）<br>同（A） |
| D. 再认 | 每套积分卡片有 8 项内容，呈现 30 秒后，让受试者再认 | 受试者再认与呈现相关性分别记 2、1、0 或 - 1 分，最高 16 分 |
| E. 图片回忆 | 每套图片有 20 项内容，呈现 1 分 30 秒后，要求受试者说出 | 正确回忆记 1 分，错误扣 1 分，最高得分为 20 分 |
| F. 视觉提取 | 每套图片有 3 张，每张上有 1 至 2 个图形，呈现 10 秒后让受试者画出 | 按所画图形的准确度记分，最高为 14 分 |
| G. 联想学习 | 每套卡片上各有 10 对词，读给受试者听，呈现 2 秒后，停 5 秒，再读每对词的前一词，要求说出后一词。 | 5 秒内正确回答 1 词记 1 分，联想中有困难和容易两种，3 遍测验容易联想分相加后除以 2，与困难联想分之和为测验总分，最高为 21 分 |

续表

| 测试项目 | 内容 | 评分方法 |
|---|---|---|
| H. 触觉记忆 | 一副槽板上有 9 个图形，让受试者蒙眼用利手、非利手和双手分别将 3 个木板放入相应槽板中。再睁眼，将木板图形及其位置默画出来 | 记时并计算正确回忆和位置的数目，根据公式推算出测验原始分 |
| I. 逻辑记忆 | 3 个故事分别包含 14 个、20 个、30 个内容。将故事讲给受试者听，同时让其看卡片上的故事，念完后要求复述 | 回忆每 1 内容记 0.5 分。最高分分别为 25 分和 17 分 |
| J. 背诵数目 | 要求顺背 3 至 9 位数，倒背 2 至 8 位数 | 以能背诵最高位数为准，最高分分别为 9 分和 11 分，共计 20 分 |

**2. 临床记忆量表** 用于成人（20～90 岁），有甲、乙两套，测试内容包括 5 指向记忆、联想学习、图像自由回忆、无意义图形再认、人像特点回忆。记忆商（MQ）等级和百分数见表 2－8。

表 2－8 记忆商数（MQ）等级和百分数

| 记忆商 | | 130 以上 | 120－129 | 110－119 | 99－109 | 80－89 | 70－79 | 69 以下 |
|---|---|---|---|---|---|---|---|---|
| 等级 | | 很优秀 | 优秀 | 中上 | 中等 | 中下 | 差 | 很差 |
| 有文化部分 | 百分数 | 1.9 | 8.0 | 18.0 | 46.4 | 17.1 | 5.9 | 2.6 |
| | 人数 | 26 | 107 | 242 | 619 | 228 | 78 | 34 |
| 无文化部分 | 百分数 | 2.4 | 8.1 | 15.1 | 49.1 | 17.9 | 5.7 | 1.7 |
| | 人数 | 19 | 65 | 122 | 396 | 145 | 46 | 14 |

PPT

# 第四节 心肺功能评定

心肺功能是人体新陈代谢的基础，是维持人体生命活动不可缺少的重要组成部分。临床进行心肺康复或其他康复治疗前应明确患者心肺功能状况，对患者心脏功能和呼吸功能做出客观、准确的评价；在康复治疗过程中，心肺功能评定也可作为检测康复效果的手段而反复运用。

## 一、心功能评定  微课 4

临床心功能评定方法较多，常用心功能评定方法包括对体力活动的主观感觉分级（心功能分级、自觉用力程度分级）、超声心动图、心脏负荷试验（心电运动试验、六分钟步行试验）等。

### （一）美国心脏病学会心功能分级（NYHA）

美国心脏病学会心功能分级方法（NYHA）主要用于心功能的初步评定，并可指导患者日常生活活动及康复治疗。但该方法主要依赖评定对象个人的主观表现，受评定对象表达能力影响，评定结果存在一定差异。见表 2－9。

表 2－9 美国心脏病学会心功能分级（NYHA）

| 分级 | 评定标准 |
|---|---|
| I 级 | 患者活动量不受限制。一般体力活动不引起疲劳、心悸、呼吸困难或心绞痛 |
| II 级 | 患者的体力活动稍受限制，休息时感到舒适。一般体力活动时，引起疲劳、心悸、呼吸困难或心绞痛。 |
| III 级 | 患者的体力活动明显受到限制，小于平时一般活动即可引起疲劳、心悸、呼吸困难或心绞痛。 |
| IV 级 | 患者不能从事任何体力活动，在休息时也有心功能不全或心绞痛症状，任何体力活动均可使症状加重。 |

## （二）心电运动试验

心电运动试验（exercuse test，ECG）是通过一定负荷量的生理运动来了解评定对象生理及病理变化的一种试验检测方法，临床最常用的是心脏负荷试验。通过观察受试者运动时的各种反应，如呼吸、血压、心率、心电图、气体代谢、临床症状和体征，来评估受试者心、肺等的功能和机体对运动的实际耐受能力。心电运动试验按设备可分为活动平板试验、踏车运动试验、手摇车运动试验、台阶试验等。本节只简单介绍活动平板运动试验。

活动平板运动试验是指被检查者在能自动调节坡度和速度的活动平板上进行递增强度的运动，逐渐增加心率和心脏负荷，最终达到预期的运动目标。优点：与日常活动生理状态接近，可以逐渐增加运动负荷，在运动中可以连续监测心电变化，安全性好，诊断的敏感性和特异性较高。

根据运动负荷量递增方式不同（变速变斜率、恒速变斜率、恒斜率变速），活动平板运动试验包括Bruce 方案、Naughton 方案、Balke 方案等。

Bruce 平板运动试验方案为变速变斜率运动，目前最常用。通过同时增加速度和坡度来增加负荷，每级之间耗氧量和运动负荷增量也较大（2.5～3METs），易达到预定心率（表2－10）。缺点：运动负荷增加不规则，起始负荷较大（4～5METs），运动增量较大，老年人及体力差者往往不能耐受第一级负荷或负荷增量而难以完成试验。另外，因每级之间的运动负荷增量较大，不易精确测定缺血阈值。Bruce 方案从走开始，逐渐增加负荷达到跑的速度，在从走到跑的速度临界点，评定对象通常难以控制自己节奏，心电图记录质量也难得到保证。

表 2－10　Bruce 平板运动试验方案

| 级别 | 速度（km/h） | 坡度（%） | 持续时间（min） | 耗氧量 ml／（kg·min） | 最大代谢当量（METs） |
|---|---|---|---|---|---|
| 0 | 2.7 | 0 | 3 | 5.0 | 1.7 |
| 1/2 | 2.7 | 5 | 3 | 10.2 | 2.9 |
| 1 | 2.7 | 10 | 3 | 16.5 | 4.7 |
| 2 | 4.0 | 12 | 3 | 24.8 | 7.1 |
| 3 | 5.5 | 14 | 3 | 35.7 | 10.2 |
| 4 | 6.8 | 16 | 3 | 47.3 | 13.5 |
| 5 | 8.0 | 18 | 3 | 60.5 | 17.3 |
| 6 | 8.8 | 20 | 3 | 71.4 | 20.4 |
| 7 | 9.7 | 22 | 3 | 83.3 | 23.8 |

## （三）六分钟步行试验

被检查者在走廊里行走，测定其6 分钟内行走的距离。6 分钟内，若步行距离 <150m，表明心力衰竭程度严重；150～425m 为中度心力衰竭；426～550m 为轻度心力衰竭。6 分钟步行试验可用于评定患者心脏储备功能，评价药物治疗和康复治疗的疗效。

## 二、肺功能评定 ⓔ 微课5

肺功能评定包括主观呼吸功能障碍感受分级和客观检查，从简单的肺活量测定到比较高级的呼吸生理试验。肺功能评价主要目的是了解呼吸功能障碍的类型和严重程度，动态观察患者的呼吸功能状况，指导患者进行呼吸功能训练。

### （一）呼吸功能徒手评定

让评定对象做简单动作或短距离行走，根据出现气短程度来对呼吸功能做出初步评定。分0～5 级。

0 级：日常生活能力和正常人一样。

1 级：一般劳动较正常人容易出现气短。

2 级：登楼、上坡时出现气短。

3 级：慢走 100m 以内即感气短。

4 级：说话、穿衣等轻微动作即感气短。

5 级：安静时也觉气短，不能平卧。

该方法简便易行，但主要依据评定对象主观感受，故评定结果时有误差。

### （二）肺呼吸功能测定

**1. 肺容量测定**　肺容量指肺内气体的含量，即呼吸道和肺泡总容量，是肺通气和换气功能的基础。肺容量测定是在安静时测定一次呼吸所出现的容积变化。

（1）潮气量　平静呼吸时，进出肺内的气量，正常成人约 500ml。

（2）补吸气量　平静吸气末再尽最大努力吸气所能吸入的气体量。正常成年男性约 2160ml，女性约 1400ml。

（3）补呼气量　平静呼气末再尽最大努力用力呼气所呼出的气量。正常男性约 910ml，女性约 560ml。

（4）肺活量　尽最大吸气后完全呼出的最大气量，即潮气量、补吸气量和补呼气量之和。正常男性约 3470ml，女性约 2440ml。

（5）肺总量　尽最大吸气后肺内所含气体量，即肺活量加残气量。正常成年男性约为 5020ml，女性约为 3460ml。

**2. 肺通气检查**　通气功能是指在单位时间内随呼吸运动进出肺的气量和流速，又称动态肺容积。

（1）每分通气量　静息状态下每分钟出入肺的气量，等于潮气容积 × 呼吸频率。正常成年男性为 6663ml ± 200ml，女性为 4217ml ± 160ml。

（2）最大通气量（MVV）　以最快呼吸频率和最大呼吸幅度呼吸 1 分钟的通气量。实际测定时，测定时间取 15 秒或 12 秒，将测得通气量乘以 4 或 5 即为 MVV。正常男性为 104L ± 2.71L，女性为 82.5L ± 2.17L。MVV 是临床上常用的通气功能障碍和通气储备能的判定指标，受呼吸肌肌力和体力强弱，以及胸廓、气道及肺组织的病变的影响。

（3）用力肺活量（FVC）　深吸气后以最大用力、最快速度所能呼出的所有气量。正常成年男性为 3179ml ± 117ml，女性为 2314ml ± 48ml。正常人 3 秒内可将肺活量全部呼出，根据用力呼气肺活量描记曲线可计算出第 1、2、3 秒所呼出的气量及其各占 FVC 的百分率，即 FEV1、FEV2、FEV3，其正常值分别为 83%、96%、99%。临床也常采用 1 秒率（FEV1/FVC，即 FEV1%）作为判定指标，其正常值应大于 80%。

**3. 有氧代谢能力评定**　有氧代谢评定通过呼吸气分析，推算体内气体代谢情况的一种动态检测方法。无创伤、可反复，可综合反映心肺功能状态和体力活动能力。

（1）摄氧量（$VO_2$）　又称耗氧量、吸氧量。机体所摄取或消耗的氧量反映机体能量消耗和运动强度，也反映机体摄取和利用氧能力。摄氧量 20～30ml/（kg·min）者可从事重力劳动，15ml/（kg·min）者可从事一般体力劳动，5～7ml/（kg·min）者只能从事轻体力劳动。

（2）最大摄氧量（$VO_{2max}$）　又称为最大耗氧量、最大吸氧量或最大有氧能力。运动强度达到最大时机体所摄取并提供组织细胞消耗的最大氧量。运动训练尤其是耐力训练可通过中心效应（心肺功能改善）和外周效应（骨骼肌代谢能力改善）来提高最大摄氧量。按每千克体重计算的最大摄氧量（相对最大摄氧量），女性为男性的 70%～80%，男性 13～16 岁最高，女性 12 岁左右最高。

（3）代谢当量（MET）　表示相对能量代谢水平和运动强度的重要指标。正常成人坐位安静状态下耗氧量为 3.5ml/（kg·min），定为 1MET，根据其他活动时的耗氧量，即可推算出其相应的 METs 值。不同个体在从事相同活动时实际耗氧量可能不同，但不同的人在从事相同活动时代谢当量值基本相等。代谢当量值可用来表示运动强度，制订个体化运动处方，指导日常生活和职业活动，判定最大运动能力和心功能水平等。

（4）无氧阈（AT）　是测定有氧代谢能力的重要指标。无氧阈值越高，机体的有氧供能能力越强。无氧阈相当于一般人心率在 140～150 次/分，或最大摄氧量的 50%～60% 时的运动强度。如果主要训练有氧耐力，运动强度应在无氧阈以下，对中老年人及心血管病患者较为安全；若主要训练机体的无氧耐力，运动强度应在无氧阈以上。无氧阈测定一般采用无创的通气无氧阈（通气阈）和有创的乳酸无氧阈（乳酸阈）法测定。

（5）氧脉搏（OP）　为氧摄取量与心率的比值。代表体内氧的运输效率，即每次心搏所能输送的氧量，一定程度上反映了每搏排血量的大小。氧脉搏减小表明心脏储备功能下降，心排血量的增加主要依靠心率代偿来完成。

（6）呼吸商（RQ）　每分钟二氧化碳排出量与每分钟耗氧量之比，反映体内能量产生的来源（有氧供能或无氧供能）和酸碱平衡状况。在代谢性酸中毒，或体内代谢的主要方式由有氧代谢转化为无氧代谢时，呼吸商可明显升高。

（7）氧通气当量（$VE/VO_2$）　又称为氧通气比量。消耗 1L 摄氧量所需要的通气量，为确定无氧阈最敏感指标。

（8）呼吸储备（BR）　最大通气量与最大运动每分通气量差的绝对值（MVV—VEmax），或以最大运动每分通气量占最大通气量的百分比来表示。正常的呼吸储备功能值大于 15L/min。

**4. 呼吸困难程度分级**　呼吸困难程度分级，见表 2-11。

表 2-11　呼吸困难程度分级

| 分级 | 主观症状 |
| --- | --- |
| 0 级 | 虽然呼吸功能有不同程度的减退，但日常生活无影响，无气短、气促 |
| 1 级 | 较剧烈劳动或运动时出现气短 |
| 2 级 | 平地步行不气短，速度较快或登楼、上坡时，出现气短 |
| 3 级 | 慢走不及百步出现气短 |
| 4 级 | 讲话或穿衣等轻微动作时有气短 |
| 5 级 | 安静时也有气短，无法平卧 |

# 第五节　日常生活活动能力和生活质量评定 微课6

PPT

## 一、日常生活活动能力评定

日常生活活动（activties of daily living，ADL）是指人们每天在家居环境和户外环境里自我照料时的活动。

日常生活活动能力是指人们为了维持生存和适应生存环境，每天必须反复进行的如衣、食、住、行、保持个人卫生整洁和进行独立的社区活动所必需的一系列的基本活动。它不仅包括个体在家庭、工作机构、社区里的自我管理能力，同时还包括与他人交往的能力，以及在经济上、社会上和职业上合理安排自己生活方式的能力。

## （一）日常生活活动分类

**1. 躯体（或基本）ADL**　患者在家中或医院里每日所需的基本运动和自理活动，如坐、站、走、穿衣、进食、保持个人卫生等活动。其评定结果反映的是个体较粗大运动功能，适用于较重的疾患者日常生活能力评估，一般在医疗机构内使用。

**2. 工具性 ADL**　人们在社区中独立生活所需的高级技能，如交流和家务劳动等。常需使用各种工具协助评估，故称之为工具性 ADL。评估结果反映了精细运动功能，适用于较轻的残疾，常运用于社区老年人和残疾人。

## （二）评定内容

**1. 运动方面**

（1）床上运动

①体位：仰卧位、侧卧位和俯卧位。

②体位转换：各种卧位之间的转换，以及卧位与坐起转换。

③床上移动：床上的前后、左右移动。

（2）轮椅驾驶或转移

①乘坐轮椅：床与轮椅或轮椅与坐椅之间的相互转移，以及乘坐轮椅进出厕所或浴室。

②使用轮椅：对轮椅各部件的识别与操纵，轮椅的保养与维修。

（3）室内、外行走

①室内行走：在地板、地毯或水泥地面上行走。

②室外行走：在水泥路、碎石路或泥土路面上行走，上下台阶和楼梯。

③借助助行器行走：使用助行架、手杖、腋杖、穿戴支具、矫形器或假肢行走。

（4）交通工具使用　骑自行车、摩托车、上下汽车、驾驶汽车等。

**2. 自理方面**

（1）更衣　穿脱内衣、内裤、套头衫、开衫、罩裤、鞋袜，穿脱假肢、支具，扣纽扣，拉拉链，系腰带、鞋带，打领带等。

（2）进食　餐具使用以及咀嚼、吞咽能力等。如持筷夹取食物，用调羹舀取食物，用刀切开食物，用叉叉取食物，用吸管、杯或碗饮水、喝汤等。

（3）个人清洁　包括（洗漱、刷牙、洗脸、漱口、洗发、洗澡、洗手）和修饰（梳头、刮脸、修指甲、化妆等）。

（4）上厕所　包括使用尿壶、便盆或进入厕所大小便，以及便后会阴部的清洁、衣物的整理、排泄物的冲洗等。

**3. 交流方面**　包括打电话、阅读、书写，使用计算机、录音机、识别环境标记等。

**4. 家务劳动方面**　包括购物、备餐，保管和清洗衣物，清洁家居，照顾孩子，安全使用生活用品、家用电器及安排收支预算等。

## （三）评定方法

**1. 直接评定**　观察患者完成实际生活中的动作情况，以评定其能力；也可在 ADL 功能评定训练室内，进行 ADL 专项评定。ADL 功能评定训练室的设置应尽量接近家居环境，应有卧室、盥洗室、浴室、厕所、厨房及相应的家具、餐饮用具、炊具、家用电器及通讯设备。

**2. 间接评定**　通过家人获取患者完成活动的信息，如大小便的控制、个人卫生等。

**3. 评定量表**　临床常用的有 Barthel 指数、Katz 指数、修订的 Kenny 自理评价、PULSES 总体功能评价法及功能独立性测量（FIM）等。本节重点介绍 Barthel 指数和功能独立性测量。

（1）Barthel 指数　评定简单，操作性强，可信度高，灵敏度也高，是目前临床上应用最广、研究最多的一种 ADL 能力的评定方法。它不仅可以用来评定治疗前后的功能状况，而且可以预测治疗效果、住院时间及预后状况。详见表 2 - 12。

表 2 - 12　Barthel 指数

| 序号 | 项目 | 完全独立 | 需部分帮助 | 需极大帮助 | 完全依赖 |
|------|------|----------|------------|------------|----------|
| 1 | 进食 | 10 | 5 | 0 | - |
| 2 | 洗澡 | 5 | 0 | - | - |
| 3 | 修饰 | 5 | 0 | - | - |
| 4 | 穿衣 | 10 | 5 | 0 | - |
| 5 | 控制大便 | 10 | 5 | 0 | - |
| 6 | 控制小便 | 10 | 5 | 0 | - |
| 7 | 如厕 | 10 | 5 | 0 | - |
| 8 | 床椅转移 | 15 | 10 | 5 | 0 |
| 9 | 平地行走 | 15 | 10 | 5 | 0 |
| 10 | 上下楼梯 | 10 | 5 | 0 | - |

Barthel 指数总分：_____分

注：根据患者的实际情况，在每个项目对应的得分上划"√"

结果分析：

满分 100 分，表示各项基本日常生活活动能力良好，不需依赖他人；>60 分评定为良，虽有轻度功能障碍，但日常生活基本能够自理；60～41 分表示有中度功能障碍，日常生活需要一定帮助；40～21 分表示有重度功能障碍，日常生活明显依赖他人；<20 分为完全残疾，日常生活完全依赖他人；>40 分康复治疗效益最大。

（2）功能独立评定量表（FIM）　为有效的、公认的等级评分量表，见表 2 - 13。

表 2 - 13　功能独立性评定量表

| 项目 | 具体内容 | 评分 |
|------|----------|------|
| Ⅰ. 自理活动 | 1. 梳洗修饰<br>2. 穿上身衣<br>3. 穿下身衣<br>4. 洗澡<br>5. 进食<br>6. 如厕 | |
| Ⅱ. 括约肌控制 | 7. 排尿管理<br>8. 排便管理 | |
| Ⅲ. 转移 | 9. 床椅间移动<br>10. 转移至厕所<br>11. 转移至浴盆或浴室 | |
| Ⅳ. 行走 | 12. 上下楼梯<br>13. 步行/轮椅 | |
| Ⅴ. 交流 | 14. 理解<br>15. 表达 | |
| Ⅵ. 社会认知 | 16. 记忆<br>17. 社会交往<br>18. 解决问题 | |

结果分析：

①独立：活动中不需他人帮助。

完全独立（7 分）：构成活动的所有作业均能规范、完全地完成，不需修改和辅助设备或用品，并在合理的时间内完成。

基本独立（6 分）：具备下列一项或几项：活动中需要辅助设备；活动需要比正常时间长；或需安全方面考虑。

依赖：为了进行活动，患者需监护或身体接触性帮助，或不进行活动。

②有条件依赖：患者付出 50% 或更多努力。

监护和准备（5 分）：患者所需帮助仅限于备用、提示或劝告，帮助者和患者之间没有身体接触，或帮助者仅需帮助准备必需用品；或帮助带上矫形器。

少量的帮助（4 分）：患者所需帮助只限于轻轻接触，自己能付出 75% 或以上努力。

中度帮助（3分）：患者需中度帮助，自己能付出50%～75%努力。

③完全依赖：患者需一半以上帮助或完全依赖，否则活动不能进行。

最大量帮助（2分）：患者付出努力小于50%，但大于25%。

完全辅助（1分）：患者付出努力小于25%。

## 二、生活质量评定

生存质量（quality of life，QOL），又译作生存质量、生命质量。它是在WHO提倡的健康新概念"人们在躯体上、精神上及社会生活中处于一种完好的状态，而不仅仅是没有患病和衰弱"基础上构建的，是医学模式由单纯生物医学模式向生物-心理-社会综合医学模式转变的体现。关于生活质量的定义目前尚无定论，从医学角度来看，它是一个以健康概念为基础，但范围更广泛，包含生物医学和社会、心理等内容的集合概念，能够更全面地反映健康状况。

### （一）评定目的

1. 研究肿瘤及慢性病患者的生存质量。

2. 评估人群综合健康状况，甚至可以作为一种综合的社会经济和医疗卫生水平指标，用于比较不同国家、不同地区、不同民族人民的生存质量和发展水平以及对其影响因素的研究。

3. 评价与指导选择临床治疗方案。

4. 了解预防性干预和保健措施的效果。

5. 引导卫生资源的配置与利用。

### （二）评定内容

按照WHO的标准，生存质量评定的内容包括身体功能、心理状态、独立能力、社会关系、生活环境、宗教信仰与精神寄托等6大方面，其中每一方面又包含一些小方面，共有24个。

### （三）评定方法

生存质量评定常用方法有观察法、访谈法、自我报告法、症状定式检查法、量表评定法。其中，量表评定法是目前广为采用的方法。

**1. 观察法评定**　在一定时间内由评定者对特定个体的心理行为表现或活动、疾病症状及不良反应等进行观察，从而判断其综合的生存质量。适合一些特殊患者的生存质量评价，比如精神病患者、植物人、老年性痴呆症患者、危重患者等。

**2. 询问法评定**　询问法是评定者通过与评定对象广泛交谈来了解对方的心理特点、行为方式、健康状况、生活水平等，进而对其生存质量进行评价。询问法具有较灵活、适用面广、主观性强、花费大、结果分析处理较难等特点。

**3. 量表法评定**　量表法是目前广为采用的方法，即通过使用具有较好信度、效度和反应度的标准化量表对评定对象的生存质量进行多维综合评价。根据评价主体的不同可分为自评法和他评法两种。常用评定量表有世界卫生组织生存质量测定简表（WHO/QOL-BREF）、健康状态调查问卷（SF-36）、生活质量满意指数量表A（LSIA）（表2-14）、生存质量指数（QQLI）（表2-15）等。

表2-14　生活满意指数A（LSIA）

| 项目 | 同意 | 不同意 | 其他 |
|---|---|---|---|
| 1. 当我年纪变大时，事情似乎会比我想象的要好些 | 2 | 0 | 1 |
| 2. 在生活中，和大多数我熟悉的人相比，我已得到较多的休息时间 | 2 | 0 | 1 |

续表

| 项目 | 同意 | 不同意 | 其他 |
|---|---|---|---|
| 3. 这是我生活中最使人意气消沉的时间 | 0 | 2 | 1 |
| 4. 我现在和我年轻的时候一样快活 | 2 | 0 | 1 |
| 5. 我以后的生活将比现在更快活 | 2 | 0 | 1 |
| 6. 这是我生活中最佳的几年 | 2 | 0 | 1 |
| 7. 我做的大多数事情都是烦人和单调的 | 0 | 2 | 1 |
| 8. 我希望将来发生一件使我感兴趣和愉快的事情 | 2 | 0 | 1 |
| 9. 我所做的事情和以往的一样使我感兴趣 | 2 | 0 | 1 |
| 10. 我觉得衰老和有些疲倦 | 0 | 2 | 1 |
| 11. 我感到我年纪已大，但它不会使我麻烦 | 2 | 0 | 1 |
| 12. 当我回首往事时，相当满意 | 2 | 0 | 1 |
| 13. 即使我能够，我也不会改变过去的生活 | 2 | 0 | 1 |
| 14. 和与我年龄相当的人相比，在生活中我已做了许多愚蠢的决定 | 0 | 2 | 1 |
| 15. 和其他与我同年龄的人相比，我的外表很好 | 2 | 0 | 1 |
| 16. 我已作出从现在起一月或一年以后将要做事的计划 | 2 | 0 | 1 |
| 17. 当我回首人生往事时，我没有获得大多数所想要的重要东西 | 0 | 2 | 1 |
| 18. 和他人相比，我常常沮丧 | 0 | 2 | 1 |
| 19. 我已得到很多从生活中我所希望的愉快事情 | 2 | 0 | 1 |
| 20. 不管别人怎么说，大多数普通人都变得越来越坏而不是好 | 0 | 2 | 1 |

评分标准：正常者 12.4±4.4 分，评分越高者，生活质量越佳。

### 表 2 – 15　生活质量指数（QOLI）

| 项目 | 评分 |
|---|---|
| Ⅰ 活动 | |
| 1. 无论退休与否，全天（或接近全天）在通常职业中工作或学习；或处理家务；或参加无报酬的或志愿活动。 | 2 分 |
| 2. 在通常职业中工作或学习，或处理自己的家务，或参加无报酬（或志愿）活动，但需要较多帮助，或显著缩短工作时间，或请病假 | 1 分 |
| 3. 不能在任何岗位上工作或学习，不能处理家务 | 0 分 |
| Ⅱ 日常生活 | |
| 1. 自己能独立进食、沐浴、如厕和穿衣、利用公共交通工具或自驾 | 2 分 |
| 2. 在日常生活和交通转移中需要帮助，但可进行轻的作业 | 1 分 |
| 3. 既不能照料自己也不能进行轻的作业，不能离开家或医疗机构 | 0 分 |
| Ⅲ 健康 | |
| 1. 感觉良好或大多数时间感觉良好 | 2 分 |
| 2. 缺乏力量，或除偶然以外，并不感到能完全达到一般人有的水平 | 1 分 |
| 3. 感到不适或糟糕，大多数时间感到软弱和失去精力，或者意识丧失 | 0 分 |
| Ⅳ 支持 | |
| 1. 与他人有良好关系，至少从一个家庭成员或朋友中得到有力支持 | 2 分 |
| 2. 从家人和朋友中得到的支持有限 | 1 分 |
| 3. 从家人和朋友得到的支持不经常，或只在绝对需要或昏迷时才能得到 | 0 分 |
| Ⅴ 前景 | |
| 1. 表现宁静和自信，能够接受和控制个人环境和周围事物 | 2 分 |

续表

| 项目 | 评分 |
| --- | --- |
| 2. 不能充分控制个人的环境，有时烦恼，或时有明显焦虑或抑郁 | 1分 |
| 3. 严重地错乱或非常害怕，或者持续焦虑和抑郁，或意识不清 | 0分 |

评分标准：正常为9分，分数越高生活质量越佳。

## 目标检测

### 一、选择题

**（一）单项选择题**（下列各题备选结果，只有一个选项正确）

1. 受试者坐位，肩关节中立位，屈肘可达全关节活动范围，但不能抵抗阻力，则该患者屈肘肌力应为（　　）

　　A. 1级　　　　　　　　B. 2级　　　　　　　　C. 3级

　　D. 4级　　　　　　　　E. 0级

2. 最常用的平板运动试验方案是（　　）

　　A. Bruce方案　　　　　B. STEEP方案　　　　C. Balke方案

　　D. 踏车运动试验方案　　E. 上述都不是

3. Barthel指数包括的内容有（　　）

　　A. 9项　　　　　　　　B. 10项　　　　　　　C. 11项

　　D. 12项　　　　　　　E. 上述都不对

4. FIM量表中的评分项目共分为（　　）

　　A. 15项　　　　　　　B. 16项　　　　　　　C. 17项

　　D. 18项　　　　　　　E. 上述都不对

5. 患者，脑卒中，FIM量表评定得分为85分，其意义为（　　）

　　A. 完全独立　　　　　　B. 基本独立　　　　　C. 轻度依赖

　　D. 中度依赖　　　　　　E. 完全依赖

6. 步态的基本参数不包括（　　）

　　A. 步速　　　　　　　　B. 步型　　　　　　　C. 步长

　　D. 足偏角　　　　　　　E. 步幅

**（二）多项选择题**（下列各题备选结果，有2个或2个以上选项正确）

7. 康复护理评定的主要内容包括（　　）

　　A. 形态评定　　　　　　　　　　　　B. ADL评定

　　C. ROM评定　　　　　　　　　　　　D. 心肺功能评定

　　E. 发育评定

8. 影响关节活动度的因素包括（　　）

　　A. 解剖结构差异　　　　　　　　　　B. 关节周围软组织性质

　　C. 病理因素　　　　　　　　　　　　D. 生理因素

　　E. 组织粘连

## 二、思考题

1. 运动功能评定的主要内容。
2. 心电运动试验的意义。

---

**书网融合……**

本章小结　　　　微课1　　　　微课2　　　　微课3

微课4　　　　微课5　　　　微课6　　　　题库

# 第三章　常用康复治疗技术

 学习目标

　　1. 通过本章学习，重点把握康复治疗技术的组成；物理因子治疗、运动疗法、作业疗法和言语治疗的基本概念、分类与应用。

　　2. 学会运用所学知识，选择适合功能障碍者的康复治疗技术，制定并实施康复计划，能够尊重和关爱身边功能障碍者，具备良好的职业道德素养。

## 情境导入

　　**情景描述**　王女士，51岁，2个月前在公路上与一机动车发生碰撞，导致头、胸、下肢等多处受伤，伤后入院给予输血、补液、抗休克、镇痛镇静、升压、预防ARDS、抗感染、肋骨固定带固定、行气管插管、机械通气等处理，拔气管插管后，出现咳痰困难、言语不能。经初步评定：患者右侧肢体运动功能障碍、日常生活活动能力障碍、言语障碍。

　　**讨论**　1. 可为该患者实施哪些康复治疗技术？

　　　　　　2. 在实施过程中应注意哪些问题？

　　康复治疗技术包括物理因子治疗、运动疗法、作业治疗、言语治疗、心理治疗、康复工程、职业咨询及中医传统康复治疗等多种技术和方法。本章主要介绍物理因子治疗、运动疗法、作业治疗和言语治疗。

## 素质提升

### 24条国家政策全面推进康复医疗发展

　　为贯彻落实党的十九届五中全会精神和健康中国国家战略，积极应对人口老龄化的社会现状，国家卫生健康委员会、国家发展改革委员会、教育部、民政部、财政部、国家医保局、国家中医药管理局、中国残疾人联合会共同制定了《关于加快推进康复医疗工作发展的意见》。可见，康复医疗作为现代医疗的重要组成部分，对保障和改善民生具有重要意义。

PPT

# 第一节　物理因子治疗 ⓔ微课1

　　物理因子治疗（physical therapy）是指应用物理因子作用于人体以预防和治疗疾病，恢复、改善或重建躯体功能达到康复目的的治疗方法，又称理疗。物理因子治疗是临床常用的康复治疗手段之一，操作简便、副作用少，患者易于接受。

## 一、电疗法

　　电疗法（eletrotherapy）是指应用各种电流或电磁场预防和治疗疾病的方法。临床常用电疗法分为直流电疗法、低频电疗法、中频电疗法、高频电疗法及静电疗法等。

### （一）直流电与直流电药物导入疗法

直流电疗法（galvanization）是指使用低电压（100V 以下）、方向恒定不变的平稳直流电通过人体的一定部位以治疗疾病的方法。利用直流电场的作用使药物离子通过皮肤、黏膜或伤口导入体内进行治疗的方法称直流电药物离子导入疗法（inotophoesis）。

**1. 生理及治疗作用**

（1）直流电　直流电作用于机体时，可引起组织兴奋、细胞膜结构与通透性、酸碱度和组织含水量的变化，调节中枢神经功能，改变周围神经的兴奋性，促进神经纤维再生和消除炎症，引起电极下局部皮肤血管扩张和血液循环加快，加速组织的修复和再生。

（2）直流电药物导入　根据"同性电荷相斥"原理，直流电可将在溶液中能够解离的药物，或在溶液中能成为带电胶粒的药物经过皮肤、黏膜或伤口导入体内。直流电药物导入具有直流电和药物的综合性作用，两者作用相互加强；通过直流电直接将药物离子导入治疗部位，不破坏导入药物的药理作用；可引起神经反射性的治疗作用；药物离子导入体内后，直接作用到病变局部，形成高浓度的离子堆，作用时间长。

**2. 适应证与禁忌证**

（1）适应证　骨折、自主神经功能紊乱、慢性溃疡、伤口、深浅静脉炎（血栓性）和疤痕粘连等。

（2）禁忌证　恶性肿瘤、高热、恶病质、心力衰竭、出血倾向、局部金属异物、导入药物过敏者等。

### （二）低频电疗法

低频电疗法是应用频率 0～1000Hz 的脉冲电流作用于人体以治疗疾病的方法。特点：低频率、小电流，电解作用较直流电弱；电流强度或电压有增减或升降变化；对感觉神经和运动神经有较强的刺激作用；无明显热作用。临床常用低频电疗法有感应电疗法、神经肌肉电刺激疗法、功能性电刺激、经皮神经电刺激疗法等。

**1. 生理及治疗作用**

（1）神经肌肉组织兴奋作用　低频电流能产生细胞内、外极性的变化，形成动作电位，引起神经肌肉兴奋。此为低频脉冲电流的重要特征。

（2）镇痛作用　可在电疗中、电疗后数分钟或数小时之内产生镇痛作用，多次治疗后可产生长时镇痛作用。

（3）促进血液循环和代谢　可直接引起小动脉扩张，促进血液和淋巴液的回流，减轻组织间水肿及改善局部循环和代谢。

**2. 适应证**

（1）神经肌肉电刺激疗法　以低频脉冲电流刺激神经肌肉。适用于运动神经元损伤引起的瘫痪、失用性肌萎缩、关节挛缩等的治疗。

（2）功能性电刺激疗法　应用低频脉冲电流刺激引起肌肉收缩，产生功能性运动。适用于脑卒中、颅脑外伤、脑瘫等肢体瘫痪以及脊髓损伤后的排尿功能障碍、呼吸功能障碍等。

（3）经皮电刺激神经疗法　通过皮肤将特定的低频脉冲电流输入人体以治疗以疼痛为主的疾患。主要用于头痛、关节痛、术后疼痛、产痛、癌性痛及各种神经性疼痛等。

**3. 禁忌证**　戴有心脏起搏器或严重心脏疾病、急性化脓性炎症、出血性疾病、感觉过敏以及高热等。

### （三）中频电疗法

中频电疗法是应用频率为 100～1000KHz 的正弦电流治疗疾病的方法。特点：双向无电解作用，对皮肤刺激小；降低组织电阻，增加作用深度；对机体组织兴奋作用较差。临床常用的中频电疗法有干扰电疗法、调制中频电疗法和等幅正弦中频（音频）。

**1. 生理及治疗作用**

（1）治疗局部疼痛阈明显增高，有良好的镇痛作用。

（2）促进局部血液循环，使皮肤温度升高，小动脉和毛细血管扩张。

（3）兴奋骨骼肌，对皮肤感觉神经末梢刺激小，电流进入深度大，对深部病变效果好。

**2. 适应证**

（1）等幅中频电疗法　又称音频。应用频率 1000～5000Hz 等幅正弦电流治疗疾病。临床常用等幅正弦电流频率为 2000Hz。适用于各类疤痕、术后粘连、声带小结、注射后硬结、肩周炎、关节纤维强直等的治疗。

（2）干扰电疗法　又称交叉电流疗法。使用不同频率中频电流交叉输入人体，形成干扰场，产生干扰电流治疗疾病。适用于各种软组织损伤、肩周炎、关节痛、肌肉痛、神经痛、局部血循环障碍性疾病、废用性肌萎缩、胃下垂、习惯性便秘及失神经肌肉等。

（3）调制中频电疗法　又称脉冲中频电疗法。使用低频调制、幅度随低频电流频率和幅度变化的中频电流治疗疾病。适用于颈肩腰腿痛、骨性关节病、肩周炎、周围神经损伤、神经痛、尿潴留、术后粘连等。

**3. 禁忌证**　恶性肿瘤、急性化脓性炎症、安装心脏起搏器、治疗部位有较大金属异物者及孕妇下腹等。

### （四）高频电疗法

高频电疗法是指应用波长 3000m～1mm、频率 100KHz～300GHz 的高频电流，或高频电场、磁场治疗疾病的方法。特点：对神经肌肉无兴奋作用；产生明显热效应；产生非热效应。优点：热效应具有作用深、强度大、热度均匀、可控制。临床上常用的高频电疗法有短波疗法、超短波疗法、微波疗法。

**1. 生理及治疗作用**

（1）改善血液循环　热效应产生温热作用，能扩张血管和促进血液循环。

（2）消炎、消肿、镇痛　温热作用使毛细血管扩张，血流加速，组织营养和氧的供应改善，加速炎性产物消散。

（3）降低肌张力　温热作用可降低骨骼肌、平滑肌张力，缓解肌肉痉挛。

**2. 适应证**

（1）超短波与短波疗法　应用波长 10m～1m、频率 30～300MHz 超高频电磁波作用于人体治疗疾病的方法称为超短波疗法；应用波长 100～10m、频率 3～30MHz 超高频电磁波作用于人体治疗疾病的方法称为短波疗法。适用于各种急性与亚急性炎症、创伤及溃疡；急性、亚急性肾炎，急性肾功能衰竭；神经痛、肌痛、关节痛等。

（2）微波疗法　应用波长 1m～1mm、频率 300～300000MHz 的高频电磁波作用于人体以治疗疾病的方法。适用于肌炎、腱鞘炎、肌腱周围炎、滑囊炎、肩周炎等软组织炎症和损伤；鼻炎、中耳炎、肾炎等慢性和亚急性炎症；肺炎、胸膜炎、十二指肠溃疡等内脏疾病等。

**3. 禁忌证**　头部、心脏及小儿骨骺、眼、睾丸、神经节、神经丛等区域不宜进行大功率高频治疗；活动性肺结核、装心脏起搏器、局部金属异物、高热、昏迷、孕妇腹部、心力衰竭及有出血倾向者禁用高频电疗法。

## 二、光疗法

光疗法（light therapy）是利用日光辐射或人工光源防治疾病和促进机体康复的方法。常用的光疗法有红外线疗法、可见光疗法、紫外线疗法、激光疗法等。

### （一）红外线疗法

红外线疗法（infrared therapy）是指应用波长 760nm～400μm 的人工光源照射人体治疗疾病的方法。红外线作用于人体组织可产生热效应，又称热射线。

**1. 生理及治疗作用**

（1）改善局部血液循环　通过热传导或血液传送使人体较深层组织温度升高，血管扩张，血流加速。

（2）促进局部炎症消退、组织再生　可加快代谢产物和病理产物消除，渗出物吸收，消除肿胀，促进肉芽组织和上皮细胞生长，加速伤口、溃疡愈合。

（3）缓解痉挛及镇痛　可降低感觉神经的兴奋性，肌张力下降，肌肉松弛。

（4）改善免疫功能　能增强吞噬功能和血管壁的通透性，使细胞活动旺盛，代谢加强，细胞再生和修复过程加快。

（5）减轻术后粘连、软化瘢痕　能减少创面渗出、减少粘连，减轻瘢痕挛缩。

**2. 适应证**　慢性炎症、神经性皮炎、神经根炎、周围神经损伤、烧伤创面、慢性伤口、压疮、软组织损伤恢复期、术后粘连、注射后硬结、疤痕挛缩等。

**3. 禁忌证**　恶性肿瘤、出血倾向、高热、活动性肺结核、急性炎症、急性扭伤早期等。

### （二）紫外线疗法

紫外线疗法（ultraviolet rays）是指应用波长 180～400nm 的人工光源照射人体治疗疾病的方法。紫外线分为长波紫外线（波长为 320～400nm）、中波紫外线（波长为 280～320nm）、短波紫外线（波长为 180～280nm）。其中，短波紫外线红斑反应作用明显，对细菌和病毒有较强的杀灭和抑制作用；中波紫外线生物学效应最活跃，红斑反应较强；长波紫外线生物学作用较弱，有明显的色素沉着作用。

**1. 生理及治疗作用**

（1）皮肤红斑　当紫外线照射达到一定剂量时，人体组织内形成血管活性物质，使照射区皮肤出现红斑。红斑特点：明显发红，色调均匀，边界清楚。红斑持续几日逐渐变为色素沉着和皮肤脱屑。

（2）杀菌、消炎　紫外线照射后可使细菌 DNA 产生光聚合作用，杀灭细菌。同时，紫外线红斑量照射是强有力的抗炎因子，对皮肤浅层组织的急性感染性炎症效果显著。紫外线的抗炎作用主要通过杀菌、改善病灶的血循环及增强机体免疫功能来实现。

（3）加速组织再生　小剂量紫外线照射可加速核酸合成和细胞分裂，促进组织再生。

（4）镇痛　紫外线红斑量照射可使局部感觉神经兴奋性降低，疼痛阈值上升，镇痛作用较好。

（5）脱敏　多次小剂量紫外线照射，可使组织产生少量组胺，刺激细胞产生组胺酶，分解血液中过量的组胺而脱敏。

（6）促进维生素 $D_3$ 形成　全身无红斑量紫外线照射，可使体内 7－脱氢胆固醇形成维生素 $D_3$，促进肠道、肾小管对钙、磷的吸收和重吸收，促使钙沉积至骨骼，防治佝偻病和软骨病。

（7）加强免疫功能　紫外线无红斑照射可增强单核－巨噬细胞系统的功能，提高巨噬细胞活性以及使体液免疫增强，提高机体特异和非特异性免疫功能。

**2. 适应证**　红斑量紫外线常用于急性化脓性炎症以及某些非化脓性急性炎症（肌炎、腱鞘炎）、伤口及慢性溃疡、急性风湿性关节炎、肌炎、神经（根）炎及玫瑰糠疹、带状疱疹，脓胞状皮炎等皮肤疾病；全身无红斑量紫外线常用于预防和治疗佝偻病、软骨病、骨质疏松（长期卧床后）、流感、伤风感冒等。

**3. 禁忌证**　活动性肺结核、血小板减少性紫癜、血友病、恶性肿瘤、急性肾炎或肾病伴有重度肾功能不全、急性心肌炎、对紫外线过敏的皮肤病等。

## 三、超声波疗法

超声波疗法（ultrasound therapy）是将超声波作用于人体以达到治疗目的的方法。超声波是一种机械弹性振动波，医用超声频率为 $800 \sim 1000kHz$，声强多在 $3W/cm^2$ 以下，一般对组织不产生损害。

**1. 生理及治疗作用**

（1）改善血液循环　可提高细胞膜通透性，改善组织营养，促进渗出吸收。

（2）镇痛、解痉　可使神经兴奋性下降，传导速度减慢，肌肉组织兴奋性减低，故能达到较好的镇痛、解痉作用。

（3）松解粘连、软化瘢痕　较大剂量的超声波可促进结缔组织分散。

（4）促进骨痂生长　小剂量超声波可促进骨骼生长，骨痂形成，加速骨折修复过程。

（5）对内脏器官作用　中小剂量刺激胃肠蠕动和分泌功能，可用于治疗胃和十二指肠溃疡；作用于心前区可使冠脉扩张，解除血管痉挛，改善心肌供血。

**2. 适应证**　软组织扭挫伤、乳腺炎、瘢痕、组织内硬结、骨关节病、颈腰椎病、脉管炎、支气管炎、肺气肿、消化道溃疡、慢性胃炎、胆囊炎、脑卒中、脊髓损伤、神经痛、周围神经损伤、瘙痒症、鼻窦炎、耳聋、颞颌关节功能紊乱、视网膜病变及眼内病变等。

**3. 禁忌证**　恶性肿瘤局部（高强度聚集超声波治疗肿瘤时除外）、化脓性炎症、活动性结核局部、出血倾向（局部）、植入心脏起搏器（局部）、孕妇腹部、儿童骨骺部。

## 四、其他物理因子疗法

### （一）磁疗法

磁疗法（magneto therapy）是指利用磁场治疗疾病的方法。磁场作用于人体，改变人体生物电流的分布，影响体内酶的活性与新陈代谢，从而影响人体各器官、组织的功能。治疗方法包括静磁场疗法、脉动磁场疗法、交变磁场疗法等。

**1. 生理及治疗作用**

（1）镇痛　通过降低末梢神经兴奋，改善微循环和组织代谢，增加疼痛物质的水解酶活性等。

（2）镇静　加强大脑皮层抑制过程，改善睡眠，调整自主神经功能，降低神经兴奋性，缓解肌肉痉挛等。

（3）消炎、消肿　使局部血管扩张，血液循环加速，改善局部营养，促进渗出的吸收及炎性产物的消除。

（4）降压　通过作用于经络，调节神经功能，提高大脑皮层恢复对血管舒缩中枢的调节能力，使血压下降。

**2. 适应证**　软组织损伤、皮下或深部血肿、关节炎、腱鞘炎、网球肘、肋软骨炎、肌肉劳损、胃炎、胃肠功能紊乱、高血压、失眠症等。

**3. 禁忌证**　出血倾向、高烧、严重心肺功能衰竭、恶性肿瘤等。

### （二）石蜡疗法

石蜡疗法（paraffin therapy）是指利用加热溶解的石蜡作为导热体，将热能传至机体达到治疗作用的方法。治疗方法包括蜡饼法（直接贴敷于病变部位）、浸蜡法（病变肢体直接浸入蜡液内）、刷蜡法（涂刷蜡液于病变部位）。

**1. 生理及治疗作用**

（1）温热作用　石蜡的热容量大、导热性小、无热对流性，不含水分，冷却时放出大量热能，可松弛肌肉，改善血液循环，促进代谢，解除痉挛，减轻疼痛。

（2）机械性压迫作用　具有良好的可塑性和黏滞性，涂敷于体表时可紧贴皮肤。在冷却过程中，石蜡体积逐渐缩小，对组织产生一种机械压迫作用，有利于水肿消散。

（3）润滑作用　具有油性，可增加皮肤滑润性，软化瘢痕。

**2. 适应证**　肌肉、韧带、肌腱的扭挫伤，手术后粘连、瘢痕、烧伤、冻伤后遗症、腱鞘炎、神经痛、肌炎、各种关节炎，以及长期伏案工作引起的颈肩腰腿疲劳疼痛、精神萎靡等慢性疲劳综合征。

**3. 禁忌证**　发烧、化脓性炎症、出血倾向、恶性肿瘤等。

### （三）水疗法

水疗法是指利用水的温度、水静压、浮力和水中所含的化学成分，以不同方式作用于人体而治疗疾病的方法。包括涡流浴、气泡浴、步行浴、Hubbard 浴槽疗法等。

**1. 生理及治疗作用**

（1）温度刺激作用　温水浴和热水浴可使血管扩张，血液循环加速，新陈代谢增强，神经兴奋性降低，肌张力下降，疼痛减轻。热水浴有明显发汗作用；温水浸浴与不感温浸浴有镇静催眠作用；凉水浴和冷水浴可使血管收缩，神经兴奋性增高，肌张力增强。

（2）机械刺激作用　静水压力可压迫胸廓、腹部，增强呼吸运动，改善气体代谢，压迫表浅静脉和淋巴管，促进静脉和淋巴回流；浮力有利于功能训练；水流冲击作用对皮肤有温和的按摩作用。

**2. 适应证**　心肺疾病代偿期、肥胖症、高脂血症、糖尿病、风湿性关节炎、骨性关节病、骨折术后、关节置换术后、强直性脊柱炎、脊髓损伤、脑卒中、脑性瘫痪、帕金森病、神经痛、神经炎、周围神经损伤、肌营养不良、雷诺病、烧伤、瘢痕、皮肤瘙痒症、脂溢性皮炎、银屑病等。

**3. 禁忌证**　重症动脉硬化、活动性肺结核、恶性肿瘤、心肺肾脏功能代偿不全、身体极度衰弱、各种出血倾向等。

# 第二节　运动疗法 🅔 微课 2

PPT

运动疗法（kinesiotherapy）是根据疾病特点、患者功能情况，应用力学原理，借助治疗器械、手法操作以及患者自身参与的各种运动，以改善局部或整体功能，促进身心功能恢复的治疗方法，又称为治疗性运动（therapeutic exercises）。

## 一、概述

### （一）分类

1. 按治疗作用部位，分为全身运动和局部运动。

2. 按能量消耗，分为放松性运动、力量性运动、耐力性运动。

3. 按治疗方式，分为徒手运动疗法、器械运动疗法和水中运动疗法。

4. 按主动用力程度，分为被动运动、助力运动、主动运动、抗阻运动。

5. 按肌肉收缩方式，分为等长运动、等张运动和等速运动。

6. 按治疗作用，分为改善关节活动度训练、增强肌力训练、增强耐力训练、改善平衡协调能力训练。

### （二）生理和治疗作用

**1. 提高中枢神经系统调节能力** 任何运动都是一系列生理性条件反射的综合表现。提高运动强度或加大运动难度，可以促进大脑皮层各种暂时性联系和更多条件反射形成，提高神经系统兴奋性、灵活性和反应性，加强对全身脏器的调节能力。

**2. 促进代谢、改善心肺功能** 人体运动时需要消耗大量的能量物质，新陈代谢水平急剧增高，心跳加快，心肌收缩力加强，心排血量增加；长期运动后心肺功能提高，安静状态时心律减慢，每搏输出量增加，心脏具有更强的储备能力，肺活量及每分通气量增多。

**3. 维持和恢复运动器官的形态和功能** 运动可以加快血液循环，改善软骨营养；牵伸各种软组织可以松解粘连，恢复和改善关节活动范围；使肌纤维增粗，增强肌力和耐力；运动和负重有利于维持骨代谢平衡，减轻骨质脱钙。

**4. 预防并发症** 长期卧床影响机体的各种功能，如导致关节挛缩、肌肉萎缩、骨质疏松、心肺功能降低等废用综合征；肠蠕动减慢，影响机体的消化和吸收功能，引起便秘；导致体位性低血压等，运动可有效预防因制动而引起的并发症。

**5. 促进代偿机制形成与发展** 伤病破坏了机体的解剖结构或无法恢复原有功能，运动训练是形成和发展代偿的重要条件。如偏瘫患者健侧肢体训练，可以代偿患侧肢体功能；截瘫患者通过训练上肢肌力，以驱动轮椅、代偿下肢行走功能。

### （三）运动处方

运动处方是由医生根据患者的健康状况、心血管及运动器官的功能状态，为准备接受运动疗法患者制定运动内容、运动量及运动中的注意事项。

运动处方的内容包括运动强度、运动时间、运动频率、运动项目及注意事项五要素。

**1. 运动强度** 运动训练中最关键的要素。可表示运动强度的指标如下：运动时吸氧量占最大吸氧量的百分数；代谢当量（METs）；靶心率及患者主观感觉。

**2. 运动时间** 决定运动量的指标，通过延长运动时间来弥补运动强度不足。耐力训练应持续 15 ~ 60 分钟。运动过程包括以下三个阶段。

（1）准备阶段 5 ~ 10 分钟，以提高伸展性、柔韧性的低强度的大肌群活动为主。

（2）训练阶段 15 ~ 30 分钟，运动应使心率达到并保持靶心率水平。

（3）整理阶段 5 ~ 8 分钟，通过放松活动，使身体逐步恢复到运动前的状态。

**3. 运动频率** 每周 3 ~ 5 次。

**4. 运动项目**

（1）耐力运动 属中等强度、较长时间的运动，为有氧运动。如步行、慢跑、游泳、骑自行车、上下楼梯、跳绳等。适用于高血压、高脂血症、减肥、糖尿病、心肌梗死恢复期和心脏手术后恢复期。

（2）肌力训练 主要用来发展肌肉力量的训练。如主动运动、抗阻运动等，可徒手进行，也可借助于器械。有高血压、冠心病的患者不宜选择等长收缩运动。

（3）放松训练 主要用于高血压、神经衰弱等。如太极拳、气功、散步、保健按摩等。

**5. 注意事项** 运动强度、运动时间及运动项目设置中应注意的各种问题。

## 二、关节活动度训练

关节活动范围（range of motion，ROM）训练是指采取主动或被动运动的方法，预防和改善关节活动受限，恢复关节活动功能。包括被动运动、主动助力运动和主动运动。

### （一）被动关节活动训练

当患者不能进行主动肌肉收缩时采用，完全借助外力进行的运动方法。外力可来自医务人员、家属、患者自身的健肢帮助或机械力。

**1. 徒手被动训练** 根据活动受限关节的解剖部位、关节的运动学和运动生理学特点，采取适当的体位，以规范的手法进行训练。如关节松动术。

**2. 器械训练** 在出现肌肉挛缩和关节活动范围受限初期，应进行持续的牵拉或牵引，可以使用重锤、弹簧、橡胶带等器械和石膏固定，使关节和软组织得到持续牵伸，牵引时拉力应稳定而柔和。如持续性被动活动训练（CPM）。

**3. 自我被动牵伸训练** 借助于滑轮、巴氏球、体操棒等简单的器械，利用自身的体重协助患侧进行被动运动，以增加关节的活动度。

### （二）主动辅助关节活动训练

对有一定运动能力但不能完成关节运动者，应鼓励其用自身力量进行训练，并给予适当辅助，也可利用器械或利用健肢辅助患肢进行训练。训练中应逐渐减少辅助力量，最终过渡到主动关节活动训练。

### （三）主动关节活动训练

主动关节活动训练不用任何外力，仅通过肌肉随意收缩扩大关节活动度，多采用徒手运动，也可以借助器械。

## 三、肌力训练

### （一）肌力训练原则

1. 阻力原则，训练时应克服一定的阻力。
2. 超常负荷原则，应使肌肉运动负荷超过日常活动。
3. 反复训练原则。
5. 适度疲劳原则，训练应以感到疲劳为止，但不应出现过度疲劳。

### （二）肌力训练方法

**1. 被动运动训练** 适用于0级~1级肌力。目的：维持关节活动范围，防止肌肉萎缩和关节挛缩，改善局部血液循环，刺激本体感受器诱发运动感觉。

训练前应先在健侧完成同样动作，体会健侧肌肉收缩方式和动作要领；训练时应使患者注意力集中在训练部位，用口令促使患者用力，可同时以被动运动的手法代替患者完成动作。

**2. 辅助主动运动训练** 适用于1级和2级肌力。将被训练肢体放于平面上，令患者在平面上作滑动运动，不能完成时可予以协助。

训练时应注意肢体位置要准确，避免其他肌肉的代偿运动；只在运动困难时提供最低限度的辅助，最大限度调动患者的运动潜能；注意力应集中到患侧。

**3. 主动运动训练** 适用于3级以上肌力。主要用于维持关节的活动范围、增强肌力和耐力的训练和增强肌肉之间的协调性。

训练中避免外加阻力；为提高肢体控制能力，动作速度应尽量减慢；训练中不可勉强或出现代偿动作，及时纠正错误动作。

**4. 抗阻运动训练** 适用于4~5级肌力。可增强肌力，适应日常生活对较强肌力的需求，如驱动轮椅、拄拐等。

包括抗阻力等张训练和抗阻力等长训练，常用弹力带、弹簧、哑铃、沙袋、重锤、杠铃等器械来抗阻负重。

## 四、平衡、协调功能训练

### （一）平衡功能训练

平衡训练是指为提高患者维持身体平衡能力而采取的各种训练措施，常用于因神经系统疾病、前庭功能损害、肌肉骨关节系统等疾病所造成平衡能力减弱的患者。

#### 1. 基本原则

（1）由易到难，从最稳定的体位逐渐过渡到最不稳定的体位，如立位平衡训练时应由双足分开立位→并足立位→单足立位→足尖立位。

（2）身体重心应由低到高；偏离身体垂直重心的幅度由小到大；由睁眼训练到闭眼训练，逐步提高难度，防止患者精神紧张。

（3）训练时应加强保护，并随着患者平衡能力的提高逐步减少保护。

#### 2. 基本方法

（1）静态平衡训练　在无外力的作用下，自身能控制和调整身体平衡。主要依靠躯干肌肉相互协调的等长收缩，用以维持身体的平衡。

（2）动态平衡训练　可独立完成身体转移或抵抗他人施加外力保持身体平衡。包括自动态平衡和他动态平衡两种方法。训练时可先从自我改变姿势或体位以保持平衡（自动态）的练习开始，逐渐过渡到在静态各种体位下施加外力（他动态），造成失衡，引导患者重新维持平衡的过程。

卧－坐－站位训练时：可先从稳定体位开始，然后转至不稳定体位，如前臂支撑俯卧位→前臂支撑俯卧跪位→跪坐位→跪立位→坐位→站立位（扶站→独站）。

立位平衡训练时：可由双足分开立位→并足立位→单足立位→足尖立位等。

可根据患者平衡能力采用不同体位进行训练，使支撑面由大到小，重心由低到高，逐渐施加外力。外力可以由他人施加，也可采用各种设施，如平衡板、Bobath 球、滚筒、平衡训练仪等。

### （二）协调功能训练

协调功能训练的目的是为改善患者对主动运动的控制能力，恢复动作的协调性和精确性，提高动作质量。协调功能训练的基础是利用残存部分的感觉系统以及视、听、触觉来管理随意运动。本质在于集中注意力，反复、正确地练习。适用于深部感觉障碍，小脑性、前庭迷路性、大脑性运动失调及因不随意运动所致的协调障碍。

#### 1. 基本原则

（1）从容易到复杂，由单个肢体到多个肢体，重症者应从个别原动肌或肌群的控制开始，逐步进展到多肌群的协调训练；从对称性协调到不对称性协调；从慢速协调到快速协调；从睁眼练习到闭眼练习等。

（2）从障碍轻的一侧开始练习。

（3）一个运动连续做 3～4 次，一个运动完成后，休息时间应不短于完成运动所花费的时间。

#### 2. 基本方法

（1）上肢和手的协调训练　重点练习动作的准确性、反应速度快慢、动作节奏性等。如以手抓握为例，训练时要使患者手指有众多肌肉协调，拇指与其他四指协调，把训练动作分解，在正确运动形式下反复训练，为防止训练单调，可将协调训练寓于具体作业活动中，以增加患者对重复训练的兴趣。如积木、木钉板、玩扑克牌、打麻将、下棋、打字等。

（2）下肢的协调训练 重点训练下肢各方向运动和各种正确的行走步态。训练中应不断纠正错误姿势，反复多次训练，逐渐提高各手指之间的协调性。

## 五、有氧运动训练

有氧运动训练是采用中等强度、大肌群、节律性、动力性、周期性及持续一定时间运动，以提高机体氧化代谢运动能力。适用于各种心血管疾病康复、各种功能障碍者及慢性病患者的全身活动能力训练、中老年人健身锻炼等。

通过反复进行的以有氧代谢为主的运动，增加肌肉和心血管适应能力，提高全身耐力性运动能力及心肺功能，改善机体代谢。

### （一）训练原则

为了提高训练效果和保证医疗安全，有氧运动训练应通过必要的临床检查和功能评定后，根据身体状况、性别、年龄及平时运动情况，以制定运动处方的形式确定运动训练的方式、治疗量和注意事项，并在医护人员指导下进行科学锻炼。

### （二）基本方法

**1. 散步** 速度缓慢，全身放松，每次持续时间 10～30 分钟。特点：运动强度小，精神和躯体放松性锻炼。作用：增强心肺功能，调节代谢，促进体内糖代谢的正常化，改善睡眠，延缓和防止骨质疏松的发生。常用于高血压、溃疡病、神经衰弱和年老体弱、身体肥胖及其他慢性病患者。

**2. 医疗步行** 在平地或适当坡道上定距离、定速度步行，中途安排休息，按计划逐渐延长距离，中间可加爬坡或登台阶，每日或隔日一次。可根据环境条件设计不同运动量的路线，根据患者的功能情况选用。特点：运动强度中等。适用于冠心病、慢性心功能不全、糖尿病、肥胖、慢性支气管炎、肺气肿等疾病。

**3. 健身跑** 先决定运动量大小，选择合适的运动强度和持续时间。年轻、体质较好者，宜选强度较大、持续时间较短的方案；中老年及体弱者，宜用强度较小而持续时间较长的方案。特点：中等强度运动，适用于中老年健康者或有较好锻炼基础的慢性病患者，经心电运动试验无异常反应者。

**4. 骑车** 分为室内和室外两种。室内采用蹬骑固定功率车，应根据需要调节蹬车速度、阻力及时间；室外无负重骑车运动强度较低，训练时需要增加负重，以增加运动强度。特点：使用方便。骑车运动对提高心肺功能、锻炼下肢肌力、协调能力及增强全身耐力有益。

**5. 游泳** 运动时水的浮力对皮肤、肌肉、关节均有安抚作用，有利于骨关节疾病患者的锻炼，有助于肥胖患者消耗额外能量，对肢体痉挛患者有良好的解痉作用。

## 第三节　作业治疗 ⊜微课3

PPT

作业疗法（occupational therapy，OT）是指通过有目的、有针对性地从日常生活活动、职业劳动、认知活动、娱乐休闲中选择的作业活动，指导患者进行训练，以恢复和改善其躯体、精神、社会等方面的功能为目的的一种治疗技术。

## 一、分类

**1. 维持日常生活所必需的活动** 如穿衣、进食、行走、个人卫生等生活自理和保持健康所必需的活动。

**2. 能创造价值的作业活动**　如缝纫、编织、木工等职业性作业活动。

**3. 休闲性作业活动**　如集邮、种花、听音乐、看电视、下棋、打球、游戏等作业活动，调节患者生活节奏，满足个人兴趣，改善精神状态，促进心身健康。

## 二、治疗作用

**1. 提高认知功能**　通过认知和感知作业训练，调节患者神经系统功能，提高患者的定向力、记忆力、注意力和思维能力等。

**2. 增强躯体功能**　通过改善躯体感觉和运动功能的作业训练，增强患者的肌力、耐力和关节活动范围，改善运动协调性与平衡能力，减轻疼痛，促进手精细活动功能恢复等。

**3. 改善心理状态**　通过作业活动使患者在心理上增强独立感、存在感和价值感，提高生活自信心，调节情绪，培养兴趣爱好；增进人际交往能力，培养参与社会和重返社会的意识。

**4. 提高生活自理能力**　通过生活自理及自助器具使用训练，提高患者日常生活活动和自我管理能力，为患者重返家庭和参与社会打下基础。

## 三、常用方法

### （一）日常生活活动训练

**1. 基本日常生活活动（BADL）**　是最基本的生存活动技能。指导和训练患者日常生活活动技巧和方法，如床上活动、轮椅转移、室内外行走；自我照顾训练如穿衣、吃饭、如厕、个人清洁；交流训练如阅读、写字、打电话等。

**2. 工具性日常生活活动（IADL）**　多使用工具，如家务劳动（如做饭、洗衣、打扫卫生）；社会生活技巧（如购物）、使用公共交通工具；个人健康保健（如就医、服药）；安全意识（如识别环境标记）、环境中危险因素意识、打报警电话等；环境设施及工具使用（如打电话、水龙头、冰箱、微波炉、改造后切菜板等）。

### （二）娱乐活动训练

**1. 成品创作训练**　如书画、手工艺、编制、园艺等作业。分散和转移注意力，调节情绪，消除抑郁，增强患者内在的价值感和成就感。

**2. 陶冶情操训练**　如欣赏音乐、戏剧，观看舞蹈、电视，演奏乐器等，分散注意力，放松精神，改善不良情绪。

**3. 增加乐趣与交往训练**　如下棋、扑克、麻将、保龄球、羽毛球、跳绳等文体活动，改善关节活动范围，增强肌力，增强上下肢的协调性，陶冶情操，密切与他人交往，达到在娱乐活动中治疗疾病、提高生活质量的目的。

### （三）职业技能训练

职业技能训练作业是通过评定患者的身体功能状况后，为使患者重新工作而专门设计的有目标、个体化的职业技能训练活动，以真实或模拟的工作活动作为手段，教给患者操作、指导患者掌握工作技巧，增强患者生存意义和对自己的肯定，从而能够以积极的态度投入到新的生活和工作中。

**1. 木工作业训练**　如锯木、刨木、砂磨、锤钉、木刻及扭旋螺钉等。具有代表性的有拉锯、推刨、锤钉三种。拉锯作业可增强上肢各关节活动，增强上肢肌力和耐力；推刨作业可增强双上肢及手部肌力和耐力，加大上肢和躯干屈伸范围；锤钉作业可提高手眼的协调性，改善肘关节屈伸和尺桡偏活动度，提高手抓握能力，增强手及上肢肌力。

**2. 黏土作业训练**　如调和黏土、黏土塑形以及着色等。可改善双上肢协调性和肌力，改善肘、腕关节屈伸范围；黏土塑形作业可增强腕、手的肌力和手指灵巧动作。

**3. 编织刺绣训练**　编织作业可加大上肢关节活动范围，增强手眼协调性。刺绣作业可改善手眼协调性和手指的精细动作。

**4. 缝纫作业训练**　手摇缝纫可增大肩、肘、腕关节屈伸范围；提高上肢肌力和手眼协调性。脚踏缝纫可加大髋、膝、踝关节的屈伸范围；增强下肢肌力和手眼与上下肢协调性。

**5. 办公作业训练**　如书写、珠算、操作计算机、资料管理、电话通讯等。可加大腕关节活动；增强手指灵活性和手眼协调性；增强记忆力、注意力和社会交往能力。

### （四）康复辅助器具使用训练

针对患者的功能障碍进行用具的选购、设计指导和使用训练，对恢复患者独立生活、适应工作和社会活动，发挥重要的康复作用。如对于需要穿戴假肢或矫形器者，训练在于使患者熟练掌握穿戴方法和完成负重、行走技巧；对使用拐杖、手杖及助行器者，需要参考患者的身高、臂长给予选购与使用指导等。

## 第四节　言语疗法 🅔微课4

PPT

言语疗法（speech therapy，ST）针对各种言语障碍的患者进行矫治训练以改善其交流能力的康复治疗，或称言语矫治。包括听、说、读、写的训练，恢复或改善构音功能，提高语言清晰度等语言治疗，必要时应用手法介入、辅助器具及替代方式。脑部疾病或损伤引起的失语症和构音障碍是最常见的言语障碍。

### 一、概述

#### （一）语言交流的基本要素

**1. 接受、理解词汇**　通过听觉、视觉和触觉等刺激将信息传至中枢，进行综合分析，整合处理。

**2. 表达词汇**　做出反应。这个过程是将整合处理、组织好要表达的概念转化成输出信息，再通过发音器官构成合适的语言或通过书写、手势或表情表达。

#### （二）治疗原则

**1. 早期开始**　言语障碍的早期发现是关键。言语治疗介入时间越早效果越好，应在患者意识清楚、病情稳定、能够集中训练30分钟时就开始言语矫治。

**2. 及时评定**　治疗前进行言语功能评定，了解障碍类型及程度，有针对性地制定治疗方案；治疗过程中定期评定以了解治疗效果，根据评定结果及时调整治疗方案。

**3. 循序渐进**　言语训练应由简单到复杂。如听、说、读、写等均有障碍，治疗应从提供听理解开始，重点应放在口语训练；避免疲劳及出现过多错误。

**4. 及时反馈**　言语治疗是给予患者某种刺激，使其做出反应。正确的反应要强化，错误的反应通过提示或修正刺激以形成正确反应，根据患者反应适时调整训练内容和难易程度。

**5. 良好的医患关系**　言语治疗过程是训练者与被训练者之间的双向交流，治疗时间漫长，建立相互信任的医患关系、患者主动参与的积极性是完成治疗的前提。

**6. 形式多样**　训练内容要适合患者的文化水平及生活爱好，注意设置适当的语言环境。

### （三）治疗形式

**1. "一对一"训练**　一名治疗师针对一名患者进行训练。此种训练方式易使患者注意力集中，情绪稳定，内容针对性强；需要安静、稳定的治疗环境。多用于言语治疗开始。

**2. 自主训练**　患者已充分理解言语训练的方法和要求，具备独立练习的基础时，可将部分需要反复练习的内容让患者自主练习。内容由治疗师设计，需定期检查。

**3. 集体训练**　此种治疗方式逐步接近日常交流的真实情景，通过相互接触，使患者减少孤独，增强信心，学会将个人训练成果在实际中有效地应用。可根据患者不同情况编成小组，开展多项言语治疗活动。

**4. 家庭训练**　将制定的治疗计划、评价方法介绍和示范给家属，通过观摩、阅读指导手册等方法教会家属，以便于患者由医院过渡到家庭进行言语训练。治疗时应定期上门评估和指导。

## 二、常用方法

### （一）失语症的治疗

失语症是大脑由于各种原因受损所产生的一种获得性语言障碍，表现为口语的理解、表达、阅读、书写等多种语言模式不同程度受损，轻者仅部分语言功能受限，重者语言功能完全丧失，无法交流。失语症的治疗可根据不同类型和程度确定训练方法。

**1. 听理解障碍训练**　可依次进行听词指物、指图、指词；执行指令；回答是非等训练。如出示一定数量的实物、图片、字词卡片，由医护人员说出某词让患者指认。

**2. 阅读障碍训练**　可依次进行视知觉障碍的训练；词、句理解的训练；短文理解的训练，具备一定能力后还可以进行功能性阅读理解训练。如视觉认知训练时，可将一组图片摆在患者面前，让患者看过后进行图片与文字匹配。

**3. 口语表达能力障碍训练**　可依次进行单词表达训练、语句表达训练，同时还可以训练患者利用言语以外的表达方式，如眼睛、表情、手势、形体动作等。如自发口语训练时，可将有关行为动作画片让患者看，然后用口语描述图中活动；或看情景画让患者自由叙述；或与患者进行谈话，让患者回答自身、家庭及日常生活中的问题等。

**4. 书写障碍训练**　包括抄写阶段、随意书写、默写阶段和自发书写阶段。可先进行抄写训练，再逐步过渡到自发书写。如通过抄写和听写单词、简单短句到复杂长句、短文，或让患者看物品图片，写出单词；或看动作图片，写叙述短句；或看情景图片，写叙述文；最后到写日记和给朋友写信。

**5. 实用交流能力训练**

（1）PACE方法　PACE（promoting aphasics communication effectiveness）技术是国际公认的实用交流能力训练方法之一。训练中，由治疗师与患者双向交互传递信息，利用接近于实际交流的对话结构，调动患者残余的语言功能，掌握实用性的言语交流技术。

训练方法：将一叠图片正面向下扣置于桌上，与患者交替摸取，不让对方看见自己手中图片内容，然后双方运用各种表达方式如呼名、手势语、指物、绘画等将信息传递给对方，接收者通过重复确认、猜测、反复提问等方式进行适当反馈，治疗师可根据患者语言能力提供示范。

（2）手势语训练　手势语不单纯指手的动作，还包括头及四肢动作。训练可以从习惯用手势语开始，如用点头、摇头表达是或不是等。

（3）交流板（或交流手册）使用训练　适用于口语及书写交流都困难，但有文字及图画认知能力的患者。可通过指出字、图片、照片上的字或图来表明自己的意图。

（4）电脑交流辅助装置　如发音器、电脑说话器、环境控制系统等。

### （二）构音障碍的治疗

构音障碍是指神经、肌肉病变引起的发音器官肌肉无力或协调不良而引起的语音形成障碍。表现为发音不准、吐字不清或语调、语速、节奏等方面异常。

**1. 松弛训练** 目的：通过随意肌群的放松，降低非随意言语肌的紧张性。包括肩颈头部肌、上肢、下肢、胸腹背肌放松。痉挛型构音障碍的训练重点如下所述。

（1）上肢肌肉放松 坐位，闭目，双手握拳，双臂向前伸直举至肩水平使肌肉紧张 3 秒钟，然后放松，重复数次。

（2）颈部肌肉放松 低头、头后仰、向左右侧屈以及旋转。

（3）胸腹背部放松 收腹吸气 – 放松，重复数次。

（4）下肢肌肉放松 伸膝位下做脚趾屈曲 – 放松，重复数次。

**2. 呼吸训练** 呼吸气流的控制是正确发音的基础。

（1）上肢上举、摇摆，改善呼吸功能。

（2）双上肢伸展吸气，放松呼气，改善呼吸协调动作。

（3）进行吸气→屏气→呼气训练。

**3. 口面与构音器官训练** 可依次训练患者的吞咽反射、唇功能、下颌功能、软腭功能、喉部功能及舌功能。

**4. 发音训练** 主要训练喉部声带和软腭功能。先训练患者大声叹气以启动发音，再根据不同构音部位练习发 "ba" "ta" "ka" 等音，还可通过数数字，不断变换音量大小，训练音量控制。

**5. 语言清晰度的训练** 改善说话时语调和声音表达能力。如用不同的方式说一短句，分别以愤怒的、急躁的、惊讶的、高兴的方式说 "你在干什么？"

**6. 语言节奏的训练** 语言节奏是由音色、音量、音高和音长四要素构成。节奏训练可改善患者言语的表达效果。

（1）重音练习 朗读时，在朗读材料上标明重音。

（2）语调练习 反复练习高升调、曲折调、平直调语句。

（3）停顿练习 把一句话分成若干小段，根据意群朗读，语义鲜明。

## 目标检测

### 一、选择题

**（一）单项选择题（下列各题备选结果，只有一个选项正确）**

1. 物理因子治疗的主要治疗作用不包括（　　）

 A. 消炎　　　　　　　　B. 镇痛　　　　　　　　C. 增强肌力

 D. 抗菌　　　　　　　　E. 缓解痉挛

2. 下列哪一项能反映助力运动（　　）

 A. 患者完全借助外力的辅助才能完成运动

 B. 患者借助自身其他肌肉替代完成运动

 C. 患者尽最大努力主动用力后，在外力辅助下完成的运动

 D. 患者独立自主完成运动时，进一步借助外力完成运动

  E. 上述都不对

3. 下列哪项不是作业活动（　　）

  A. 睡眠活动　　　　　　B. 学业活动　　　　　　C. 无薪工作

  D. 体育活动　　　　　　E. 以上都不是

4. 言语治疗的适应证包括（　　）

  A. 口吃　　　　　　　　B. 智力障碍　　　　　　C. 情感障碍

  D. 行为障碍　　　　　　E. 心理障碍

5. 作业治疗的主要作用不包括（　　）

  A. 改善认知功能　　　　　　　　　　B. 帮助患者早日回归家庭和社会

  C. 提高患者生活自理能力　　　　　　D. 改善患者心理状态

  E. 脱敏作用

6. 失语症的言语训练方法不包括（　　）

  A. 听理解训练　　　　　B. 阅读理解训练　　　　C. 呼吸训练

  D. 书写训练　　　　　　E. 语言表达训练

**（二）多项选择题**（下列各题备选结果，有 2 个或 2 个以上选项正确）

7. 水疗的主要治疗作用包括（　　）

  A. 温度作用　　　　　　B. 机械作用　　　　　　C. 化学作用

  D. 聚合作用　　　　　　E. 上述都不是

8. 运动疗法的应用原则包括（　　）

  A. 持之以恒　　　　　　B. 循序渐进　　　　　　C. 个性化

  D. 及时调整　　　　　　E. 上述都不是

## 二、思考题

1. 构音障碍的治疗方法。

2. 红外线疗法的主要作用。

---

**书网融合……**

本章小结　　　微课1　　　微课2　　　微课3　　　微课4　　　题库

# 第四章　常用康复护理技术

◎ 学习目标

　　1. 通过本章学习，重点把握体位摆放的目的与方法；体位转换的方法；偏瘫患者穿脱衣物、个人卫生、吞咽障碍的训练方法和注意事项；常见的康复辅助器具的使用与护理。

　　2. 学会运用康复护理常用技术开展康复护理措施，结合患者的功能障碍，制定相应的康复护理计划，协助医生指导患者进行合适的康复训练，具有良好的人文关怀精神、认真负责的工作态度，提高为患者服务的意识，体现医者仁心品德。

## ≫ 情境导入

　　**情景描述**　患者，男，60岁，于14天前突然出现恶心，呕吐，后出现右侧肢体无力，急送当地医院神经内科，当时头颅 CT 提示左侧基底节区出血，给予脱水降颅压、控制血压等治疗，患者病情逐步好转，右侧肢体逐渐恢复活动，改良 Barthel 指数 30 分，ADL 严重障碍，吞咽困难。转入康复病房，行进一步康复治疗。

　　**讨论**　1. 该患者可能存在的功能障碍有哪些？
　　　　　2. 为提高患者日常生活活动能力，可为患者实施哪些康复护理措施？

　　康复护理技术是指以全面康复为目标，对因伤、病、残而导致各种功能障碍的患者所进行的除基础护理以外的功能促进护理。康复护理不同于一般临床护理，具有康复专业的特点。

## 第一节　体位摆放与体位转换

PPT

　　在康复护理工作中，协助患者采取正确的体位是非常重要的，不仅可以预防因制动或卧床而导致的并发症，也可作为治疗的一部分促进患者运动功能的恢复，尽可能恢复日常生活活动能力。

### 一、基本概念

　　体位一般是指身体所保持的姿势或位置。良肢位是指患者在卧位或坐位时躯干及四肢所处的一种良好的体位或姿势。良肢位既可以使患者感觉舒适，又能使肢体处于功能位置，具有预防压疮和肢体挛缩的作用，也有利于早期康复。

　　体位摆放是指根据治疗、护理及康复的需要对患者所采取并能保持的身体姿势和位置，如脑损伤患者的康复护理中，为了预防或对抗痉挛和挛缩的出现，保持躯干和肢体功能状态，促进肢体正常功能恢复而对患者采取的抗痉挛体位。

　　体位转换是指人体从一种姿势转换到另一种姿势的过程，包括翻身、从卧位到坐位、从坐位到站位，以及轮椅与床、轮椅与坐厕之间的转移等，是提高患者自身或在他人辅助下完成体位转换能力的锻炼方法。在康复护理中，教会瘫痪患者体位转换，减少患者依赖性，建立康复信心，使他们能够独立地完成日常生活活动，提高患者生活质量。

## 二、体位摆放

正确的体位摆放符合人体力学的需求，尽量使患者感觉舒适，有利于促进肢体的静脉血液回流，将身体重量均匀分配至各负重部位，能达到对抗痉挛模式的出现和发展的治疗目的。

### （一）偏瘫患者的体位摆放

在急性期时，偏瘫患者的患侧肢体呈弛缓状态，肌张力低下，患侧无自主活动。急性期过后，患者逐渐进入痉挛状态，大部分患者上肢以屈肌痉挛占优势，表现为肩下沉后缩，肘关节屈曲，前臂旋前，腕关节掌屈伴尺侧偏，手指屈曲；下肢以伸肌痉挛占优势，表现为骨盆上提并旋后，髋关节外旋，髋、膝关节伸直，足下垂伴内翻。长期的痉挛会造成关节挛缩、关节周围软组织损伤等并发症。早期实施正确的体位摆放可有效预防或减轻上述并发症的发生和加重，同时为后期康复训练打下良好的基础。偏瘫患者的体位摆放包括患侧卧位、健侧卧位、仰卧位以及坐位等。

**1. 患侧卧位**　患侧肢体在下方，健侧肢体在上方的侧卧位。由于患侧在下，患侧关节韧带受到一定压力，促进了患侧本体感觉输入，并使整个患侧被拉长，减轻或缓解痉挛，有利于功能康复，同时健手能自由活动。患侧卧位是所有卧位中最重要的体位，但是有些患者并不愿意接受该体位，所以从一开始护理人员就应给予正确的引导。

具体操作：①患者头、颈下给予合适高度软枕，和躯干呈直线，使头部、颈上段稍向健侧屈，纠正患者头屈向患侧，躯干稍向后旋，后背可用枕头稳固支持。②患侧上肢肩胛骨前伸，肩关节前屈80°~100°，肘关节伸直，前臂旋后，腕关节和手指均伸展，掌心向上。患侧下肢髋关节伸展，膝关节略屈曲，踝关节背屈外翻，预防足下垂的发生。③健侧上肢自然摆放，避免置于身前，以免带动躯干向前引起患侧肩胛骨后缩；健侧下肢髋关节、膝关节略微屈曲，可于膝内侧垫一软枕支撑。

注意事项：①辅助人员应站在患者的前面，将一只手放在患者肩和肩胛骨后面给予支持并缓慢托出肩胛骨使肩胛骨前伸，避免患侧肩部受压及肩胛骨后缩。②禁止直接牵拉患侧上肢，以免拉伤肩关节周围软组织，引起肩关节半脱位。③患侧手中不应放置任何东西，避免诱发抓握反射而强化患侧手的屈肌痉挛。

**2. 健侧卧位**　健侧肢体在下方，患侧肢体在上方的侧卧位，多数患者容易接受健侧卧位。健侧卧位有对抗偏瘫上肢屈肌痉挛和下肢伸肌痉挛的作用，可避免患侧肩关节的直接受压，但是限制了健侧肢体的主动活动。

具体操作：①患者头、颈下给予合适高度软枕，和躯干呈直线，避免头部侧屈及颈部悬空，躯干与床面呈直角，避免半仰卧或半俯卧。②在胸前放置枕头支撑患侧肩关节充分前伸，患侧肩前屈80°~100°，肘关节伸展，前臂旋前，手腕关节保持背伸，手指伸展。患侧下肢放置于体前另一枕上，骨盆旋前，髋关节和膝关节呈自然半屈曲位，踝关节于中立位。③健侧肢体放在任何舒适的体位即可。

注意事项：①患侧上、下肢应予枕头支撑，高度以稍高于心脏水平为宜，可促进静脉回流，减轻肢体水肿。②避免把患手忘在身后，患手、患足不可游离于枕头外，否则可造成血液循环不畅，加剧水肿，导致腕掌屈及足跖屈畸形。

**3. 仰卧位**　面朝上卧位，此体位是发病初期不能耐受其他体位时应用的。

具体操作：①床放平，患者头、颈下给予合适高度软枕，呈中立位，避免头部过屈、侧屈及颈部悬空。②患侧上肢稍外展，肩胛骨下垫高2~3cm，使肩胛骨前伸防止肩胛骨后缩，肘关节伸直，前臂旋后，掌心向上，手腕关节保持背伸，手指伸直并分开。患侧臀至大腿外侧下方放置一长枕，防止骨盆后缩和髋关节外旋，膝关节下用小枕垫起保持微屈。肌张力高的患者可在两腿之间放置一长枕。足中立位，足尖向上，足底外侧放置小枕，防止足下垂和足内翻。③健侧上肢、下肢自然摆放。

注意事项：①仰卧位时，受紧张性颈反射和迷路反射的影响，易出现原始反射活动，且形成压疮的风险性也大，应尽量减少仰卧位的时间。②有些患者不能明确自己与周围物体的关系，所以最好使躯干长轴与床边平行，不应斜卧。③支撑患侧下肢的枕头不可放在膝关节以下部位，以免引起膝过伸，对于下肢有屈曲倾向的患者，也要避免在膝下垫小枕，以防膝关节屈曲的加剧。④不应在足底放任何东西，因会增加不必要的伸肌模式的反射活动。

偏瘫患者应以侧卧位为主，任何舒适体位均不应超过 2 小时，以防发生压疮，床两侧应有床栏保护。值得注意的是，床上的正确体位是在急性期卧床重点强调的问题，当患者能够离开床面进行锻炼时，夜间睡眠时则应以舒适、保证睡眠为主的体位，不应强制患者于某一体位。

**4. 坐位** 当病情允许，应鼓励患者尽早采取坐位，并尽可能在坐位下饮水、进食与进行其他作业活动，可预防各种并发症，尤其是体位性低血压。保持在床上非常直的坐姿是困难的，因此，在无支撑的情况下要尽量避免使用该体位。

（1）床上及床边坐位

1）床上坐位：采取床上长坐位时，摇起床头成 90° 或背部给予多个软枕垫实，使脊柱伸展，头部无需支持固定，以利于患者主动控制头的活动，患侧上肢稍抬高，患肩稍前伸，肘关节伸直放置于软枕上，有条件的可给予一个横过床的可调节桌子，桌上放一软枕，让患者的上肢放在上面，可抵抗躯干前屈。整个脊柱垂直于骨盆，上身的重量均匀分布在臀两侧，髋关节屈曲 90°，膝下垫软枕。

2）床边坐位：床上坐位能够稳定后，根据患者的情况可逐步过渡到床边端坐位，伸腰挺胸，头颈保持直立，整个脊柱垂直于骨盆，上身的重量均匀分布在臀两侧，双上肢自然放于身体两侧、大腿上或身前桌板上，尽量保持髋、膝、踝关节屈曲 90°，如床面相对较高，脚不能平放于地面上，可放一矮凳，将脚放置于矮凳上，可增加患者坐位稳定性。对于患侧髋关节有外旋倾向的患者，可以在双膝之间放置一个物品，要求患者用双膝夹住，防止髋关节外展、外旋，为下一步的轮椅坐位做准备。

3）注意事项：①每天坐起的次数和持续时间，以患者可以耐受为宜。例如，每天的洗脸、刷牙、喝水、进餐等活动可以在坐位下进行。避免久坐，因为患者将会从原体位下滑，出现非常不利的姿势。②协助患者坐位时，循序渐进改变体位，如坐位训练可从 30°~45° 开始，约每 5 分钟增加 5°，防止体位变换过快导致体位性低血压的发生。③体位变换后要观察患者有无头晕、面色苍白、视物模糊等体位性低血压症状出现，如出现不适可迅速降低床头。④当患者坐起时，患侧手在任何情况下都应尽可能地得到支撑保护以防止肩关节半脱位，同时要注意不可使手腕下垂或弯曲。⑤患者在没有良好支持的情况下，如果不能保持直立的床上坐位，应避免使用这种体位。例如，患者长时间采取髋关节屈曲小于 90°的坐姿，会造成脊柱屈曲，骨盆后倾，下肢伸肌痉挛加重。⑥尽量避免半坐卧位，因躯干屈曲伴下肢伸直的症状可能加重，且增加骶尾部压疮发生的风险。

（2）轮椅及椅坐位

1）轮椅坐位：使用合适的轮椅，更容易达到并保持直立的姿势，因此，首先应根据患者身材选择并调整轮椅，如何选用可参照本章第五节相关内容。臀部尽量向后坐，躯干尽量靠近轮椅靠背，在患者背后放置软枕以促进躯干伸展，两肩同高。患侧上肢置于枕上或轮椅配置的桌板上，肘关节屈曲 90°，前臂旋后。双足脚尖向前置于轮椅踏板上。健侧上肢自然放置即可。注意避免患肩下沉，躯干向患侧屈曲及患侧髋关节的外展、外旋。

2）椅坐位：选择有靠背的椅子，患者腰部紧贴靠背，保持躯干直立，两肩同高，双脚着地。髋、膝、踝关节保持屈曲 90°，避免髋关节的外展、外旋。

3）注意事项：①患者可采取轻度的后倾或前倾坐姿，重心落在坐骨结节上方或后方即为后倾坐姿，反之则为前倾坐姿。前倾坐姿的稳定性和平衡性更好，而后倾姿势较省力和灵活，但要注意避免骨盆侧倾和脊柱侧弯。②长时间乘坐轮椅者，应特别注意预防压疮。保持轮椅座面的清洁、干燥、平整，定时对受压部位进行减压，如针对臀部压疮的预防，可每30分钟抬臀1次，每次10秒。③如果患者在轮椅上坐的不舒适，会加重异常的张力及姿势，因此应及时纠正患者的异常坐姿。

### （二）截瘫患者的体位摆放

截瘫患者上肢功能正常，采取自然体位即可。下肢可出现髋关节内收挛缩、膝关节僵直、踝关节内翻、足下垂，故截瘫患者的良肢位主要是针对双下肢体位的正确摆放。

**1. 仰卧位** 患者头、颈下置枕，枕头的高度与一侧肩的高度相等，使头保持中立位。髋关节伸髋稍外展，两侧髋关节至大腿外侧下方放置一长枕，防止髋关节外旋，膝关节腘窝处垫毛巾卷，保持膝关节微屈。足部中立，足尖向上，足底放置软枕或佩戴踝足矫形器来保持踝关节背屈。

注意事项：①可在两腿间放置枕头，保持髋关节轻度外展，并可防止股骨内侧髁和内踝受压。②保持脊柱正确的对线，避免由于躯干扭曲，加重脊柱骨折和脊髓损伤。③用于抬高下肢的枕头不宜放于膝关节以下部位，避免导致膝过伸位。

**2. 侧卧位** 患者头、颈下置枕，枕头的高度与同侧肩的高度相等，使头部与脊柱保持正常对线，背部与床面夹角90°，背后置枕头保持稳定。患者双上肢自然放置或胸前置一软枕保持舒适。双下肢稍屈髋、屈膝、踝背屈，上方的下肢置于下方下肢前面并垫1个枕头，以更好地维持姿势的稳定、舒适及防止骨突部位受压。患者如有足下垂或内翻，踝关节可戴足托或足底放置软枕，保持足背伸90°中立位。

注意事项：截瘫患者处于侧卧位时，肩峰、髋部、外踝容易发生压疮，应定时更换体位并对骨突处进行适当的按摩。

**3. 俯卧位** 头部及胸下置一软枕，头稍侧偏以保证正常呼吸，保持患者舒适。肩关节外展90°，肘关节屈曲，前臂旋前，或者双上肢自然垂于床两侧。髋关节伸展，两侧髋部各垫薄枕，双膝关节及踝关节下垫枕，踝关节保持垂直。这种体位有利于预防髋关节屈曲挛缩和促进膀胱排空，但因操作不便，一般在患者有压疮或采取治疗时使用。

注意事项：①脊柱固定不稳定者，不要采取该体位。②保持患者呼吸道通畅，患者有呼吸困难的不要采取该体位。③踝部下方垫枕要抬高足部，防止脚趾受压。④定时更换体位，对骨突处进行适当的按摩。

### （三）四肢瘫患者的体位摆放

四肢瘫患者可出现肩胛骨后缩，肩关节内收、内旋；肘关节屈曲挛缩，腕关节掌屈；髋关节内收痉挛，膝关节僵直，踝关节内翻，足下垂。

**1. 仰卧位** 患者头、颈下置枕，中立位，避免头部过屈、侧屈、颈悬空。肩胛下垫枕，使双肩向上，防止后缩。肩关节外展30°~60°，双上肢置于身体两侧枕上，略高于心脏水平。肘关节伸展，前臂旋后，腕背伸30°~40°，以保持功能位，手指微屈。髋关节伸展，臀部及大腿外侧下方置一长枕，避免髋关节外旋。膝关节下可用小枕垫起保持微屈以防止过度伸展。足部中立，足尖向上，足底放置软枕或佩戴足托保持踝关节背屈。仰卧位可预防肩关节后缩，保持髋关节轻度外展，防止膝关节过伸，有利于预防跟腱挛缩的发生。

注意事项：①四肢均置于枕上，避免腕、足垂于枕头边缘外。②若患者手指出现屈曲内收，可手握毛巾卷以对抗手指屈肌痉挛。③四肢瘫患者处于仰卧位时，枕部、肩胛部、肘部、足跟部易发生压疮，应定时更换体位并对骨突处进行适当的按摩。

**2. 侧卧位** 患者头、颈下置枕，与躯干呈直线，避免头部过屈、侧屈及颈悬空，背部与床面夹角呈90°，背部置枕保持稳定。下侧的肩胛骨前伸避免受压和后缩，肩关节屈曲，肘伸直，前臂旋后，上侧上肢的肩前屈，肘稍屈，前臂旋前置于胸前枕上。双下肢稍屈髋、屈膝、踝背屈，上方的下肢置于下方下肢前面并垫1个枕头。患者如有足下垂或内翻，踝关节可戴足托，保持背伸90°中立位。

注意事项：①协助患者变换体位时，要保持头、颈、腰、臀成一直线进行轴线翻身，避免拖、拉、拽等动作，维持脊柱稳定性，避免对脊髓的二次损伤。②若患者手指出现屈曲内收，可手握毛巾卷以对抗手指屈肌痉挛。③患者侧卧位时受压下肢外踝易出现压疮，应加强防护。

## 三、体位转换

定期的体位转换可促进血液循环，预防压疮、关节挛缩及深静脉血栓，也可以改善呼吸功能，有助于呼吸道分泌物的排出。体位转换对于保证康复治疗的顺利进行和获得功能独立具有重要意义。

由于患者体重及病情不同，可采用让患者独立完成、护理人员辅助完成或被动转移的形式。

### （一）脑卒中偏瘫患者

#### 1. 床上移动

（1）床上横向转移　①患者仰卧位，健足置于患足下方，健手将患手固定在胸前，利用健侧下肢将患侧下肢抬起向一侧移动。②健侧下肢屈曲，利用健足和肩支起臀部，将臀部移向同侧。③将肩、头向同方向移动。

（2）床上纵向转移　患者取坐位，身体前倾，双手交叉前伸，在护理人员帮助下，将重心先转移到一侧臀部，抬起对侧臀部并前移，然后重心移至前移的臀部，再抬起另一侧臀部并前移，犹如患者用臀部行走。护理人员可以站在偏瘫侧，用手扶住患侧大腿根部，帮助患者转移重心。向后方移动可按同样方式进行。

#### 2. 床上翻身 ◉微课1

（1）从仰卧位到患侧卧位　①患者仰卧位，双手手指交叉，患侧手指置于健侧手指之上，即Bobath握手，健侧带动患侧，双上肢上举约90°，健侧下肢屈曲。②上肢及躯干向患侧旋转同时健侧下肢用力蹬床面，引导躯干向患侧翻身。③患者能力不足时，可给予帮助，避免过度用力（图4-1）。此种翻身方法简单、省力，可指导患者及家属用此方法进行日常翻身，避免长期处于同一体位。

A. 从仰卧位到患侧卧位

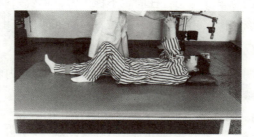

B. 从仰卧位到患侧卧位

C. 从仰卧位到患侧卧位

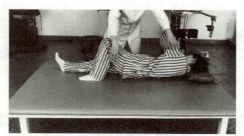

D. 从仰卧位到患侧卧位

图4-1　偏瘫患者从仰卧位到患侧卧位

（2）从仰卧位到健侧卧位　①患者仰卧位，健足置于患腿下方，双手Bobath握手上举约90°。②双上肢向左、右两侧摆动，摆至健侧时，利用躯干的旋转和上肢摆动的惯性向健侧翻身。③患者能力不足时，护理人员可站在健侧，双手分别扶助患侧肩部、膝部，将患者翻向健侧（图4-2）。

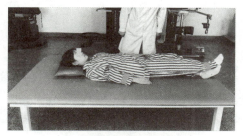

A. 从仰卧位到健侧卧位

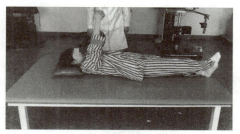

B. 从仰卧位到健侧卧位

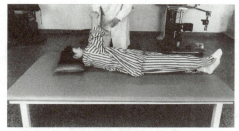

C. 从仰卧位到健侧卧位

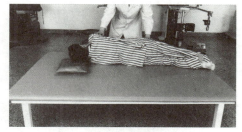

D. 从仰卧位到健侧卧位

**图4-2 偏瘫患者从仰卧位到健侧卧位**

### 3. 从卧位到坐位 🅴 微课2

（1）独立从健侧坐起　①健侧卧位。②健腿插入患腿下方，利用健腿带动患腿移到床缘下。③用健侧前臂支撑自己的体重，头、颈和躯干向上方侧屈。④改用健手支撑，慢慢坐起，躯干直立，完成床边坐起并维持平衡（图4-3）。

A. 独立从健侧坐起

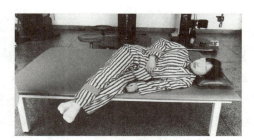

B. 独立从健侧坐起

C. 独立从健侧坐起

D. 独立从健侧坐起

**图4-3 偏瘫患者独立从健侧坐起**

（2）独立从患侧坐起　①患侧卧位，利用健腿移动患腿并将双腿置于床缘下。②健侧上肢横过胸前置于床面上支撑，为身体提供支撑点，头、颈和躯干向上方侧屈。③坐直，调整姿势（图4-4）。

（3）辅助坐起　①患者侧卧位，并保持双下肢屈髋屈膝，护理人员将患者双小腿悬置床边。②上方手托起患者肩颈部，下方手按住患者位于上方的骨盆或两膝后方，嘱患者向上侧屈头部，继而护理人员抬起下方的肩部，以骨盆为枢纽转移成坐位。③在转移过程中，鼓励患者用上肢支撑。

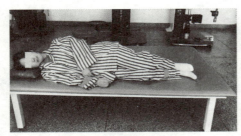

A. 独立从患侧坐起

B. 独立从患侧坐起

C. 独立从患侧坐起

D. 独立从患侧坐起

图 4 - 4　偏瘫患者独立从患侧坐起

### 4. 从床边坐位到卧位　微课 3

（1）独立从患侧躺下　①患者坐于床边，将患侧上肢放在大腿上，健手支撑于健侧髋外侧床面，抬起臀部向健侧旋转躯干与床呈 45°角的坐位。②患者保持躯干前倾，将健腿置于患腿下方，利用健腿将患腿抬到床面上。③健侧上肢肘支撑，逐渐将身体放低。④将肘支撑改为手支撑，最后躺在床面上。

（2）独立从健侧躺下　①床边坐位，将患侧上肢放在大腿上。②躯干向健侧倾斜，健侧肘关节支撑于床上，逐渐将身体放低，最后躺在床上。③利用健腿将患腿抬到床面上。

（3）辅助躺下　①患者坐于床边，患手放在大腿上，健腿置于患腿下方。②护理人员站在患者患侧（以右侧为例），用左上肢扶于患者的颈后，右侧上肢环抱患者双侧膝部，缓慢引导患者躯干侧倾和后倾。③当患者从患侧躺下时帮助其将双下肢抬到床面上。④借用双桥动作，协助患者抬起臀部向床中间移动臀部或下肢，然后再协助移动肩部和头至床中间。

### 5. 坐位到站立位

（1）独立转移　①患者坐于床边或椅子上，双足分开与肩同宽，双足着地，双侧足跟落后于双膝，患足稍后，以利负重及防止健侧代偿。②抬头向前上方，双手 Bobath 握手，双臂前伸，躯干前倾，使重心前移，患侧下肢充分负重。③双肩超出双膝时，双腿同时用力，臀部离开床面，慢慢站起，立位时双下肢同等负重。

（2）辅助坐站转移　①患者坐于床边或椅子上，躯干尽量挺直，双脚分开与肩同宽平放地上，健足稍靠后有利于负重。②护理人员面向患者站立，患者双臂抱住护理人员颈部或双手放于护理人员肩胛部，双下肢分开于患者患腿两侧，用腿顶住患侧膝盖外侧以固定，双手托住患者臀部或拉住腰带。③引导患者躯干充分前倾，髋关节尽量屈曲，注意躯干前倾是屈髋的过程而不是弯脊柱和低头。④当患者重心向前移到两肩超出双膝，双膝在两足跟前时，嘱患者双下肢用力抬起臀部，同时护理人员双手将其向前向上拉起，完成抬臀、伸腿至站立位，护理人员在全程中用腿向后顶住患侧膝盖协助其伸直。⑤调整重心，双下肢直立承重，维持站立平衡。

### 6. 站立位到坐位

（1）独立转移　①偏瘫患者背靠床站立，双下肢平均负重，双手 Bobath 握手，双臂前伸。②躯干前倾，同时保持脊柱伸直，屈髋、屈膝，两膝前移。③最后慢慢向后、向下移动臀部，坐于床面上。

（2）辅助站坐转移　①护理人员立于患者正前方，双手拉住患者两侧裤腰带，使患者大腿靠于床沿，并引导患者躯干前倾。②屈曲患者双侧膝关节，使其坐于床面上。

### 7. 床与轮椅之间转移 ⓔ 微课4

（1）床到轮椅独立转移　①患者坐在床边，双足平放于地面上。②轮椅置于患者健侧，并与床呈45°夹角，刹住刹车，移开近床侧脚踏板。③患者用健手支撑于轮椅远侧扶手，患足置于健足稍后方。④患者向前倾斜躯干，健手用力支撑，抬起臀部，以双足为支点旋转身体直至背靠轮椅。⑤确认双腿后侧贴近轮椅后正对轮椅坐下（图4-5）。

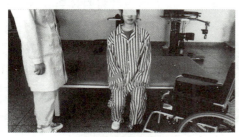

A. 床到轮椅独立转移

B. 床到轮椅独立转移

C. 床到轮椅独立转移

D. 床到轮椅独立转移

图4-5　偏瘫患者床到轮椅独立转移

（2）床到轮椅辅助转移　①患者坐在床边，患足位于健足稍后方。②轮椅放在患者的健侧，并与床呈45°夹角，刹住刹车，移开近床侧脚踏板。③患者健手支撑于轮椅远侧扶手，护理人员面向患者，采用屈髋屈膝、腰背伸直的半蹲位，用自己的双脚和双膝抵住患者的患脚和患膝的外侧，双手抱住患者的臀部，同时患者躯干前倾。④护理人员用力将患者向上提起，呈站立位，然后一手仍扶住患者臀部，另一手向上移至患者肩胛骨部位以稳定躯干，帮助患者旋转身体，双腿后侧贴近轮椅后将患者臀部轻轻放到轮椅上。

（3）轮椅到床转移　转移动作与床到轮椅转移的方向相反。

### 8. 轮椅与坐便器之间转移

（1）轮椅到坐便器的独立转移　①患者驱动轮椅正面接近坐便器，刹住刹车，移开脚踏板。②将健手扶着对侧坐便器旁的扶栏上站起，健腿向前迈一步，健侧上下肢同时支撑，向后转身，背向坐便器。③患手置于轮椅另一边扶手上，然后再移到坐便器旁的另一侧扶栏上。④脱下裤子，确定腿的后侧贴近坐便器，然后坐下。

（2）轮椅到坐便器的辅助转移　①患者坐于轮椅中，轮椅正面接近坐便器，刹住刹车，移开脚踏板。轮椅与坐便器之间留有一定空间，以利于护理人员活动。②护理人员在患者患侧马步站立，一侧下肢置于患者前面，另一侧下肢置于轮椅旁。③护理人员靠近患者背侧的手握患者腰带向上提拉，另一手放在患者肩前腋窝处向上向后用力协助患者直腰并防止患者摔倒，辅助患者站立。④护理人员和患者向前移动双足至患者能将健手移到坐便器旁的扶栏上，患者利用健侧上下肢支撑，患侧在护理人员的辅助下向后转身，直至患者双腿后侧贴近坐便器。⑤脱下裤子，护理人员引导患者前倾躯干并协助患者臀部向后、向下坐于坐便器上。

（3）坐便器到轮椅转移 由坐便器返回轮椅，与上述相反。

### 9. 轮椅与浴缸之间转移

（1）轮椅到浴缸独立转移 ①轮椅靠近浴缸，并与浴缸呈 $45°$ 夹角，健侧邻近浴缸。轮椅与浴缸之间留有一定空间，以便放置浴板。②刹住轮椅刹车，卸下靠近浴缸侧扶手，移开脚踏板，双足平放于地面，然后脱下衣裤。③患者健手支撑于浴板，患手支撑于轮椅扶手，同时用力撑起上身，以下肢为支点转动身体，直至双腿后侧碰到浴板，先将患手移动浴板一端，然后向下坐到浴板上。④患者先将健腿跨进浴缸，然后再协助将患腿跨进浴缸，逐渐移到浴缸中央上方坐好。⑤最后患者将身体置于浴缸中。

（2）不能独立进浴缸 ①轮椅与浴缸呈 $45°$ 夹角，刹住刹车，收起脚踏板。护理人员站在患者患侧，面向患者，用同侧手握住患者患手，另一手托住患侧肘部。②患者健手支撑于浴板，同时患手拉住护理人员的手站起。③患者以下肢为支点转动身体，直至双腿后侧碰到浴板，然后向下坐到浴板上。患者自行将健腿跨进浴缸，护理人员帮助患者把患腿放入浴缸，然后移到浴缸中央上方坐好。

（3）浴缸到轮椅的转移 出浴动作与上述相反，出浴前需将浴缸中的水放尽，并擦干身体。

### 10. 立位转移

（1）扶持步行训练 护理人员站在患者偏瘫侧，一手握住患侧的手，掌心向前，另一手放在患者腰部，与患者一起缓缓向前步行，训练时要按照正确的步行动作行走或在平行杠内步行，如患者身体不稳，不可牵拉患侧肢体，以避免骨折和脱臼。

（2）独立行走训练 患者站立，健手握四角拐，先伸出拐杖，后迈患腿，最后迈健腿的"三点步"（详见本章第五节）。

（3）上下楼梯 偏瘫患者应遵循上台阶时健足先上，下台时患足先下的原则。

1）上楼梯：①健手轻扶扶栏，护理人员站在患者患侧后方，一手协助控制患侧膝关节，另一手扶持健侧腰部，帮助患者将重心转移至患侧，健足先上第一个台阶。②当健侧下肢在高一层台阶上支撑时，帮助患者将重心充分前移至健侧下肢，护理人员一手固定患者腰部，另一手协助患足抬起，屈髋屈膝，将患足置于同一层台阶，两脚在同一台阶上，如此反复，完成上楼梯动作。

2）下楼梯：①患者健手轻扶扶栏，护理人员站在患侧，患足先下第一层台阶，护理人员一手置于患膝上方，协助完成膝关节的屈曲及迈步，防止患侧腿内收，另一手置于健侧骨盆处，用前臂保护患侧腰部，并将其身体重心向前方移动。②健足下同层台阶时，护理人员位于患侧的手保持原位，另一手继续将骨盆向前推移。

### （二）脊髓损伤患者

### 1. 床上翻身 脊髓损伤患者翻身时，需注意应使身体上下保持轴向翻身，避免出现脊柱旋转。

（1）独立翻身 因脊髓损伤平面不同，其翻身方法也不同。$C_6$ 完全性损伤患者由于缺乏伸肘、屈腕能力，手功能丧失，躯干和下肢完全瘫痪。患者只能利用双上肢甩动引起的惯性，将头颈、肩胛带的旋转力通过躯干、骨盆传到下肢完成翻身动作；$C_7$ 完全性损伤患者由于肱三头肌有神经支配，故较 $C_6$ 损伤患者容易完成翻身动作。具体操作如下：①翻身时患者仰卧位，头、肩屈曲，双上肢伸展上举、对称性摆动，产生钟摆样运动。向左侧甩动，使右上肢越过身体左侧，以获得下一步向右翻转所需的动力。②然后屈曲头、肩，双上肢迅速从左侧甩向右侧。③借助于上肢甩动的惯性使躯干和下肢翻成俯卧位。④将左前臂支撑于床面并承重，右肩进一步后拉，使两侧前臂同等负重。⑤最后将双上肢置于身体两侧。胸、腰段脊髓损伤的截瘫患者的翻身训练可以直接利用肘部和手的支撑向一侧翻身。

（2）辅助翻身 患者仰卧，双手置于身体两侧，两名护理人员同时站在床的一侧，一人托住患者颈肩部和腰部，另一人托住患者臀部和腘窝部，两人同时将患者抬起并轻推患者，使其转成侧卧位。

### 2. 床上移位

（1）横向移动　以向左移动为例：①患者取长坐位，右手半握拳置于床面，紧靠臀部，左手放在与右手同一水平，离臀部约30cm的位置，肘伸直，前臂旋后或中立位。②躯干前屈使头超过膝部上抬臀部，同时头和肩转向右侧，带动左肩向前移动、右肩向后移动，同时拉动骨盆移向左手处。③最后用上肢将双腿位置摆正。

（2）纵向移动　以向前为例：①患者取长坐位，双下肢外旋，膝关节放松。头、肩、躯干充分向前屈曲，头超过膝关节，使重心线落在髋关节前方，以维持长坐位平衡。②双手靠近身体，在髋关节稍前一点的位置支撑，若肱三头肌瘫痪，则应外旋肩关节，前臂旋后，以保持肘关节稳定伸展。③双手用力支撑上抬臀部，保持头、躯干向前屈曲，使臀部向前移动。

### 3. 从卧位到坐位

（1）$C_6$完全性脊髓损伤患者独立由仰卧位到坐位　①患者上举双臂，用力左右摆动躯干，利用惯性将右上肢甩过身体左侧，同时屈曲头颈，旋转躯干上部，翻向左侧。②先用左肘支撑床面，然后变成双肘支撑，抬起上身。③将体重移到右肘上，然后将左肘移近躯干。④保持头、肩前屈，将右上肢撤回身体右侧，并用双肘支撑保持平衡。⑤再将身体转向左侧肘关节支撑，同时外旋右上肢，在身体后伸展，右手支撑床面。⑥调整身体位置使重心向右上肢转移，同样外旋左上肢，在身体后伸展，用左手支撑床面。⑦慢慢交替将双手向前移动，逐渐将体重移到双下肢上，完成坐起动作。

（2）胸、腰段脊髓损伤患者独立由仰卧位坐起　患者双上肢同时用力向一侧摆动，躯干转向一侧。一只手和对侧肘支撑床面，伸展肘关节，变成手支撑，支撑手移动至长坐位。

（3）辅助坐起　①患者呈仰卧位，双上肢置于身体两侧，双侧肘关节屈曲支撑于床面。护理人员站在患者侧前方，以双手扶托患者双肩并向上牵拉。②嘱患者利用双肘的支撑抬起上部躯干后，逐渐改用双手掌撑住床面，支撑身体坐起，调整坐姿，保持舒适坐位。

### 4. 从坐位到卧位

（1）$C_6$完全性脊髓损伤患者独立从坐位到卧位　患者在床上取长坐位，双手在髋后支撑，保持头、肩向前屈曲。身体向右后侧倾倒，用右侧肘关节支撑。屈曲左上肢，将一半体重转移至左侧肘关节，仍然保持头、肩屈曲，交替伸直上肢直到躺在床面上。

（2）胸、腰段脊髓损伤的患者独立从坐位到卧位　与由仰卧位坐起的顺序相反。

### 5. 床与轮椅之间的转移 ℰ 微课5

（1）床到轮椅的独立转移　侧方转移：①以从右侧转移为例，患者坐于床边，轮椅置于患者右侧，与床呈30°夹角，刹住刹车，卸下靠床侧扶手，移开靠床侧脚踏板。②患者右手扶住轮椅远侧扶手，左手支撑床面，同时撑起躯干并向前、向右侧方移动到轮椅上。

正面转移：①轮椅正面紧靠床边，与床边呈直角，刹住刹车，患者背对轮椅，用双手支撑把臀部移向床边，紧靠轮椅。②双手紧握轮椅扶手中部用力撑起上身，把臀部移到坐垫适当部位，摆正坐位。③松开刹车，轮椅向后移40cm，再刹住刹车，放下脚踏板，把双脚从床上移至脚踏板上，最后摆正身体，把刹车松开（图4-6）。

（2）床到轮椅的辅助转移　①患者坐于床边，双足放于地面，轮椅置于患者一侧，与床呈30°夹角，刹住刹车。移开近床侧脚踏板和同侧轮椅挡板。②患者一手抓住轮椅远侧扶手，一手支撑床面。③护理人员面向患者，取屈髋屈膝、腰背挺直的半蹲位，用双膝固定患者双膝关节，双手托住患者腰部或两侧髋部。④两人同时用力，使其臀部从床上转移到轮椅上。

（3）轮椅到床的转移　转移顺序与床到轮椅转移的顺序相反。

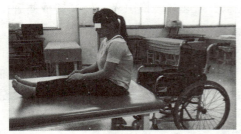

A. 正面转移

B. 正面转移

C. 正面转移

D. 正面转移

E. 正面转移

F. 正面转移

图 4 - 6　截瘫患者床到轮椅正面转移

### 6. 轮椅与坐便器之间的转移

（1）轮椅到坐便器的独立转移　正面转移：①将轮椅正对坐便器，刹住刹车，移开脚踏板，双足平放地面。②患者双手扶住坐便器扶手，身体向前倾，双手用力支撑，抬起臀部，双手交替，旋转身体至坐便器上。

侧方转移：同独立从轮椅到床的侧方转移。

（2）轮椅到坐便器的辅助转移　①轮椅正面接近坐便器，刹住刹车，移开脚踏板。轮椅与坐便器之间留有一定空间，以利于护理人员活动。②护理人员协助患者坐于轮椅边沿，半蹲，双足置于患者双足外侧，用自己双膝、双足抵住患者的双膝、双足，以免患者膝、足向前滑动。③护理人员双手从患者腋下穿过扶住其肩胛骨或腰部，患者双上肢抱住护理人员肩部。④护理人员双腿用力帮助患者站起，以双下肢为支点，帮助患者缓慢向后转身。⑤当患者双腿的后方贴近坐便器后，护理人员左手仍扶住患者肩胛骨，右手脱下患者裤子，然后向后、向下推压患者髋部，协助患者坐于坐便器上。

（3）从坐便器到轮椅的转移　转移顺序与轮椅到坐便器转移顺序相反。

### 7. 轮椅与浴缸之间的转移

（1）轮椅到浴缸的独立转移　从轮椅到浴缸的一端转移：①患者驱动轮椅接近浴缸一端，与浴缸有一定距离后刹住刹车，以便双脚能上抬够到浴缸。②用上肢帮助双下肢置于浴缸的边沿上，移开脚踏板。③打开手闸，驱动轮椅直到轮椅完全贴近浴缸再刹住刹车。④患者右手置于浴缸边沿，左手置于轮椅左侧扶手上，在轮椅中上抬臀部向前移动，双腿滑入浴缸中。⑤将左手移到浴缸边沿上，双手支撑，躯干充分屈曲。⑥患者双手沿着浴缸边沿向前移动，先上抬躯干越过边沿，然后将身体放低进入浴缸中。转移前应注意浴缸注满水，浴缸底部需放置防滑垫，浴缸周围墙上需安装扶手。

从轮椅到浴缸的侧方转移：以从右侧转移为例：①轮椅从右侧接近浴缸，并与浴缸呈30°夹角。卸下轮椅右侧扶手，移开右侧脚踏板，刹住刹车。②用双上肢帮助双下肢上抬置于浴缸中，屈曲躯干，右手置于浴缸远侧边沿，左手置于浴缸近侧边沿，双手用力支撑上抬躯干越过浴缸边沿。③双手支撑并转动身体面向浴缸一端，慢慢放低身体进入浴缸中。由于进出浴缸需要患者的上肢有较大的支撑力量，故只有$C_7$及以下脊髓损伤的患者才可独立完成由轮椅向浴缸的转移。

（2）轮椅到浴缸的辅助转移　①轮椅从侧面接近浴缸，刹住刹车，移开脚踏板。②护理人员帮助患者脱下衣裤，半蹲，双足置于患者双足外侧，其双膝、双足抵住患者的双膝、双足，以免患者膝、足向前滑动及屈曲。③护理人员双手从患者腋下穿过扶住其肩胛部，患者双上肢抱住其肩部，嘱患者共同用力，协助其站立。④以患者双下肢为支点，帮助患者缓慢向后转身。⑤当患者双腿的后侧贴近浴板后，帮助患者坐于浴板上。⑥协助患者将双腿放进浴缸，帮助患者坐到浴板中间。

（3）浴缸到轮椅的转移　转移顺序与轮椅到浴缸的转移顺序相反，出浴前需将浴缸中的水放尽，并擦干身体。

**8. 立位转移**　在康复工程师的指导下，根据其损伤节段选用不同的矫形器，教会患者正确使用矫形器，进行平行杠内站立训练、平衡训练和步行训练，定时检查受压区域的皮肤是否有红、肿、水疱。

PPT

# 第二节　穿脱衣物训练

穿脱衣物是日常生活中不可缺少的动作，在患者病情允许的情况下对其进行指导、参与和帮助患者完成穿脱衣物，提高患者自我照顾能力，减少依赖，提高患者生活质量。

## 一、偏瘫患者穿脱开襟上衣训练　📱微课6

### （一）基本要求

1. 患者生命体征平稳，具有一定认知能力，能配合护理人员指令。
2. 患者坐位下双足能平放于地上，具备坐位动态平衡能力。
3. 患者健侧具备基本的活动能力，有一定协调性和准确性。

### （二）训练方法

**1. 穿开襟上衣**　先穿患侧，再穿健侧。步骤：①患者将"上衣"里面朝外，衣领向上置于其膝上。②用健手帮助露出里面的袖口。③把患手穿进相应的袖口。④将上衣沿患侧上肢拉上并挎到健侧肩和颈部。⑤把健侧手和上肢穿进衣袖。然后患者用健手抓住上衣的后襟，将其拉开展平。⑥最后整理上衣使其对称，并使纽扣对准相应的扣眼。稳定纽扣边缘，用健侧拇指撑开扣眼套上纽扣（图4-7）。

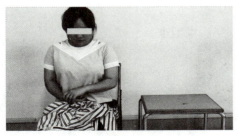

A. 穿开襟上衣

B. 穿开襟上衣

C. 穿开襟上衣

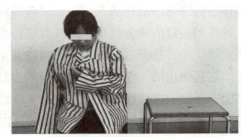

D. 穿开襟上衣

图 4 – 7　偏瘫患者穿开襟上衣

**2. 脱开襟上衣**　先脱健侧，再脱患侧。步骤：①患者健手解开钮扣。②先将患侧上衣脱到患肩下，然后将健侧脱到健肩下。③将健侧上肢和手脱出衣袖。④当健侧手脱出后，患者方可容易地将患侧的衣袖脱下，完成脱衣（图 4 – 8）。

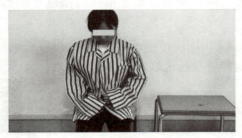

A. 脱开襟上衣

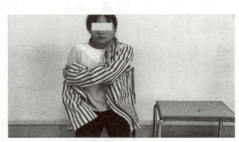

B. 脱开襟上衣

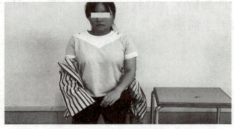

C. 脱开襟上衣

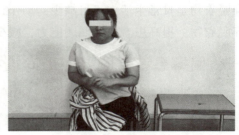

D. 脱开襟上衣

图 4 – 8　偏瘫患者脱开襟上衣

### （三）注意事项

1. 选择宽松的开襟衫。

2. 尽可能地利用患侧主动穿衣。

3. 因为用一只手难以控制使用拉链，所以不穿带拉链的衣服。

4. 如果患者不能用一只手系钮扣，可用魔术贴替代或用穿衣钩和扣钩帮助系钮扣，但要试着尽可能地不用辅助设备。

5. 在患者的后背和椅背之间要留有一定空间，否则会令穿后襟困难。

6. 坐位平衡不稳定时给予帮助。

## 二、偏瘫患者穿脱裤子训练 📱 微课 7

### （一）基本要求

1. 患者应有好的坐位平衡能力，能独立完成坐卧转移。

2. 患者健侧具备基本的活动能力，有一定协调性和准确性。

## （二）训练方法

**1. 穿裤子**　①患者坐在床边，把裤子放在身旁健手容易够到的地方，教患者通过抓住其患侧小腿使其交叉放置于健侧大腿上。②将患侧裤腿穿到患腿脚踝，将交叉的患腿再次放到地板上。③把健腿裤子穿上并尽可能拉上到臀部附近。④如果患者能完成站立动作则站起，向上拉至腰部，整理系紧；如果患者不能完成站立动作则让患者通过坐卧转移躺到床上，然后通过桥式运动或转身将臀部离开床面，把裤子拉过臀部直到腰，整理系紧（图4-9）。

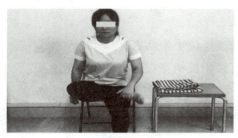

A. 穿裤子

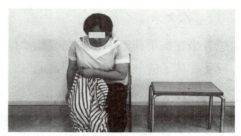

B. 穿裤子

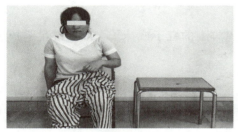

C. 穿裤子

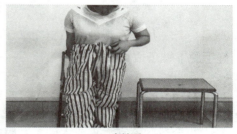

D. 穿裤子

**图4-9　偏瘫患者穿裤子**

**2. 脱裤子**　①患者坐在椅边，解开裤带。②通过倾斜身体或将躯干从一侧向另一侧旋转，使臀部离开座位，快速将裤子脱到臀部以下。③将裤子从腿上脱下，既可以先脱健侧然后用健足踢下患侧裤子，又可以用健足踩住裤脚，健手拉起患腿先脱掉患侧，然后再脱掉健侧（图4-10）。

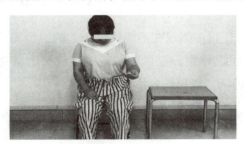

A. 脱裤子

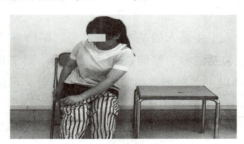

B. 脱裤子

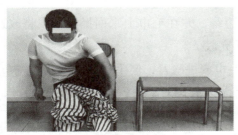

C. 脱裤子

D. 脱裤子

**图4-10　偏瘫患者脱裤子**

### （三）注意事项

1. 平衡较好者可取坐位或站立位，对于平衡功能不好者取坐式或卧式训练穿脱裤子。
2. 建议选择松紧带式裤子。
3. 操作时要注意维持身体的稳定性，把裤腰拉过臀部时注意固定一侧、活动另一侧。

## 三、偏瘫患者穿脱鞋、袜训练 🅔 微课8

### （一）基本要求

1. 患者坐在扶手椅上或床边完成此动作，取决于患者动态坐位平衡能力。
2. 鞋子和袜子应放在容易拿到的地方，如果有必要，可采用长柄穿衣钩将鞋子从地上捡起。

### （二）训练方法

**1. 穿鞋、袜** ①患者取坐位，将患腿提起交叉放于健腿上。②用健手为患足穿袜子或鞋。③将患侧下肢放回原地，全脚掌着地，重心转移至患侧，再将健侧下肢放在患侧下肢上方，穿好健侧的袜子或鞋。

**2. 脱鞋、袜** 用健手帮助将患腿交叉于健腿上，脱掉患脚上的鞋子或袜子，或用健足蹬掉患足鞋跟再用健手脱下鞋子或袜子。

### （三）注意事项

1. 建议用松紧鞋代替普通的系带鞋。
2. 鞋大小合适，不宜太重或太硬，鞋跟应是平底而非高跟。
3. 建议穿用魔术贴扣住的运动鞋。
4. 袜子的要求是松软，袜口不能太紧。

PPT

# 第三节　个人卫生训练 🅔 微课9

　　个人卫生是人的基本需要之一。偏瘫患者生活不能自理，很多体现在不能解决个人的卫生问题，个人卫生包括洗漱、修饰及如厕等能力。对于偏瘫患者全身状况稳定，意识清楚，能在轮椅上坚持坐位30分钟以上，健侧肢体肌力良好的患者，可进行个人卫生训练，以提高生活自理能力。

## 一、洗漱能力训练

### （一）训练方法

**1. 洗手训练** ①健手将毛巾贴在患手上或固定在脸盆边缘，并在毛巾上来回搓洗，或将改造后的细毛刷吸在水池壁上，健手来回刷洗。②洗患手时，用健手完成。

**2. 洗脸训练** ①患者坐轮椅移动到脸盆前，将一个小毛巾放进脸盆，健手打开水龙头，调节水温，冲洗毛巾。②用一只手紧握小毛巾将其拧干或用一只手将其缠在水龙头上拧干。③当毛巾足够干时，平拿在手掌上擦脸。④重复几次，直到认为脸已洗净。

**3. 刷牙、漱口训练** ①靠近卫生间里的脸盆，用健手打开水龙头将牙杯充满水后关上水龙头，并将牙杯放在脸盆里或脸盆旁。②将牙刷放在湿毛巾上或一小块防滑垫上以确保稳定。③用健手打开牙膏的按钮，然后将牙膏挤到牙刷上，放下牙膏并拿起牙刷刷牙。④放下牙刷并拿起漱口杯漱口。⑤清洗义齿时，可将带有吸盘的毛刷固定在水池边缘完成清洗。

**4. 洗澡训练**　盆浴时，准备完水以后，利用本章第一节中轮椅到浴缸间转移的方法将身体移入到浴盆里。清洗时用健手持毛巾擦洗，也可用长柄刷、带圈毛巾和沐浴球等完成擦身，洗浴完毕后，出浴盆顺序与入浴盆顺序相反。淋浴时，患者坐在淋浴凳或椅子上即可。

### （二）注意事项

1. 出入浴室时应穿防滑的拖鞋，淋浴处的地面应铺防滑垫，要有人在旁边保护。
2. 洗澡水温一般在 38～42℃，调节水温时，应先放冷水，再放热水，关闭时步骤相反。
3. 患者洗澡时间不宜过长，浴盆内的水不宜过满。

## 二、修饰能力训练

### （一）训练方法

**1. 修剪指甲**　将大号指甲剪固定在桌子上，一端突出桌沿，伸入健手需修剪指甲于剪刀口，用患手掌根或肘部按压指甲剪柄即可剪去指甲。剪患侧指甲时，用健手完成即可。双手力量均差者可用下颌操作指甲剪。

**2. 梳头**　①靠近一个梳妆台安全坐下。②照着放在面前的镜子，拿起放在台上的梳子。③如果鼓励患者使用患侧手来梳头，选择加粗、加长手柄的头梳或用万能袖套帮助抓握。④用梳子从前额正中开始，以均匀的力道梳向额部、枕部、颈部，再梳两侧，可反复多次，直至将头发梳顺。⑤若为长发，可先将发尾部分的头发梳顺，然后按上面的步骤进行。

**3. 剃须**　用健手使用电动剃须刀完成，安全方便。

### （二）注意事项

1. 修饰所需物品都应放在容易拿到的地方。
2. 建议患者用充电的电动剃须刀，因为患者用一只手换电池通常十分困难。
3. 修剪指甲时，可加长指甲剪柄，指甲刀要放平修剪，先修剪中间再修两端，避免把指甲边角剪的过深。

## 三、如厕能力训练

### （一）训练方法

1. 如厕动作的主要流程是患者从轮椅到坐便器的转移，穿、脱裤子，擦拭，冲洗，洗手等一系列动作，从轮椅到坐便器的转移和穿、脱裤子请参考本章第一节。
2. 患者在擦拭时，可先将卫生纸卷在健侧手上进行擦拭。
3. 用健手冲洗厕所。

### （二）注意事项

（1）训练时要有人保护。
（2）卫生间的环境和设施需根据患者的需求进行调整和改造，在需要的部位安装横向或纵向的安全扶手，坐便器的高度根据患者的身高，选择坐式马桶，也可通过马桶增高器加高马桶，卫生间地面要保持干燥。

PPT

## 第四节　吞咽与进食训练

通过摄食－吞咽评定，对有吞咽障碍的患者进行针对性吞咽指导训练，可以改善患者摄食吞咽的功能，改变或恢复经口进食的方式，早日拔除鼻饲管、胃或空肠造瘘等，减少因食物误咽所引起的各种并发症的发生，改善患者的营养状态，改善因不能经口进食所产生的心理恐惧与抑郁，增强患者康复信心，有利于其他功能障碍的恢复。吞咽障碍的康复护理主要应用于脑卒中、颅脑外伤、帕金森病等神经系统疾病导致的神经源性吞咽障碍。

### 一、基础性训练

针对与摄食－吞咽活动有关的各个器官的功能训练，也称为间接训练，从预防失用性功能低下、改善吞咽相关器官的运动及协调动作入手，为经口腔摄取营养做必要的功能性准备。由于间接训练不使用食物，误咽、窒息等风险很小，因此适用于从轻度到重度的各类吞咽障碍患者。

#### （一）口腔周围肌肉运动训练

**1. 口唇运动**　通过口唇运动训练可以改善食物或水从口中漏出的情况。让患者面对镜子独立进行紧闭口唇的练习。对无法主动紧闭口唇的患者，可给予辅助。当患者可以主动闭拢口唇后，可以让患者口含压舌板，护理人员往外拔，患者尽量使之不被拔出，以此来训练口唇闭锁。其他练习包括口唇突出与旁拉、嘴角上翘（做微笑状）、抗阻鼓腮等。

**2. 下颌运动**　可促进咀嚼功能，做尽量张口、然后松弛及下颌向两侧运动练习。对张口困难患者，可对紧张的肌肉进行冰刺激或按摩牵伸疗法，使咬肌放松。当咬肌肌张力低下时，可进行振动刺激和轻拍。另外，可通过主、被动运动让患者体会下颌开闭的感觉。为强化咬肌肌力，可让患者咬紧牙齿或压舌板进行反复练习。

**3. 舌部运动**　让患者向前及两侧尽力伸舌，伸舌不充分时，护理人员可用纱布轻轻包住舌尖或用吸舌器的吸头吸紧舌前部轻轻牵拉舌头向上、下、左、右、前伸、后缩等方向做助力运动或抗阻运动。通过以舌尖舔吮口唇周围，练习舌的灵活性。用压舌板抵抗舌根部，练习舌根抬高等。

#### （二）头、颈、肩部放松训练

在进食前，头、颈、肩部的放松可以防止误咽。具体方法是前、后、左、右活动颈项部，或做颈部的左右旋转及提肩、沉肩运动。需要注意的是，由于颈部前屈位容易引起咽反射，故强化颈部屈肌肌力，防止颈部伸展位挛缩是非常重要的。

#### （三）冰刺激

能有效强化吞咽反射，反复训练可使之易于诱发且吞咽有力。将冰冻棉棒蘸少许水，轻轻刺激软腭、腭弓、舌根和咽后壁，然后嘱患者做空吞咽动作，若出现呕吐反射即应终止刺激。也可利用"漱口"的方法，冰水量3ml以上，漱口时间持续5秒以上，"漱口"的方法也可以锻炼喉部上抬。如患者流涎过多，可对患侧颈部唾液腺进行冷刺激，3次/日，10分钟/次，至皮肤稍发红。

#### （四）发音器官训练

发音与吞咽有关，吞咽障碍患者常伴有构音障碍，通过发音训练可以改善吞咽相关器官的功能。从单音单字开始康复训练，如嘱患者张口发"a"音，并向两侧运动发"yi"音，然后再发"wu"音，也可嘱患者缩唇然后发"f"音，并尽量把声音拉长，逐渐过渡到词、句等，可促进口唇肌肉运动和声门的关闭功能。一般在晨晚间护理后，在护理人员指导下让患者对着镜子或家属进行，每日4~5次，每次 5～10 分钟，要求其发声、发音准确，渐进式训练言语肌群运动与力量协调功能。

### （五）呼吸训练及咳嗽训练 微课10

正常吞咽时呼吸停止，而吞咽障碍患者有时会在吞咽时吸气，引起误咽。有时由于胸廓过度紧张或咳嗽减弱，无法完全咳出误咽物。腹式呼吸练习既可以提高呼吸控制能力，强化腹肌，增强声门闭锁，促进随意咳嗽，还可以缓解颈部肌肉过度紧张。让患者屈膝仰卧，护理人员两手分别按压于患者的上腹部和胸部，让患者以鼻吸气、以口呼气，吸气时腹部鼓起来，呼气时腹部瘪下去。呼气结束时，上腹部的手稍向腹部方向加压，并使患者以此状态吸气。进行咳嗽训练时，可以强化声门闭锁，有利于咳出误咽的食物。

### （六）门德尔松手法

食管入口处的扩张是通过喉部向前上方移动及食管入口处环状咽肌的弛缓来实现。当喉部上抬不够、食管入口处扩张困难时，可用此手法来强化喉部上抬。通过反复练习，能消除食管入口处的紧张，达到充分抬高喉部的效果。

方法：对于喉部可以上抬的患者，当吞咽唾液时，让患者感觉有喉向上抬时，同时保持喉上抬位置数秒；或吞咽时让患者以舌尖顶住硬腭、屏住呼吸，在此位置保持数秒，同时让患者示指置于甲状软骨上方，中指置于环状软骨上，感受喉结上抬。对于喉部上抬无力者，护理人员可通过按摩颈部、下推喉部来促进吞咽。当喉部开始抬高时，护理人员即可把手指置于环状软骨下方推住喉部并固定，让患者感觉喉部上抬，逐渐让其有意识地保持上抬动作。

### （七）声门上吞咽训练

又称"屏气吞咽"，从鼻腔深吸一口气，然后完全屏住呼吸进行空吞咽，吞咽后立刻咳嗽。通过咳嗽清除喉头周围残留的食物，按照该模式来训练吞咽可明显减少误咽，护理人员应尽量训练患者达到吞咽模式的自动化。但此方法可产生咽鼓管充气效应，可能导致心脏猝死、心律失常，禁止对合并冠心病的脑卒中等神经损伤患者做声门上吞咽训练。

### （八）球囊导管扩张术

对于脑卒中、放射性脑病等脑损伤所致的环咽肌功能障碍的患者，通过球囊导管扩张术，可改善环咽肌狭窄，恢复吞咽功能。

根据患者参与程度分为主动扩张和被动扩张，根据导管通过的途径分为经口扩张和经鼻扩张。在扩张之前要先经过喉内镜检查，确认舌、软腭、咽及喉无进行性器质性病变。一般由治疗师与护理人员两人合作完成此项治疗操作。导尿管从鼻腔插入，亦可从口腔插入，操作风险小。初次进行时，需注意心率、血压的变化情况；插管及上下提拉、移动尿管过程中易引起鼻腔疼痛、打喷嚏等不适。插管前，可用棉签蘸 1% 丁卡因溶液涂擦鼻黏膜或纱布浸润利多卡因凝胶涂搽导尿管表面。

具体操作：①由一名护理人员按照插鼻饲管操作常规将备用的 14 号导尿管经鼻孔插入食道中，确定进入食道并完全穿过环咽肌后（长约 30cm），将导尿管交给治疗师原位保持。②护理人员将抽满 10ml 水（冰水或温水）的注射器与导尿管相连接，管内注水 6～9ml，使球囊扩张（直径 22～27mm），顶住针栓防止水逆流回针筒。③治疗师将导尿管缓慢向外拉出，直到有卡住的感觉或拉不动时，用记号笔在鼻孔处做出标记（长度 18～23cm），此处相当于环咽肌下缘，再次扩张时作为参考点。④治疗师嘱护理人员抽出适量水（根据环咽肌紧张程度，球囊拉出时能通过为度）后，操作者再次轻轻地反复向外提拉导尿管，一旦有滑过感觉，或持续保持 2 分钟后拉出，阻力锐减时，嘱护理人员迅速抽出球囊中的水。⑤治疗师再将导尿管从咽喉插入食道中，重复操作 5～8 遍，自下而上地缓慢移动球囊，充分牵拉环咽肌，降低肌张力。

## 二、进食训练

直接训练患者的摄食－吞咽功能，又称直接训练。经过基础训练后，可逐步对患者进行摄食训练，每次进食前后，护理人员需认真做好口腔护理，同时在进食过程中应注意防止误吸，必要时床边备电动吸引器。

### （一）环境

选择整洁的进食环境，帮助患者做好就餐前准备工作，要减少一切分散患者注意力的环境因素，尽量让患者在安静舒适的环境下专心进行吞咽训练，降低吞咽训练中发生危险的可能。

### （二）体位

进食体位应因人因病情而异。开始训练时应选择既有代偿作用又安全的体位。一般认为进食最佳体位取半坐卧位或坐位，颈部前屈是预防误咽的一种方法。对于不能坐起的患者，一般取床头抬高30°的半坐卧位，颈部前屈，偏瘫侧肩部垫枕，喂食者站在患者健侧。此时进行训练，食物不易从口中漏出，有利于食物向舌根部运送，还可以减少咽部食物的残留和误咽的发生。对于能坐起的患者，应鼓励其尽早采取坐位。取坐位时颈稍前屈，躯干倾向健侧30°，使食物借助重力作用经健侧咽部进入食道，以防止误咽。总之，应根据患者的情况选择体位，使之既有利于代偿功能的发挥又能增加摄食的安全性，减少向鼻腔逆流及误咽的危险。

### （三）食物性状

根据患者吞咽障碍的程度及阶段，本着先易后难的原则来选择。容易吞咽的食物特点是密度均匀、黏性适当、不易松散、通过咽和食管时易变形且很少在黏膜上残留，如香蕉、蛋羹等。稠的食物比稀的安全，因为它能较满意地刺激触、压觉和唾液分泌，使吞咽变得容易。此外，应注意食物的色、香、味及温度等，利于消化、吸收。需要注意的是，干燥、易掉渣的食物应避免使用。在训练过程中，随着患者的吞咽障碍的改善，可逐渐依次过渡为糊状食物、软食、普食和水。

### （四）一口量

一口量即最适于吞咽的每次入口量，量过少不利于诱发吞咽反射，过多则易引起食物残留或误吸，正常人约为20ml。一般先以3～4ml开始试进食，然后酌情增加，摸索出最适合的量。调整合适的进食速度，前一口吞咽完成后再进食下一口，避免两次食物重叠入口的现象。每次进食后，嘱患者反复吞咽数次，防止食物残留和误吸。

### （五）选用餐具

选用适宜的餐具有助于摄食的顺利进行。应选择容量为5～10ml、边缘钝厚、匙柄较长、难以沾上食物的汤匙。对自己能进食的患者还可进行一些餐具的改造。

### （六）进食习惯

培养良好的进食习惯，养成定时、定量的饮食习惯，根据患者摄食－吞咽功能进行及时调整，能坐起来不要躺着，能在餐桌上不要在床边进食。

进食速度不宜过快，以免引起误咽。一般每餐进食的时间控制在45分钟左右为宜。

### （七）辅助吞咽动作

吞咽无力时，食块常不能一次吞下，残留在口腔和咽部。吞咽后能听到"咕噜咕噜"的声音，出声有湿性嘶哑时，可怀疑有食块、唾液、痰残留在咽部。可训练患者通过以下方法去除滞留在咽部的食物残渣。

**1. 空吞咽与交互吞咽**　每次进食吞咽后，反复做几次空吞咽，使食团全部咽下，然后再进食，可除去残留食物，防止误咽。亦可每次进食吞咽后饮极少量的水（1～2ml），这样既有利于刺激诱发吞咽反射，又能达到除去咽部残留食物的目的，称为"交互吞咽"。

**2. 侧方吞咽**　咽部两侧的梨状隐窝是最容易残留食物的地方。让患者分别左、右侧转头，做侧方吞咽，可除去梨状隐窝部的残留食物。

**3. 用力吞咽**　让患者将舌用力向后移动，帮助食物推进通过咽腔，以增大口腔吞咽压，减少食物残留。

**4. 点头式吞咽**　会厌是另一处容易残留食物的部位。当颈部后屈时，会厌变窄，可挤出残留食物，然后颈部尽量前屈，形似点头，同时做空吞咽动作，便可去除残留食物。

**5. 低头吞咽**　颈部尽量前屈姿势吞咽，使会厌谷的空间扩大，并让会厌向后移位，避免食物溢漏入喉前庭，更有利于保护气道，收窄气管入口，咽后壁后移，使食物尽量离开气管入口处。

## 三、饮水训练

进食训练的顺序一般是胶陈样食物、糊状食物逐步过渡到半固体、固体，最后才是液体，液体比固体更容易误吸入气管，危险性更大。

饮水训练时，将饮水杯的边缘靠近患者的下唇，缓慢倾斜水杯，避免将水直接倒入口中，引起患者呛咳，应鼓励患者饮一小口水，如果饮小口水不能完成，可将少量水沿着下齿前部倒入口腔。

注意：开始阶段应饮少量水；出现呛咳时，患者应当腰、颈弯曲，身体前倾，下颌低向前胸；当咳嗽清洁气道时，这种体位可以防止残渣再次侵入气道。

PPT

# 第五节　康复辅助器具使用与护理

 **素质提升**

### 独腿老兵张富清

张富清是原西北野战军359旅718团2营6连战士，在解放战争的枪林弹雨中九死一生，先后荣立一等功三次、二等功一次，被西北野战军记"特等功"，两次获得"战斗英雄"荣誉称号。1955年，张富清退役转业到湖北省最偏远的来凤县工作，为贫困山区奉献一生。随着时间流逝，张富清当年在战场上所受到的伤，后遗症逐渐显露。2012年，88岁的张富清老人左腿突发感染，高位截肢。为了不给组织添麻烦，更为了让子女"安心为党和人民工作"，术后不到一年，他装上假肢，顽强地站了起来。多少次他在练习中跌倒，默默流泪，然后又撑起身体，悄悄擦去残肢蹭在墙边的血迹……，老人当年战场上的精神，即使经历这么久的时间，还是铁骨铮铮。张富清的先进事迹，充分彰显了共产党人坚守初心、不改本色的政治品格，有力弘扬了淡泊名利、无私奉献的崇高精神。

康复辅助器具是指用于防止、补偿、减轻或抵消因伤病造成的功能减退或丧失的各种产品、器具设备或技术系统的总称。

康复辅助器具的主要作用为代替和补偿丧失的功能，提供保护和支持，提高运动功能，减少并发症，提高生活自理能力，提高学习和交流能力，节省体能，增加就业机会，提高患者的生活质量，减轻社会负担。本节主要介绍假肢、矫形器、助行器和轮椅。

## 一、假肢的使用与护理

假肢又称"义肢"，是指用于弥补截肢者肢体缺损和代偿其失去的肢体功能而为患者量身定做、装配的人工肢体。

### （一）假肢种类

根据截肢部位不同，假肢可分为上肢假肢和下肢假肢两大类。

**1. 上肢假肢**

（1）补缺假指　手指是外露的肢端，易发生损伤。手指缺损的形式有多种，如果拇指、示指大部分残缺，则失去了手的主要功能。补缺假指的装配，应根据残缺的不同情况和患者的要求设计，尽可能做到美观与功能相结合。

（2）前臂假肢　由机械手、腕关节机构、残肢接受腔及固定牵引装置构成，适用于残肢长度保留35%～80%前臂的截肢患者。由于残肢有很好的杠杆力量，假肢装配后，比较容易获得满意的功能，腕关节可以被动地屈伸和旋转。前臂假肢是一种装配数量最多、代偿功能较好的上肢假肢。

（3）上臂假肢　适用于残肢长度保留50%～80%上臂的截肢患者。由于上肢功能丧失严重，上臂假肢效果远不如前臂假肢。上臂假肢的肘关节增设了带锁的屈肘机构，可实现主动屈肘，但牵引装置较复杂。在上臂假肢中，若残肢过长，则无法安装人工肘关节；若残肢过短，缺乏足够杠杆力来控制假肢的活动，则只能安装弥补外观缺陷的装饰性假肢。

（4）肩关节离断假肢　适用于肩关节离断、肩胛骨切除等高位截肢的患者。此类残肢装配外动力假肢难度很大，目前只能安装弥补外观缺陷的装饰性假肢。

**2. 下肢假肢**

（1）踝部假肢　适用于踝关节附近截肢的患者。有假半脚，适用于足踇趾、全部足趾、跗关节离断或跗骨关节面截肢的患者；赛姆假肢，适用于踝离断和跗部截肢的患者。

（2）小腿假肢　适用于膝关节间隙下8cm至内踝上7cm范围内截肢的患者。小腿假肢的品种较多，如TSB（total surface bearing）全接触式小腿假肢，适用于小腿各部位截肢患者；PTK（prosthese tibiale kegel）小腿假肢是综合了髌韧带承重小腿假肢和全接触式小腿假肢的特点衍变而来的，承重合理，悬吊力强，适用于小腿残肢过短者。

（3）膝关节离断假肢　适用于膝关节离断、大腿残肢过长（距膝关节间隙8cm以内）和小腿残肢过短（距膝关节间隙4cm以内）的患者。这种假肢与大腿假肢有同样的功能。目前，膝关节离断假肢有传统式和骨骼式两种。

（4）大腿假肢　适用于坐骨结节下10cm至膝关节间隙上8cm范围内截肢的患者。大腿假肢分为外壳式和骨骼式两类。后者在内部装有支撑件和人工关节，承重合理，不用悬吊装置，穿脱方便。

（5）髋关节离断假肢　适用于大腿高位截肢（股骨粗隆以上）、髋关节离断和半侧骨盆切除的患者。此类假肢没有残肢来控制和支配假肢活动，主要依靠腰部肌肉的收缩和骨盆的带动。目前，髋关节离断假肢有传统型加拿大式、骨骼型加拿大式和回转台式髋部假肢3种。

### （二）假肢的选用

**1. 选用原则**　以功能为主，但应综合考虑截肢者的性别、年龄、全身情况、残肢条件、关节功能、生活环境等因素，使假肢装配后能发挥最大的功能。注重假肢实效与价格的效价比，不盲目追求假肢的高价位。假肢价格相差很大，应详细了解各种假肢及其部件的性能、特点、价格，进行比较和选择。同时要考虑假肢是否方便维修，便于更换易损部件。

**2. 假肢处方**　患者截肢后，为了给患者安装上理想的假肢而制定的要求和规范。假肢处方的内容包括假肢品种、主要技术尺寸、主要部件的选择、装配中特殊的技术要求等。在制订假肢处方时应同时考虑截肢者的性别、年龄、职业、全身健康状况、残肢条件、关节功能、生活环境、经济状况、交通条件、更换及维修等因素。

### （三）假肢使用的康复护理

要使假肢发挥其良好的功能，不仅要在截肢后保持良好的残肢条件，还要使患者具有良好的心理状态，并在装配假肢前后积极进行功能训练，这些都需要护理人员的紧密配合才能完成，因此，康复护理贯穿于截肢前到假肢装配后的整个过程。

**1. 截肢前的护理**

（1）关节活动训练　鼓励患者进行近端关节的主动运动，不能进行主动运动的患者，则对患者近端关节各个方向进行被动运动，预防患者因关节活动受限影响假肢的装配和使用。

（2）肌力训练　不仅对患肢局部进行肌力训练，同时加强健侧和躯干肌力训练，为术后残肢更好地控制假肢做好准备。

**2. 截肢术后护理**

（1）对于截肢者，心理上的康复尤为重要，否则会严重影响功能的恢复，充分了解患者截肢后心理状态以及对于假肢的接受度，要进行耐心的心理疏导，让他们了解截肢后可以通过安装假肢最大限度地恢复生活自理能力，树立起战胜疾病的勇气和克服困难的决心。

（2）观察残端有无肿胀、渗出物、疼痛等情况，并注意残端的愈合情况。注意观察残肢近端肢体关节活动度、肌力等情况。

（3）患者术后应尽早将残肢固定在功能位，防止其残肢关节挛缩畸形，对安装假肢造成不良影响。

（4）患者术后病情稳定、疼痛缓解后即可开展床上运动训练，包括关节活动度训练、肌力训练、耐力训练和呼吸训练等。上肢截肢的患者应尽早下床活动，当截肢手为利手时，首先要进行更换利手的训练。下肢截肢患者尽早进行床上运动训练，加强躯干肌群肌力训练。

**3. 穿戴假肢**　先在残肢上涂滑石粉，然后套上残肢套，注意不要有皱褶，如有衬套的假肢应先穿上内衬套，再将残肢穿进假肢接受腔内。骨骼式假肢或吸着式假肢在穿戴时，先用布带或丝带绕在残肢上，一端伸出阀门口外，边拉残肢套，边将残肢伸入接受腔，然后压上通气阀门。如果用悬吊和固定装置的大腿假肢，先束紧腰带，然后将吊带的松紧调整到适当拉紧的位置，走几步，逐步调整吊带至合适位置。

**4. 上肢假肢的使用指导**　上肢假肢功能的发挥是受残肢控制的，截肢的部位和残肢的功能是假肢装配后能否发挥作用的关键。因此，截肢后早期就要注意残肢的锻炼，防止残肢肿胀、疼痛、肌肉萎缩、关节挛缩畸形等并发症的发生，为使用假肢创造条件。

训练重点：保持残存关节的活动范围和增强肌肉力量。如掌骨截肢，训练腕关节活动；前臂截肢，训练肘关节屈伸和前臂旋转活动；上臂截肢，训练肱二头肌、肱三头肌及肩关节活动。上肢假肢安装后，应紧接着进行功能性操作训练和生活、劳动操作训练。

**5. 下肢假肢的使用指导**　下肢假肢安装后，必须学会使用才能发挥其替代功能，一旦形成不良步态再纠正就非常困难，所以应及时开始正确的步态训练，训练内容包括站起和坐下训练、平行杠内训练及实用训练等。

（1）站起和坐下训练

①站起训练时，假肢在前，健肢在后，双手压大腿下部，以健侧支撑体重，站起。

②坐下训练时，假肢靠近椅子或凳子，身体外旋45°，以健侧支撑，屈膝时假肢侧的手扶椅子或凳子坐下。

（2）平行杠内训练

①假肢内、外旋运动：健肢支撑身体，假肢伸向前方，以足跟为轴心，做内旋、外旋假肢的动作。

②重心转移：立正姿势站立，重心由健侧移到假肢侧，再移到健侧，交替进行。要求肩胛、骨盆平行移动。

③交替膝关节运动：假肢从地面抬起时，要控制膝的屈曲；当健肢屈膝时，要防止假肢突然屈膝。

④向前步行、站稳：重心移向假肢一侧，假肢负重，健肢向前迈一步，此时假肢必须保持直立；重心转向健肢负重，假肢开始向前迈步，此时先屈曲假肢侧髋关节，使假肢侧膝关节自由屈曲摆动，然后带动小腿向前。假肢向前时，足跟落在健足旁。此时，残肢应抵压接受腔后壁，待膝关节充分伸直后，重心逐步移至假肢侧。

⑤侧方步行：假肢负重，健肢向外伸展，重心移到健侧，假肢跟着靠近健肢。

（3）实用训练

①地面坐、站训练：坐下时健侧负重，假脚置于健足后半步处，弯腰屈髋，健肢承重，两手下垂撑于地面，然后坐下；站起时先使假肢在上，两手横向触地，屈健腿，两手支撑体重，手和健腿用力向上，假肢向前站立。

②跪、站训练：健肢置于假肢前，屈髋，屈膝，假肢的膝关节也慢慢屈曲，当假肢屈膝到90°以上时，即可支撑体重；重心移到健肢，向前弯腰，健肢即可带动假肢站立。

③上、下坡训练：上斜坡时，健肢在前，步幅要大些，假肢迈步向前跟上。下斜坡时，假肢在前，步幅要小，健肢快步向前跟上。

④上、下台阶训练：上台阶时，健肢先上，健肢膝关节伸直带动身体向上，假肢跟上；下台阶时，假肢先下，假足稍横，再下健肢，注意假肢足跟部要靠近台阶。

⑤跨越障碍物训练：前后跨越，假肢负重，健肢先跨越，然后健肢负重，身体前倾，假肢髋关节屈曲，带动假肢向前跨过障碍物；横向跨越，健侧靠近障碍物站立，假肢负重，健肢先跨过障碍物，然后健侧负重，假肢跟上跨越障碍物。

⑥地面拾物训练：健肢在前，假肢膝伸直，健肢屈膝弯腰拾物；假肢屈曲，弯腰拾物。

**（四）假肢的维修和保养**

**1. 接受腔维护**　接受腔内部容易因汗液弄脏，发出异味，故要经常清洁。树脂型或木质接受腔可用肥皂擦洗，皮革或其他软衬垫，需要经常擦洗晾干。接受腔感到有松动时，先采用增加残肢袜的方法解决，如仍过松，可在接受腔内壁粘一层软性物垫，必要时可更换接受腔。

**2. 配件维护**　膝、踝假肢的轴、螺丝、皮带固定扣、制钉等要定期检查，及时拧紧。金属关节不灵活或有响声，要及时加油或更换新轴。定期（如3个月1次）到假肢康复中心进行检修。

## 二、矫形器的使用与护理

矫形器是指装配于躯干、四肢等部位，以人体生物力学为基础，用以预防或矫正畸形，治疗骨关节及神经肌肉疾患并补偿其功能的体外装置。由于需要矫形器的部位和作用差别很大，矫形器制作的针对性很强，需要根据患者的实际情况量身定做。

**（一）基本功能**

**1. 稳定和支持**　通过限制关节异常活动，保持关节的稳定性，恢复肢体的承重能力，发挥良好的运动功能。如小儿麻痹后遗症患者可以使用膝踝足矫形器来稳定膝踝关节，以利步行。

**2. 固定和保护**　固定和保护病变肢体及关节，防止畸形、挛缩和促进组织愈合。如脊髓损伤患者使用脊柱矫形器固定和保护脊柱。

**3. 预防和矫正畸形**　以预防为主。因肌力不平衡或静力作用引起的骨关节畸形，可通过矫形器预防及纠正畸形。如脊柱侧弯矫形器对儿童发育阶段的脊柱侧弯矫形效果较好。

**4. 减轻轴向承重**　减轻肢体或躯干的长轴承重。如坐骨负重矫形器，可使下肢免除负重，恢复行走功能。

**5. 抑制痉挛**　控制关节运动，减少肌肉反射性痉挛的结果。如硬踝足塑料矫形器用于脑瘫患者可以防止步行中出现痉挛性马蹄内翻足，改善步行能力。

**6. 改进功能**　改进患者步行、饮食等日常生活和工作能力，如各种帮助手部畸形患者改进握持功能的腕手矫形器。

### （二）分类

按治疗部位分为上肢矫形器、下肢矫形器和脊柱矫形器三大类。每一大类又可根据矫形器所跨过的身体部位或关节不同而分为几类。

**1. 上肢矫形器**　包括肩关节矫形器（SO）、肘关节矫形器（EO）、腕关节矫形器（WO）和手部矫形器（HO）等，材料及工艺要求轻便、灵活。使用目的在于为患者上肢提供牵引力，保持或固定肢体于功能位，控制异常活动，纠正畸形，支持部分瘫痪肢体，完成精细动作及日常生活能力。

**2. 下肢矫形器**　包括髋膝踝足矫形器（HKAFO）、髋关节矫形器（HO）、膝关节矫形器（KO）、踝足矫形器（AFO）等。下肢的功能是负重和行走，因此下肢矫形器的主要作用是支撑体重，辅助或替代肢体功能，预防及纠正畸形。还可固定病变关节，促进骨折愈合和早期功能恢复、巩固手术疗效。

**3. 脊柱矫形器**　包括头颈部矫形器（HCO），颈部矫形器（CO），颈胸部矫形器（CTO），颈胸腰骶部矫形器（CTLSO），胸腰骶部矫形器（TLSO）及腰骶部矫形器（LSO）。主要用于固定和保护脊柱，矫正脊柱的异常力学关系，减轻躯干的局部疼痛，保护病变部位免受进一步的损伤，支持瘫痪的肌肉，预防、矫正畸形，通过对躯干的支持、运动限制和对脊柱对线的再调整达到矫治脊柱疾患的目的。

### （三）矫形器使用的康复护理

**1. 装配前的护理**

（1）心理护理　装配矫形器前，患者通常对矫形器并不了解，充满着好奇和畏惧，所以应做好患者的心理护理，解除患者的疑虑，使患者能够积极配合装配后的训练。

（2）健康教育　结合图片、视频和矫形器实物等形式，向患者及家属介绍矫形器的结构、特点、使用等有关知识，使他们了解使用矫形器的作用和必要性，为矫形器的装配和使用打下基础。

（3）指导患者正确着装　为了方便穿戴矫形器，患者应穿着宽松、柔软、易于穿脱的服装和鞋袜，内衣最好是棉的、吸汗、透气性好的。

（4）协助训练　佩戴前以增强肌力，改善关节活动范围和协调功能，消除水肿为训练目标，为矫形器的装配和使用打下基础。

**2. 装配后的护理**

（1）指导和训练　向患者及其家属介绍矫形器的使用方法，教会患者穿脱矫形器，在穿上矫形器后进行一系列的功能活动和日常生活活动训练。

（2）确保足够的佩戴时间　不同的矫形器有不同的佩戴要求和时间，应充分向患者及其家属说明，取得他们的理解和合作。

（3）预防压疮　佩戴矫形器易造成局部皮肤受压而出现压疮。在佩戴过程中应注意观察局部皮肤有无发红、疼痛、破损、水疱等，发现异常应及时处理。

（4）矫形器的保养　为保证矫形器正常发挥功能，延长使用寿命，应注意对矫形器进行保养和清洁，定期检查矫形器是否松紧适度，结构件完好。低温热塑板材制作的矫形器在放置时要远离热源，以免变形。对长期使用矫形器的患者，应每3个月或半年随访一次，了解矫形器的使用情况，动力装置及病情变化，根据功能要求及时修改和调整矫形器。

## 三、助行器的使用与护理

辅助人体支撑体重，保持平衡和行走的工具称之为助行器，也可称为步行器、步行辅助器等，包括手杖、腋拐和助行架等。主要作用：保持身体平衡，减少下肢承重，缓解疼痛，改善步态，改进步行功能等。

### （一）分类

**1. 手杖**　为单手扶持帮助行走的工具。根据结构和功能，可分为单足手杖、多足手杖、直手杖、可调式手杖、带坐式手杖、多功能手杖和盲人用手杖等（图4-11）。

（1）单足手杖　一般采用木材或铝合金制成，适用于握力好、上肢支撑能力强的患者，如偏瘫患者的健侧等。

（2）多足手杖　包括三足或四足，支撑面较广而且稳定，多用于平衡能力及肌力差、使用单足手杖不够安全的患者。

**图4-11　各式手杖**

**2. 拐杖**　拐杖包括前臂杖、腋杖和平台杖等。前臂杖适用于握力较差、前臂力量较弱，但又不必使用腋杖者；腋杖较稳定，适用于截瘫或外伤严重的患者；平台杖主要用于手关节严重损害的类风湿患者或手有严重损伤不能负重者，由前臂负重。

**3. 助行架**　可支撑体重便于患者站立和行走，其支撑面积大，故稳定性好。使用时，患者两手扶持左右两侧，于框架当中站立和行走。用来辅助下肢功能障碍者（如偏瘫、截瘫、截肢、全髋置换术后等）步行的工具。主要有保持平衡，支撑体重和增强上肢伸肌肌力的作用。

（1）固定型　用于下肢损伤或骨折不能负重患者。双手提起两侧扶手同时向前置于地面代替患足，然后健肢迈步。

（2）交互型　体积小，无脚轮，可调节高度。使用时先向前移动一侧，然后再移动另一侧，如此来回移动前行。适用于立位平衡差、下肢肌力差的患者及老年人。

（3）两轮型　适用于上肢肌力差，单侧或整个提起步行器较困难者。前轮着地，步行时只要向前推即可。

（4）步行车　此车有四个轮，移动容易。可直接把前臂置于垫圈上前行。适用于步态不稳的老年人。但要注意身体与地面保持垂直，以防摔倒。

### （二）助行器的选用

在选用助行器时，主要考虑两个方面：一是助行器的类型，二是助行器的尺寸。下面介绍根据患者的身体条件对助行器的尺寸进行选择。

**1. 手杖的长度**　患者穿上鞋或下肢支具站立，大转子的高度即为手杖的长度及手柄的位置。也可测量肘关节屈曲呈30°，腕关节背伸，足小趾前外侧15cm处至背伸手掌面的距离即为手杖的长度。

**2. 腋杖的长度**　确定腋杖长度最简单的方法是将身长减去41cm即为腋杖的长度，站立时大转子的高度即为把手的位置。测定时患者应穿鞋站立。若患者下肢或上肢有短缩畸形，可让患者穿上鞋或下肢支具仰卧，将腋杖轻轻贴近腋窝，在足小趾前外侧15cm与足底平齐处即为腋杖最适当的长度，把手高度同手杖长度的测量方法（图4－12）。

**3. 助行架的高度**　身体直立，以肘关节屈曲30°的状态下持助行架，通过调节伸缩杆使助行架的高度与大转子保持水平位置。

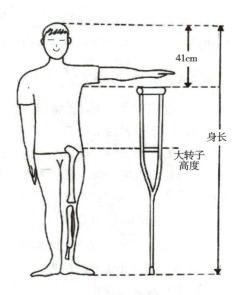

**图4－12　腋杖的长度**

### （三）助行器的使用指导

**1. 手杖步行** 　使用手杖时，患者的上肢（包括腕和手）应具备一定的支撑能力。

（1）三点步　先伸出手杖，再迈出患侧足，最后迈出健侧足。由于步行时至少有两个点在支撑，故稳定性较高。偏瘫患者大多数使用这种步行方式。

（2）两点步　先同时伸出手杖和患足，再迈出健足，交替支撑体重的步行方式。该方式步行速度快，适合于瘫痪程度较轻、平衡功能较好的患者。使用多足手杖时，由于拐杖底部的面积较宽，故在较平坦的路面上行走比较稳定。如果路面不平或有台阶，则使用起来会有所不便，多个拐脚很难位于一个平面上，会更加不稳定；另外快走时，多足手杖的后足和前足间会产生摇摆，反而增加了不稳定因素。因此，临床上多足手杖常用于康复早期的室内训练，当患者经过训练，稳定性增强后，就可以使用单足手杖了。

**2. 腋杖步行** 微课12　使用腋杖时要使患者认识到是通过手柄而不是腋垫负重，否则有伤及臂丛神经的危险，腋垫应抵在侧胸壁上，通过加强肩和上肢得到更多的支持，正常腋杖与躯干侧面应呈15°。

（1）摆至步　开始步行时常用的方法。左右腋杖同时向前伸出，支撑，然后向前摆动身体使双足摆至腋杖附近，不超过腋杖支撑点。该步行法稳定，在不平路面上也可进行，但步行速度较慢。

（2）摆过步　常在摆至步成功后开始使用。步行顺序为左右腋杖同时向前伸出，支撑，然后向前摆动身体使双足摆过腋杖支撑点，再将腋杖向前取得平衡。该步行法步幅大、速度快，但患者躯干和上肢的控制力必须好，否则容易跌倒。

（3）四点步　伸出左腋杖，迈右腿，伸出右腋杖，迈左腿。该步行法在上提骨盆肌有足够的肌力时可进行，接近自然走路，稳定性好，但速度慢。

（4）两点步　一侧腋杖和对侧腿同时迈出，然后迈出另一侧腋杖和腿。该步行法常在四点步成功后使用，步行速度比四点步快，但稳定性比四点步差。

（5）三点步　先伸出双侧腋杖，后迈出患腿，最后迈出健腿。该步行法主要用双侧腋杖支撑体重，避免或减少患腿的负重。

**3. 助行架步行** 微课13

（1）固定型助行架步行　患者双手握住助行架，站稳，提起助行架放置于身前一臂远的地方，向前迈一步，落在助行架两后足连线水平附近，如一侧下肢较弱则先迈弱侧下肢，再迈另一侧下肢。重复动作稳步前进。

（2）交互式助行架步行　患者双手握住助行架，站稳，先推动一侧助行架前移，对侧腿前移一步；推动另一侧助行架前移，另一侧腿前移一步，重复动作交互式前进。

## 四、轮椅的使用与护理

轮椅是一种代步工具，常用于使用各种助行器仍不能步行或步行困难者。轮椅也是医院或康复机构内转移或搬运患者的常用工具。

轮椅的种类很多，根据不同残损的部位及残留的功能，轮椅分为普通轮椅，电动轮椅和特殊轮椅。普通轮椅一般由轮椅架、轮（大车轮和方向轮）、刹车装置、坐垫、靠背五个部分组成。特殊轮椅根据不同的需要又分为站立式轮椅、躺式轮椅、单侧驱动式轮椅、电动式轮椅和竞技式轮椅。

### （一）轮椅的适用范围

1. 步行功能减退或丧失的患者，如截肢、骨折、瘫痪和严重的下肢关节炎症等。

2. 遵医嘱禁止走动的患者。

3. 中枢神经系统疾病使独立步行有危险，如颅脑损伤、脑血管意外、帕金森病等。

4. 非运动系统本身疾病但步行对全身状态不利的，如严重心脏病或全身性衰竭。

5. 高龄老年人步履困难而怕发生意外者。

### （二）轮椅的选择

乘坐轮椅者承受压力的主要部位是坐骨结节、大腿及腘窝部、肩胛区。在选择轮椅时要注意这些部位的尺寸是否合适，避免皮肤磨损、擦伤及压疮。根据不同患者残损的程度及保留的功能，轮椅的选择不同。

**1. 座位高度**　坐下时，膝关节屈曲90°，测量足跟至腘窝的距离，再加4cm，一般为40～45cm。如果座位太高，则轮椅不宜推入至桌面下；太低则患者的坐骨结节承受压力太大。

**2. 座位宽度**　测量坐下时两侧臀部之间或两股之间的最大距离再加上5cm，为坐位的最佳宽度，即坐下后臀部两边各有2.5cm的空隙。当座位太宽时不宜坐稳，操纵轮椅不便，肢体易疲劳，进出大门也有困难；座位太窄则上下轮椅发生困难，臀部及大腿组织易受压迫。

**3. 座位长度**　测量坐下时后臀部向后最突出处至小腿腓肠肌之间的距离，将测量结果减去5～6.5cm为座位长度，即乘坐轮椅时小腿后方上段与座位前缘之间应有5～6.5cm的间隙。座位太短，体重落在坐骨结节上，局部易受压过重；座位过长则会压迫腘窝部，影响局部血液循环，并且容易磨损皮肤。对大腿特短或髋膝屈曲挛缩的患者，以使用短座位较好。

**4. 扶手高度**　坐下时，上臂垂直，前臂平放于扶手上，测量椅面至前臂下缘的高度再加2.5cm为扶手高度。如使用坐垫，还应加上坐垫高度。扶手太高时上臂被迫上抬，容易疲劳；扶手太低，需要前倾上身才能维持平衡，长期维持这种姿势不仅容易疲劳，有时还会影响呼吸。

**5. 靠背高度**　靠背越高，越稳定；靠背越低，上身及上肢的活动就越大。①低靠背：测量坐位面至腋窝的距离（一臂或两臂向前平伸），将此结果再减去10cm；②高靠背：测量坐位面至肩部或后枕部的实际高度。

**6. 脚踏高度**　与座位高度有关。安全起见，脚踏至少应与地面保持5cm的距离。

**7. 坐垫**　为预防压疮，可在靠背上和座位上放置坐垫，可用泡沫橡胶（5～10cm厚）或凝胶垫子。

**8. 其他辅助件**　为满足特殊患者需要而设计，如增加手柄摩擦面，车闸延伸，防震装置，防滑装置，扶手安装臂托及轮椅桌，方便患者吃饭、写字等。

### （三）轮椅使用的康复护理

**1. 轮椅的坐姿**

（1）躯干　坐姿端正、双眼平视。上身稍向前倾，两肩放松。双手握扶住轮椅的扶手，肘关节保持在屈曲120°左右。

（2）臀部　紧贴后靠背。当操作时，臀部与腹肌收缩，有利于骨盆的稳定，并减少臀部的异常活动。如果身体着力在臀部说明座位太深。如果不能换以较浅的椅坐，则可将一小靠垫垂直安放在患者背后。

（3）下肢　大小腿之间的角度在110°~130°范围以内，以120°为最合适，髋部与膝部处于同一高度。内收肌痉挛者，需在两膝间安放衬垫以预防压疮。两足平行、双足间距与骨盆同宽，有利于稳定骨盆，并可分担身体重量。

**2. 打开、收起与搬运**

（1）打开　双手掌分别放在座位两边的横杆上（扶手下方），同时向下用力即可打开。

（2）收起　先将脚踏板翻起，然后双手握住坐垫中央两端，同时向上提拉。

（3）搬运　应紧握轮椅支架的横梁及手柄。切勿用力活动扶手或脚踏，以免在搬运时突然松脱而导致轮椅下落。

**3. 推轮椅技巧**

（1）后倾轮椅　推者双手握住推柄，一只脚放在后倾杆上，后倾时双手向下按压，同时脚向下踏。在后倾的过程中，双手承受的重量逐渐减少，当轮椅后倾约30°时，双手负重最小，这个位置称为平衡点。

（2）上下台阶

①推上台阶：先把轮椅推到台阶旁，正对台阶，后倾轮椅至平衡点，把脚放回地上，向前推轮椅至大轮接触台阶，用脚控制后倾杆，使方向轮轻落到台阶上，推者双手用力将轮椅拉起并滚上台阶。

②推下台阶：与推上台阶正好相反。

（3）上下楼梯　推轮椅上下楼梯比较困难。多采用二人式或四人式。

①二人式：轮椅背向楼梯，前轮抬起，后轮触地。一人抬前轮，一人向后拖，逐级而上。下楼梯反之，轮椅面向楼梯，其他操作同二人式。

②四人式：较容易，轮椅前后方各二人，将轮椅抬起协调一致上下楼梯。

（4）自己操纵轮椅　自行推动轮椅的患者，如要在社区附近通行，除了要熟练掌握在平地上自行推动轮椅的方法外，还要学会后轮平衡术，以方便上人行道，也可应用于上坡。方法如下所述。

①准备姿势和动作：头微后仰，上身挺起，两臂拉后，手肘屈曲，手指紧握后轮轮环，拇指按在轮胎上，然后轻轻向后拉起，接着急猛地向前推，小轮便会离地。

②保持平衡：轮椅前倾时，后仰上身，推动前轮环；轮椅后退时，前倾上身，拉后轮环。

## 目标检测

### 一、选择题

**（一）单项选择题（下列各题备选结果，只有一个选项正确）**

1. 下列有关偏瘫患者床上翻身训练的说法正确的是（　　）

A. 偏瘫患者向健侧翻身较容易

B. 偏瘫患者向患侧翻身较容易

C. 偏瘫患者向患侧翻身和向健侧翻身同样容易

D. 偏瘫患者不能向健侧翻身

E. 偏瘫患者不能向患侧翻身

2. $C_6$ 以上脊髓损伤患者床上活动依赖他人帮助，独立翻身较为困难，原因在于（　　）

A. 患者伸肘能力较弱

B. 患者屈腕能力较弱

C. 患者手功能丧失

D. 患者躯干和下肢肌肉完全麻痹

E. 以上均是

3. 关于脊髓损伤患者独立完成由轮椅到浴缸的转移，错误的是（　　）

A. 浴缸周围的墙上必须安装安全扶手

B. 浴缸底部必须放置防滑垫

C. 转移进浴缸后才能注满水

D. 离开浴缸前要排空水

E. $C_7$ 及 $C_7$ 以下脊髓损伤患者才能独立完成由轮椅到浴缸的转移

4. 进行摄食直接训练时，一口量的选择流质食物先从（　　）开始

A. 4ml　　　　　　B. 20ml　　　　　　C. 10ml

D. 8ml　　　　　　E. 15ml

5. 偏瘫患者更衣训练中错误的是（　　）

A. 穿开衫时先穿患侧，后穿健侧

B. 脱开衫训练时，与穿衣相反，先脱健侧，再脱患侧

C. 脱裤子的顺序与穿裤子的顺序相反，先脱健侧再脱患侧

D. 偏瘫患者双上肢不能配合穿衣动作，常为单手操作

E. 不需要对衣服、裤子、鞋等进行改进

6. 杖类助行器的优点是（　　）

A. 小巧、轻便　　　　B. 支撑面积小　　　　C. 稳定性好

D. 适合骨折患者　　　E. 任何人可使用

**（二）多项选择题**（下列各题备选结果，有2个或2个以上选项正确）

7. 进食饮水是一个综合、复杂的过程，与（　　）因素有关

A. 咀嚼和吞咽　　　　B. 基本的平衡能力　　　　C. 姿势和体位

D. 正常的手功能　　　E. 体能和情绪

8. 矫形器的应用目的包括（　　）

A. 固定和保护　　　　B. 稳定与支持　　　　C. 预防与矫正畸形

D. 免负荷　　　　　　E. 抑制痉挛

## 二、思考题

1. 针对吞咽障碍患者的基础性训练有哪些?

2. 简述矫形器装配后的护理要点。

**书网融合……**

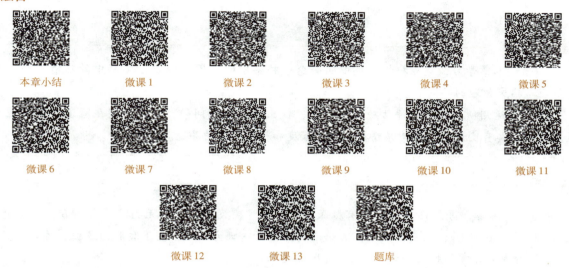

| | | |
|---|---|---|
| 本章小结 | 微课1 | 微课2 |
| 微课3 | 微课4 | 微课5 |
| 微课6 | 微课7 | 微课8 |
| 微课9 | 微课10 | 微课11 |
| 微课12 | 微课13 | 题库 |

# 第五章　脑卒中的康复护理

## ≫ 情境导入

　　**情景描述**　患者，男，62 岁，既往有糖尿病史，因"突发左侧肢体无力 2 天"入院。目前患者神志清，血压 130/80mmHg，咽反射减弱，言语不利，左上肢肌力 2 级，左下肢肌力 3 级，左下肢巴氏征（＋），心肺检查无异常。脑 CT 示：右侧内囊区脑梗死。

　　**讨论**　1. 针对患者目前的功能情况，应如何进行康复护理评定？

　　　　　　2. 应为患者采取哪些康复护理措施？

## 第一节　概述  微课 1

PPT

### 素质提升

#### 世界卒中日

　　2004 年 6 月 24 日，在加拿大温哥华召开的第 5 届世界卒中大会上，来自世界各地的神经病学专家代表发表一份宣言，呼吁设立"世界卒中日"。宣言指出，卒中已成为世界人口的第二大死因，仅次于缺血性心脏病。宣言着重阐述 6 项主要目标：充分调动各界力量预防卒中，把预防卒中和预防心血管病、认知障碍的工作结合起来；建立跨学科卒中医疗队伍；把知识转化为行动；开发新的研究方法；教育公众主动参与；建立全球合作。世界卒中组织将每年 10 月 29 日定为"世界卒中日"，每年设定一个主题，世界各国都围绕主题开展各种相关活动。

　　脑卒中（stroke）是一组急性脑血管病的总称，主要由各种脑血管源性病变引起的急性起病、发展迅速、出现持续性（≥24 小时）的局灶性或弥漫性脑神经功能缺损或引起死亡的临床综合征。持续时间≤24 小时的称为短暂性脑缺血发作（transient ischemic attack，TIA）。目前，脑卒中的预防和康复已成为全球性公共卫生问题。

## 一、病因

### 1. 血管壁病变

（1）动脉硬化，如高血压性脑小动脉硬化、脑动脉粥样硬化。

（2）各种感染和非感染性动脉炎。

（3）先天性血管发育异常，如颅内动脉瘤、脑血管畸形。

（4）血管损伤，如外伤、手术、插入导管等。

**2. 心脏病及血流动力学改变** 如心功能不全、传导阻滞、心律失常、心瓣膜病；高血压、低血压、血压急骤波动等。

**3. 血液成分和血液流变学改变** 如血液黏稠度增高（高黏血症、糖尿病、高脂血症等）、凝血机制异常（过敏、药物反应引起的血液凝固）等；

**4. 栓子** 如栓子脱落（房颤等）、空气、脂肪、癌细胞和寄生虫等。

**5. 其他因素** 如年龄、性别、家族史、地理环境等；吸烟、过度饮酒等不良嗜好也与脑卒中的发病有关。

## 二、临床表现及分类

### （一）缺血性卒中

**1. 脑血栓** 常于安静状态下发病，发病后 1～2 天内意识清楚或轻度障碍，多无明显头痛、呕吐，发病较缓慢，逐渐进展或呈阶段性进展，有颈内动脉系统和/或椎基底动脉系统症状和体征，腰穿脑脊液不含血。

**2. 脑栓塞** 急骤起病，多无前期症状，意识清楚或有短暂性意识障碍，有颈内动脉系统和/或椎基底动脉系统症状和体征，腰穿脑脊液不含血。

**3. 腔隙性梗死** 呈急性或亚急性起病，多无意识障碍，腰穿脑脊液无红细胞，临床表现多不严重，较常见纯感觉性卒中、纯运动性轻偏瘫、共济失调性轻偏瘫、构音不全－手笨拙综合征或感觉运动性卒中。

### （二）出血性卒中

**1. 脑出血** 多有高血压病史，因出血部位及出血量不同，临床症状特点各异。常于体力活动或情绪激动时发病，发作时常有头痛、反复呕吐和血压升高，病情进展迅速，常出现意识障碍、偏瘫和其他神经系统局灶症状，腰穿脑脊液多含血和压力增高。

**2. 蛛网膜下隙出血** 发病急骤，常伴剧烈头痛、呕吐，意识清楚或有意识障碍，可伴有精神症状，多有脑膜刺激征，少数可伴有脑神经及轻偏瘫等局灶体征，腰穿脑脊液呈血性。

PPT

# 第二节 康复护理评定 🅔 微课 2

## 一、主要康复问题

### （一）运动功能障碍

运动障碍是脑卒中后最常见的功能障碍之一，也是致残的主要原因。多表现为一侧肢体的瘫痪，即偏瘫。典型的偏瘫痉挛姿势：头轻度旋转，面朝向健侧；患侧上肢肩胛骨回缩，肩带下降后撤，肩关节内收、内旋；肘关节屈曲伴前臂旋前或旋后；腕关节掌屈、手指屈曲；拇指对掌、屈曲、内收；其余四指屈曲内收。患侧下肢髋关节外展、外旋，膝关节伸展、踝跖屈下垂、足内翻；躯干向患侧侧屈并后旋。脑卒中偏瘫患者运动功能的恢复，一般经过弛缓期、痉挛期和恢复期 3 个阶段。脑卒中上下肢异常的运动模式，如表 5－1 所示。

表5-1 脑卒中患者上下肢的异常运动模式

| 上肢 | 异常运动模式 | 下肢 | 异常运动模式 |
|---|---|---|---|
| 肩胛骨 | 后缩、上提 | 髋关节 | 伸展、内收、内旋 |
| 肩关节 | 外展、外旋 | 膝关节 | 伸展 |
| 肘关节 | 屈曲 | 踝关节 | 足跖屈、内翻 |
| 前臂 | 旋后 | 足趾 | 趾屈 |
| 腕关节 | 屈曲 | | |
| 掌指及指间关节 | 屈曲 | | |
| 拇指 | 屈曲、内收 | | |

### （二）言语功能障碍

包括交流与读写等能力障碍，常表现为失语症和构音障碍。失语症是由于大脑优势半球（左半球）语言区损伤所致，表现为听、说、读、写的能力障碍；构音障碍是由于脑损害而引起的发音器官肌力减退、协调不良或肌张力改变而引起的语音形成障碍。

### （三）感知与认知功能障碍

感知障碍主要表现为痛觉、温度觉、触觉、本体觉和视觉的减退或丧失。病变部位不同，障碍表现不同。如意识障碍、智力障碍、记忆力障碍、失认症、失用症、注意障碍、思维障碍和空间辨别障碍等。

**1. 意识障碍** 大脑皮质的意识功能处于抑制状态，认识活动的完整性降低。

**2. 智力障碍** 智力是个人行动有目的、思维合理、应付环境有效聚集的较全面的才能。思维能力（包括推理、分析、综合、比较、抽象、概括等）特别是创造性思维是智力的核心。脑卒中可引起记忆力、计算力、定向力、注意力、思维能力等障碍。

**3. 失认症** 常因非优势半球（通常为右半球）尤其是顶叶损害而导致的认知障碍。其病变部位多位于顶叶、枕叶、颞叶交界区。如视觉失认、听觉失认、触觉失认、躯体忽略、体像障碍等。

**4. 失用症** 失用症指在没有感觉和运动损害的情况下不能进行以前所学过的、有目的的运动。脑卒中常见的失用症有意念性失用、结构性失用、意念运动性失用、步行失用等。

### （四）摄食和吞咽功能障碍

由于舌、软腭、咽喉和食管括约肌功能受损，食物从口运送到胃的过程受限，患者因进食不足出现营养不良及水、电解质紊乱，易发生吸入性肺炎。

### （五）日常生活活动能力下降

日常生活活动是指一个人为独立生活必须每天反复进行的、最基本的、一系列的身体的动作或活动，即衣、食、住、行、个人卫生等的基本动作和技巧。脑卒中患者，由于运动功能、感觉功能、认知功能等多种功能障碍并存，导致日常生活活动能力障碍严重，表现为随意运动困难，不能独立完成日常生活的基本活动，生活质量低下。

### （六）心理与社会影响

由于突发性疾病造成身体多方面的功能障碍，给个人、家庭带来影响。脑卒中患者常产生变态心理反应，一般要经历震惊、否定、抑郁反应、对抗独立、适应等几个阶段。患者多表现为情绪抑郁、焦虑、悲观失望、动作迟缓及失眠等。

### （七）其他特殊问题

**1. 肩关节半脱位** 肩关节半脱位（glenohumeral subluxation，GHS）在卒中患者中较为常见。由于肩关节囊、韧带本身松弛，肩关节周围肌肉功能低下或瘫痪，对肩关节结构起不到固定，患侧上肢自身重力向下牵拉，引起肱骨头和关节盂之间的间隙增宽、肩关节半脱位，严重影响患肢功能。

**2. 肩－手综合征**　肩－手综合征（shoulder－hand syndrome，SHS）又称反射性交感神经性营养不良，可能与腕关节长时间异常屈曲受压，影响静脉血、淋巴液回流，患侧手背静脉输液，手受到意外伤害等因素有关。多在 1~3 个月恢复期内，患侧手突然浮肿疼痛及肩关节疼痛，手运动功能受限制，严重者可引起手及手指挛缩畸形，患手功能永久丧失。

**3. 下肢深静脉血栓**　偏瘫患者长期卧床或下肢下垂时间过长，肢体肌肉对静脉泵的作用降低，下肢血流速度减慢、血液高凝状态及血管内皮破坏，血小板沉积形成血栓。主要表现为小腿疼痛或触痛、肿胀和变色。

**4. 废用综合征**　长期卧床，活动量明显不足，可引起压疮、肺感染、尿路感染、体位性低血压、心肺功能下降、异位骨化等废用综合征。

## 二、康复护理评定方法

### （一）运动功能评定

偏瘫运动功能评定常用有 Bobath 评定法、Brunnstrom 评定法、Fugl－Meyer 评定法、上田敏法等，其他如肌力及肌张力评定、关节活动度测量、步态分析和平衡功能评定等。本节重点介绍 Brunnstrom 评定法，见表 5－2。

表 5－2　Brunnstrom 偏瘫运动功能评定

| 阶段 | 上肢 | 手 | 下肢 |
|---|---|---|---|
| I 期 | 弛缓，无任何随意运动 | 弛缓，无任何随意运动 | 弛缓，无任何随意运动 |
| II 期 | 开始出现痉挛、共同运动模式 | 仅有极轻微的屈指动作 | 仅有最小限度的随意运动 |
| III 期 | 痉挛加剧，可随意引起共同运动 | 能全指屈曲，钩状抓握，但不能伸展 | 随意引起共同运动<br>坐位和立位时有髋、膝、踝的共同屈曲 |
| IV 期 | 痉挛开始减弱，出现脱离共同运动的活动：<br>手能置于腰后部<br>上肢前屈 90°，肘伸展<br>屈肘 90°前臂能旋前、旋后 | 能侧方抓握及拇指带动松开，手指能半随意、小范围伸展 | 开始脱离共同运动，出现分离运动：<br>坐位，足跟触地，踝能背屈<br>坐位，足可向后滑动，使屈膝 >90°，踝背屈 |
| V 期 | 痉挛减弱，基本脱离共同运动，能完成分离运动：<br>上肢外展 90°，肘伸展，前臂旋前<br>上肢前平举及上举过头，肘伸展<br>肘呈伸展位，前臂能旋前、旋后 | 用手掌抓握，能握圆柱状及球形物，但不熟练<br>能随意全指伸开，但范围不等 | 从共同运动到分离运动：<br>立位，髋伸展位能屈膝<br>立位，膝伸直，足稍向前踏出，踝能背屈 |
| VI 期 | 痉挛基本消失，协调运动大致正常 | 能进行各种抓握<br>可全范围伸指<br>可进行单指活动，但速度和精确度比健侧稍差 | 协调动作大致正常：<br>立位，伸膝位、髋能外展<br>坐位，髋可交替进行内、外旋，并伴有踝内、外翻 |

### （二）感觉功能评定

感觉功能评定包括浅感觉（痛觉、触觉和温度觉）、深感觉（位置觉、运动觉和振动觉）和复合感觉（定位觉、两点辨别觉、图形觉、实体觉等）。评定方法参见第二章康复护理评定。

### （三）摄食和吞咽功能评定

由于舌、软腭、延后和食管括约肌功能受损，因延髓（XI、X 对脑神经）损害或急性半球损害所致，致食物从口运送到胃的过程受限，出现进食呛咳、食物摄取困难、哽咽、喘鸣、食物通过受阻而鼻腔反流，体征为口臭、流涎、声嘶、吸入性肺炎、营养不良、脱水和面部表情肌的不对称等临床表现。

部分患者可能需要通过鼻饲管进食。吞咽功能评定临床常用的评定方法：洼田饮水试验（表5-3）；摄食-吞咽过程评定评定（表5-4）。

**表5-3　洼田饮水试验评定**

| 分级 | 表现 |
| --- | --- |
| Ⅰ级（优） | 能顺利一次性将水咽下，无呛咳 |
| Ⅱ级（良） | 分2次以上，能不呛咳地咽下 |
| Ⅲ级（中） | 能一次咽下，但有呛咳 |
| Ⅳ级（可） | 分2次以上咽下，但有呛咳 |
| Ⅴ级（差） | 频繁呛咳，不能全部咽下 |

**表5-4　摄食-吞咽过程评定**

| 分期 | 评估内容 |
| --- | --- |
| 先行期 | 意识状态、有无高级脑神经功能影响、食速、食欲 |
| 准备期 | 开口、闭唇、摄食、食物从口中洒落、舌部运动（前后、上下、左右）、下颌（上下、左右）、咀嚼运动、进食方式变化 |
| 口腔期 | 吞送（量、方式、时间）、口腔内残留 |
| 咽期 | 喉部运动、噎食、咽部不适感、咽部残留感、声音变化、痰量有无增加 |
| 食管期 | 胸口憋闷、吞入食物逆流 |

### （四）其他功能障碍评定

脑卒中后可能出现言语交流障碍、认知障碍、社会参与能力障碍、精神障碍、平衡协调功能障碍及大、小便控制障碍等，评定方法参见第二章康复护理评定。

# 第三节　康复护理技术 <sub>微课3</sub>

PPT

## 一、康复护理目标

1. 采用各种康复手段，最大限度地促进功能障碍恢复，防治废用和误用综合征，减轻后遗症。

2. 强化和发挥残余功能，通过代偿手段和使用辅助工具以及生活环境改造等，使患者达到生活自理、精神心理再适应、能进行实用性交流等能力，回归家庭和社会。

## 二、康复护理措施

### （一）急性期

发病后1~3周，相当于Brunnstrom分期Ⅰ~Ⅱ期，患者从偏瘫肢体无自主活动到肌肉张力开始恢复。常规治疗如原发病治疗、合并症治疗、控制血压（血糖或血脂）等，当病情稳定48小时后开始进行康复护理。

康复目标：防治并发症（如压疮、肺炎、泌尿系感染、肩手综合征等）、废用综合征（如骨质疏松、肌肉萎缩、关节挛缩等）和误用综合征（如关节肌肉损伤、骨折、痉挛加重等）；从床上被动活动尽快过渡到主动运动；独立完成仰卧位到床边坐位转换；初步达到Ⅰ~Ⅱ级坐位平衡；调控心理状态，争取患者配合治疗；开始床上生活自理训练，改善床上生活自理能力。

**1. 良姿位摆放**　床上正确的体位摆放是偏瘫早期康复治疗中的极其重要措施，正确肢位是为防止或对抗痉挛姿势的出现，保护肩关节及早期诱发分离运动而设计的一种治疗体位。早期注意并保持床上的正确体位，能有效预防和减轻偏瘫患者典型上下肢异常运动模式的出现。

床上良姿位包括患侧卧位、健侧卧位和仰卧位（具体方法详见第四章），应鼓励患者多使用患侧卧位。

**2. 体位转换** 体位变换包括被动、主动向健侧和患侧翻身，主动、被动向健侧和患侧横向移动。定时翻身是预防压疮的重要措施。一种体位持续时间过长，还可引起肺部感染等并发症，或出现痉挛模式，如仰卧位易强化伸肌优势，健侧卧位易强化患侧屈肌优势，患侧卧位易强化患侧伸肌优势。应每1~2小时变换一次体位，使肢体伸屈肌张力达到平衡，但要以不影响临床抢救，不造成病情恶化为前提。

**3. 肢体被动运动** 为预防关节僵硬和挛缩，改善肢体血液循环，增加感觉输入，应每天进行肢体各关节被动运动，包括上肢肩关节屈曲、外展、外旋，肘关节伸展，前臂外旋，腕和手指伸展，下肢髋关节伸展，膝关节屈伸，踝背屈、足外翻等。活动顺序可从近端关节到远端关节，动作柔和、缓慢，每天2次，每次每个关节活动5~6遍。

**4. 床上活动**

（1）上肢自助被动运动 双手手指交叉，患手拇指置于健手拇指掌指关节之上，利用健侧上肢带动患侧上肢，作双上肢伸肘、肩关节前屈的上举运动。

（2）翻身 辅助下向健侧或患侧翻身。方法参考第四章。

（3）桥式运动 仰卧位，双腿屈曲，脚踏在床上，伸髋使臀部抬离床面，维持一段时间（5~10秒）后再慢慢放下，称为双桥运动。训练时，可帮助固定下肢并叩击刺激患侧臀大肌收缩。在患者如能较容易地完成双桥运动时，可让其将健侧下肢抬离床面伸展，单用患肢屈曲支撑于床面上抬臀，称为单桥运动。

**（二）恢复期**

恢复期包括恢复早期和相对恢复期。恢复早期：发病3~4周，相当于Brunnstrom分期Ⅱ~Ⅲ期；相对恢复期：发病4个月至1年，相当于Brunnstrom的第Ⅴ、第Ⅵ阶段。恢复早期，患者能主动活动偏瘫肢体，病情稳定进入恢复期。相对恢复期，患者逐步修正异常运动模式，建立正确的运动模式，改善精细运动能力和速度活动能力。恢复期是康复治疗和功能恢复的最佳时期。

康复目标：抑制痉挛与共同运动模式、诱发分离运动、促进正常运动模式形成；促进和改善偏瘫肢体运动的独立性、协调性；达到Ⅲ级坐位平衡；初步达到Ⅲ级站位平衡；达到治疗性步行能力；改善床椅、人厕转移、室内步行、个人卫生等日常生活能力。

**1. 床上与床边活动** 根据患者情况从辅助翻身起坐开始逐渐过渡到独立完成。翻身起坐训练详见第四章。

**2. 坐位活动训练** 包括坐位平衡及患侧上肢负重训练。坐位平衡训练要循序渐进，从无支撑坐在椅子上达到一级坐位平衡，到能做躯干向各方向摆动活动的"自动态"的二级平衡，最后完成能抵抗他人外力的"他动态"的三级平衡。

**3. 坐位站起训练** 患者直坐，双足分开与肩同宽，双手十指交叉，上肢伸向前方，治疗师站在患者对面，指导患者躯干前倾使重心落在双下肢，治疗师用双膝分别抵住患膝两侧，用双手抓住患者腰带或扶持臀两侧，帮助患者抬臀、伸髋、伸膝、挺直躯干站起，及时调整患者重心使两腿同等负重。训练中，应注意防止仅用健腿支撑站起的不正确方法。

当患者能够完成由坐位向站位的转换后，应进行由站位向坐位的训练，注意纠正患者坐下时为减少下肢承重或因下肢控制能力差而出现的"跌落"样下坐现象。

**4. 转移训练** 包括床与轮椅之间、轮椅与座椅之间、轮椅与坐便器之间、轮椅与浴盆之间的转移。

训练时要注意：患者必须有足够的体力与支撑力；转移时轮椅与床、椅等之间不能有空隙；上下轮椅时要先固定轮椅。详见第四章。

**5. 站立及站立平衡训练**　先站起立床，然后逐步进入扶持站立或平行杠间站立、徒手站立。

患者在床边进行扶持站立，待患者能够站立后，逐渐放开对患者的扶持，嘱其腰背挺直保持静态站位；让患者用健手或交叉的双手伸向不同方向触及目标物，保持自动态站位平衡；外力推拉下让患者自动调节并保持被动态站位平衡。应注意纠正患者低头、屈髋现象，保持两腿同等负重用力各达身体1/2体重。

**6. 步行前训练**

（1）患腿站立负重训练　患腿站在体重秤上，健腿站在与体重秤同高度踏板上，让患者重心尽量移向患侧，使患腿负重达到体重的2/3以上维持一定时间。

（2）患腿负重原地迈步练习　当患腿负重能够达到体重的2/3以上时，可将重心充分移到患腿上，让健腿进行前后迈步训练。初期训练，应在平行杠中进行，可让患者手扶平行杠，增加安全性和稳定性。

**7. 步行训练**

（1）扶持下步行　扶持者位于患侧，一手从患者腋下穿过托住患肩以支持肩胛带向上，另一手握住患者手使之保持伸肘、伸腕抗痉挛状态。应注意不能用力牵拉患上肢或将患上肢搭放在扶持者肩上的扶持方式，以免造成肌肉拉伤或肩关节半脱位。

（2）平行杠内和持杖步行　对老年人和独立行走恢复差的患者，可先在平行杠内练习向前、向后、转身、侧方的行走，或使用手杖步行训练。在平行杠内练习行走时，让患者健手握平行杠，康复护士站在患侧，指导患者健手前移→患足→健足。

（3）上、下楼梯训练　上楼梯先上健腿，后上患腿；下楼梯先下患腿，后下健腿。需要扶持时，上楼梯时，扶持者在患者后方（比患者低一层阶梯）抓握其腰带给予扶持和保护；下楼梯时，扶持者在患者前方（比患者低一层阶梯）抓握其腰带给予扶持和保护。

**8. 功能性运动训练**

（1）恢复早、中期上肢功能训练　如斜面砂磨板，在一倾斜平面内模仿打磨木板的动作，有助于肩、肘的分离运动及肌肉力量的恢复；将前臂置于圆柱体上向前滚动圆柱体，增加了肩关节的控制难度，有利于肩肘的分离运动。

（2）恢复后期上肢功能训练　文字书写能力的训练有助于改善和恢复患者书写功能障碍，可先指导患者用粗彩笔在白纸上单纯地画一些直线条，然后逐步画一些有规律的曲线，当患者腕关节控制力及手的运动功能增强后，再进行书写汉字的练习。对手功能恢复较差的患者，应进行利手交换训练。

**9. 日常生活活动训练**　目的是争取生活自理，包括进食动作训练、穿脱衣服训练、个人卫生训练及支具、矫形器的使用等。详见第四章。

**（三）后遗症期**

发病6个月之后，功能恢复缓慢或停滞不前，患者不同程度地留有各种后遗症，如患侧上肢运动控制能力差、手功能障碍、失语、吞咽困难、关节挛缩畸形、偏瘫步态等。

**1. 维持性作业训练**　进行上肢主动或健肢带动下的各关节活动；适当延长步行距离、扩大活动空间和上、下楼梯训练；卧床患者，应定期翻身、肢体被动活动，以减少压疮发生和关节挛缩程度加重。

**2. 辅助器具的使用训练**　指导患者使用必要的辅助器具，重点放在整体日常生活活动水平的改善上，通过使用"代偿性技术"、环境改造和职业治疗尽可能使患者回归家庭、社会或工作岗位。

如用支具将上肢屈曲痉挛严重者固定于伸展位；使用踝足支具矫正足下垂、足内翻并辅助其行走；

无法步行者，可选择适合个人操作的轮椅，并学会正确操作轮椅用以代步；行走困难的年老患者，指导使用手杖、拐杖、步行器，辅助支撑体重，保证行走安全；对于无法完成的日常生活活动，根据所需可使用穿衣类、饮食类、洗澡类、书写类等不同辅助装置，以增加患者生活的独立性和树立患者的自信心。

**3. 环境改造** 为方便患者在家中独立完成日常生活活动，可对家庭中的某些结构设施进行改造。如去除门槛，增加通道的宽度，将蹲式便器改为坐式便器，将床降至 40cm 左右高度，增加必要的室内扶手，降低浴盆高度，洗手池的安装方法及形状要适合轮椅的进入等。

**4. 职业训练或指导** 对功能恢复较好又有工作意愿的患者，应根据其原有技能、现在的身心状况以及未来工作的条件进行就业指导和职业训练。对患者提出就业的意见和建议，并进行有关技能、认知、心理等方面的训练。

**5. 长期卧床者的护理** 临床 10%～20% 的患者最终需长期卧床，尤其是高龄、体弱和病情严重者。应根据患者情况指导家属或陪护做好康复护理工作。在家属的帮助下，对患者进行经常性的床上或椅上（包括轮椅）活动，精心护理。家庭的康复照顾不仅费用低、效果好，更重要的是使患者在心理上得到康复和平衡。

**（四）特殊问题康复护理**

**1. 肩关节半脱位**

（1）保持肩关节正常活动范围 进行床上运动、转移训练及肩胛骨、上肢的被动活动时，应保持肩关节的正常活动范围。在不损伤肩关节及周围组织、结构前提下，进行无痛性肩关节全范围的被动运动或自助被动运动。

（2）纠正肩胛骨位置 通过手法活动肩胛骨、坐位上肢支撑负重、双手 Bobath 握手练习双上肢前伸、上抬，或卧位将患肩垫起等方法防止肩胛骨后缩，使肩胛骨充分上抬、前屈、外展，向上旋转，以纠正肩胛骨的位置，恢复肩关节自然固定机制。

（3）肩胛骨的主动运动 可让患者坐于桌旁，桌上摆放一只篮球，患手控制篮球，肘关节伸展，做向前、向后滚动篮球的动作，完成肩胛骨的内收和外展的控制。在治疗过程中应注意矫正肩胛骨的姿势，随时都要注意良姿位的摆放，鼓励患者经常用健手帮助患侧上肢做充分的上举活动。

**2. 肩手综合征**

（1）正确放置患肢 确保腕部不处于完全掌屈位，避免患者上肢尤其是手的损伤、疼痛、过度牵张及长时间垂悬；卧位时，适当抬高患侧上肢；坐位时，把患侧上肢放在轮椅上安装的小桌子上，并用夹板固定避免腕部掌屈位。

（2）加压向心性缠绕 如用一直径 1～2mm 长线，从远端到近端向心性缠绕患手，先缠绕拇指和其他手指至各手指根部，用同样方法再缠绕手掌和手背至手腕以上，再将缠绕的长线松开，每天反复进行。

（3）避免牵拉肩关节 注意矫正肩胛骨的位置，增加肩关节周围肌肉的张力以预防肩关节半脱位；避免在患手静脉输液。

（4）被动和主动运动 患侧上肢的被动运动可防治肩痛，维持各个关节的活动度，活动时应轻柔、缓慢，以不产生疼痛为度。主动进行肩胛骨活动，在上肢上举的情况下进行肩关节的三维活动，但不应练习使伸展的患侧上肢的持重活动，以免增加浮肿和疼痛。

**3. 下肢深静脉血栓**

（1）下肢主动或被动运动。

（2）卧床时抬高下肢，穿压力长筒袜。

（3）下肢外部气压循环治疗。

## 三、康复护理教育

1. 保持血压稳定，积极治疗心脏病，控制血糖、血脂在正常范围。
2. 生活规律化。
3. 调整心理状态，适应新的生活。
4. 合理膳食营养，戒烟、戒酒。
5. 合理安排工作，避免过度疲劳。
6. 密切观察病情变化，若有变化及时诊治，避免复发或加重。

## 目标检测

### 一、选择题

**（一）单项选择题（下列各题备选结果，只有一个选项正确）**

1. 偏瘫步态的特点是（　　）

    A. 划圈步态　　　　　　　B. 剪刀步态　　　　　　　C. 鸭子步态

    D. 醉汉步态　　　　　　　E. 以上都不是

2. 脑卒中偏瘫患者肢体运动功能训练的原则是（　　）

    A. 多练习健肢来补偿患肢的不足

    B. 多练习患肢，多使用患肢

    C. 患肢多做抗阻运动增加肌力

    D. 固定患肢限制患肢活动

    E. 上述都不是

3. 偏瘫患者穿上衣训练时应（　　）

    A. 先穿患侧，后穿健侧　　　　　　　B. 先穿健侧，后穿患侧

    C. 先穿前侧，再穿后侧　　　　　　　D. 先穿后侧，后穿前侧

    E. 以上都不对

4. 偏瘫患者床上良姿位一般不采用（　　）

    A. 仰卧位　　　　　　　B. 膝胸卧位　　　　　　　C. 患侧卧位

    D. 床上坐位　　　　　　E. 健侧卧位

5. 下列关于脑卒中患者康复护理的描述，不正确的是（　　）

    A. 可预防各种并发症的发生

    B. 可有效降低各种功能障碍的程度

    C. 可有效防止关节的畸形

    D. 能改善患者基本的日常生活活动能力

    E. 可有效增强肌力和肌张力

6. 脑卒中的发病原因，不包括（　　）

    A. 脑动脉硬化　　　　　　B. 颅内动脉瘤　　　　　　C. 车祸

    D. 心功能不全　　　　　　E. 凝血机制异常

**（二）多项选择题（下列各题备选结果，有 2 个或 2 个以上选项正确）**

7. 脑卒中患者主要的功能障碍有（　　）

　　A. 运动功能障碍　　　　B. 感觉功能障碍　　　　C. 认知功能障碍

　　D. 言语功能障碍　　　　E. 摄食与吞咽障碍

8. 脑卒中的危险因素包括（　　）

　　A. 肥胖　　　　　　　　B. 颈动脉狭窄　　　　　C. 高同型半胱氨酸血症

　　D. 早期营养不良　　　　E. 长期被动吸烟

## 二、思考题

1. 试述脑卒中的康复治疗原则。

2. 试述脑卒中患者的康复问题。

---

**书网融合……**

本章小结

微课 1

微课 2

微课 3

题库

# 第六章　颅脑损伤的康复护理

◎ 学习目标

1. 通过本章学习，重点把握颅脑损伤的临床表现及分类，颅脑损伤康复护理评定及康复护理措施。

2. 学会运用所学知识，评估颅脑损伤患者的功能障碍特点，提出康复护理问题，制定并实施康复护理措施及健康指导，具有良好的人文关怀精神，体现深度和精益求精的品德。

## ≫ 情境导入

**情景描述**　患者，女，68岁，因从楼梯上摔下来头部外伤出血半小时就诊，伤后昏迷、呕吐、抽搐，伤口用布压迫止血后来诊。入院时体检：BP为140/90 mmHg，神志不清，平车推入病房，瞳孔等大，直径约为2.5 mm，光反射灵敏，左头顶部头皮有一长度为5cm的裂伤，伤口整齐，深达骨膜。耳道、鼻腔无出血，胸、腹、四肢检查正常。

**讨论**　1. 该患者可能会存在哪些功能障碍？

　　　　2. 应为患者实施哪些护理措施？

##  素质提升

### 脑外伤华裔人获"逆境自强奖"

英文名科尔特恩（Coltyn）刘姓（Liu，译音）的华裔温哥华居民，两岁时在一次意外中脑部受到重创，出现了严重损害的语言及活动能力障碍。巨大的创伤给他带来了难以想象的功能障碍，严重影响了他的日常生活自理能力，同时也对其心理产生了影响。然而他没有一直沉浸在悲伤之中，很快他调整好心态，积极康复、自强不息、克服困难。现年22岁的他不仅是一位出色的排球运动员，在16岁时还成为加美两地多所大学的招揽对象，并荣获社会"逆境自强奖"。科尔特恩这种身残志坚、努力克服困难、勇敢坚毅的精神十分值得我们大家学习！

PPT

# 第一节　概　述　e 微课1

颅脑损伤（traumatic brain injury, TBI）又称为脑外伤，由于致伤外力作用于头部所导致的颅骨、脑膜、脑血管和脑组织损伤，引起的暂时性或永久性神经功能障碍。包括头部软组织损伤、颅骨骨折和脑损伤。

## 一、病因

无论战时还是和平时期，TBI都是一种常见的多发病。主要原因如交通事故、工伤、运动损伤、火器伤、锐器伤、钝器伤、爆炸伤、高处跌落和撞击伤等。其中，交通事故导致的颅脑损伤所占比例较大。

## 二、临床表现及分类

### （一）临床表现

颅脑损伤引起中枢神经系统损伤的表现形式多种多样，受伤 24～48 小时之内，可发生病情恶化。轻者为单纯性脑震荡，可出现短暂的意识丧失，一般不超过 6～12 小时，无明显结构上的变化，不遗留神经功能障碍，几天后患者可恢复正常活动。中度、重度者多为脑组织挫伤或伴有擦伤和压伤，伤后即可发生意识丧失，昏迷时间可达数小时、数日、数周、数月不等，同时伴有阳性神经系统体征。

### （二）分类

#### 1. 按伤后脑组织与外界相通分类

（1）闭合性脑损伤　头部接触较钝物体或间接暴力所致，脑膜完整，脑组织不与外界相通，无脑脊液渗漏。

（2）开放性脑损伤　多由锐器或火器直接造成，伴头皮、颅骨、硬脑膜、脑组织损伤，脑组织与外界相通，有脑脊液渗漏。

#### 2. 按损伤范围分类

（1）局部脑损伤　造成损伤的外力作用于局部脑组织，可导致额叶、顶叶、颞叶、脑干等部位的损伤。

（2）弥漫性脑损伤　外力较强致脑组织损伤广泛，可出现弥漫性脑组织损伤，表现深度昏迷、自主功能障碍，植物状态持续数周。

#### 3. 按损伤病理分类

（1）原发性脑损伤　头部受到撞击后即刻发生的损伤，如脑震荡、脑挫裂伤、颅内血肿。

（2）继发性脑损伤　在原发性损伤基础上，因颅内压增高或脑组织受到压迫而出现的一系列病变，如脑缺血、脑缺氧、脑水肿、颅内血肿和脑疝等。

#### 4. 按损伤性质分类　分为脑震荡、脑挫裂伤、脑撕裂伤和颅内血肿。

#### 5. 按损伤程度分类　可分为轻度、中度和重度脑损伤。主要通过意识障碍的程度来反映，昏迷的深度和持续时间是判断 TBI 严重程度的指标。

# 第二节　康复护理评定 🅔微课 2

PPT

## 一、主要康复问题

### （一）意识障碍

机体对自身及周围环境刺激缺乏反应的一种精神状态，可通过言语命令、疼痛刺激、光反射等判断意识障碍程度。

### （二）认知功能障碍

颅脑损伤后常见的认知障碍有意识改变、记忆障碍、听力理解异常、空间辨别障碍、失用症、失认症、忽略症、体像障碍、皮质盲和智能障碍等。

### （三）行为异常

由于承受各种行为和情感方面的困扰，如对受伤情景的回忆、头痛引起的不适、担心生命危险等不良情绪，引起患者否认、抑郁、倦怠、嗜睡或易怒、攻击性及躁动不安等反应，严重者会出现人格改变、行为失控。

### （四）言语功能障碍

脑损伤后常见言语功能障碍包括构音障碍和言语失用。如患者出现言语缓慢、用力、发紧，辅音不准，吐字不清，鼻音过重，或分节性言语等构音障碍表现；言语表达能力完全丧失，不能数数，不能说出自己的姓名，复述、呼名能力均丧失，不能模仿发出言语声音等言语失用表现。

### （五）运动功能障碍

脑损伤后出现肌肉收缩和张力失调导致运动控制方面的问题，以高肌张力多见。如痉挛、姿势异常、偏瘫、截瘫或四肢瘫、共济失调、手足徐动等，出现上肢无功能，不能穿脱衣物，下肢活动障碍，移动差，站立平衡差，不能如厕、入浴和上下楼梯等。

### （六）日常生活能力障碍

脑损伤后由于认知能力不足及运动受限，在日常自理生活及家务、娱乐等诸方面受到限制。

### （七）迟发性癫痫

多数患者发病后 1/2～1 年内有癫痫发作的可能。原因是瘢痕、粘连和慢性含铁血黄素沉积的刺激所致。全身发作以意识丧失 5～15 分钟和全身抽搐为特征；局限性发作以短暂意识障碍或丧失为特征，多持续数秒，无全身痉挛现象。

## 二、康复护理评定方法

### （一）意识障碍评定

国际上采用格拉斯哥昏迷量表（Glasgow Coma Scale，GCS）判断急性损伤期意识情况（表 6－1）。包括检查睁眼反应、运动反应和言语反应三项指标，作为判断伤情轻重的依据。GCS 可简单、客观，定量评定昏迷及其深度，对预后判断有重要意义。

表 6－1　格拉斯哥昏迷量表（GCS）

| 项目 | 试验 | 患者反应 | 评分 |
|---|---|---|---|
| 睁眼反应 | 自发 | 自己睁眼 | 4 |
| | 言语刺激 | 大声向患者提问患者睁眼 | 3 |
| | 疼痛刺激 | 捏患者时能睁眼 | 2 |
| | 疼痛刺激 | 捏患者时不睁眼 | 1 |
| 运动反应 | 口令 | 能执行简单命令 | 6 |
| | 疼痛刺激 | 捏痛时能拨开医生的手 | 5 |
| | 疼痛刺激 | 捏痛时能撤出被捏的手 | 4 |
| | 疼痛刺激 | 捏痛时身体呈去皮质强直（上肢屈曲，内收内旋；下肢伸直，内收内旋，踝屈曲） | 3 |
| | 疼痛刺激 | 捏痛时身体呈去大脑强直（上肢伸直，内收内旋，腕指屈曲；下肢去皮质强直） | 2 |
| | 疼痛刺激 | 捏痛时毫无反应 | 1 |
| 言语反应 | 言语 | 能正确会话，回答医生他在哪、他是谁及年和月 | 5 |
| | 言语 | 言语错乱，定向障碍 | 4 |
| | 言语 | 说话能被理解，但无意义 | 3 |
| | 言语 | 发出声音，但不能被理解 | 2 |
| | 言语 | 不发声 | 1 |

总分 15 分。根据计分和昏迷时间长短分：轻度 13～15 分，昏迷时间在 20 分钟以内；中度 9～12 分，伤后昏迷时间为 20 分钟～6 小时；重度脑损伤≤8 分，伤后昏迷 6 小时以上；或在伤后 24 小时内出现意识恶化并昏迷 6 小时以上。

## （二）认知功能评定

可采用简易智能量表（简称 MMSE）进行初测和筛选，或根据临床需要选择相关测试，评价时应结合患者的文化背景。如记忆功能评定、注意功能评定、思维能力评定等。

**1. 记忆能力评定**　颅脑损伤后多表现为近记忆障碍。近记忆障碍评定方法：在患者面前摆几样物品，如钢笔、书、笔记本、茶杯、笔筒，让患者辨认一遍，记住其名称，然后撤除物品，让患者回忆刚才摆放的物品。近记忆障碍者只能说出 1 ~ 2 种，然后编造刚才未见到的物品充数；让患者读一段报纸内容，然后让其说出主要内容，近记忆障碍者常出现漏说内容情况。

**2. 注意能力评定**　采用听觉注意、视觉注意等评定方法，如视跟踪、形态辨认、字母删除测试、声辨认、数或词的辨别等。

**3. 思维能力评定**　思维是心理活动最复杂的形式，是认知过程的最高级阶段。思维能力评定，可选用认知功能成套测验中某些分测验，如韦氏成人智力量表中的相似性测验和图片排列测验或 Halstead – Reitan 神经心理成套测验中的范畴测验等。

## （三）感知觉功能评定

包括躯体构图障碍、视空间关系障碍、失用症及失认症等评定。

## （四）运动功能评定

根据颅脑损伤后患者出现的运动功能障碍情况选择相应的评定方法，如肌力、肌张力、关节活动度（ROM）、平衡协调、步态等评定。

## （五）行为障碍评定

**1. 发作性失控**　多为颞叶内部损伤。发作时脑电图有阵发异常，出现无诱因、无预谋、无计划的突然发作，直接作用于最近的人或物，如打破家具、向人吐唾液、抓伤他人、放纵地进行其他狂乱行为等。发作时间短，发作后有自责感。

**2. 额叶攻击行为**　又称脱抑制攻击行为，多为额叶受损。对细小的诱因或挫折发生过度的反应，其行为直接针对诱因，最常见的是间歇性激惹，逐步升级为一种完全与诱因不相称的反应。

**3. 负性行为**　多为额叶和脑干部位受损。表现精神运动迟滞，感情淡漠，失去主动性，不愿活动，即使日常生活中最简单、常规的活动也完成得十分困难。

## （六）心理功能评定

可采用贝克抑郁量表（Beck Depression Inventory，BDI）自评患者最近两周的抑郁程度。量表由 21 道题目构成，4 级评分法，分数越高代表抑郁程度越高。采用贝克焦虑量表（Beck Anxiety Inventory，BAI）自评患者焦虑程度，量表由 21 道题组成，4 级评分法，分数越高表明焦虑程度越高。

## （七）功能预后评估

常用 Glasgow 预后量表（Glasgow Outcome Scale，GOS），对颅脑损伤恢复及其预后进行评定，根据能否恢复工作、学习、生活能否自理等指标，把残疾严重程度分为 5 个等级：死亡、植物状态、重度残疾、中度残疾、恢复良好。表 6 -2）。

表 6 - 2　格拉斯哥预后评分（GOS）

| 等级 | 标准 |
| --- | --- |
| 恢复良好 | 能恢复正常生活，生活能自理，成人可恢复20%，学生能继续学习，但可能仍存在轻微神经或病理缺陷 |
| 中度残疾 | 日常生活能自理，可乘坐交通工具，在专门环境或机构中可以从事某些工作或学习 |
| 重度残疾 | 生活不能自理，需要他人照顾，严重精神及躯体残疾，但神志清醒 |

续表

| 等级 | 标准 |
|---|---|
| 植物状态 | 长期昏迷，可以有睁眼及周期性睁眼 – 清醒，但大脑皮质无任何功能，呈去皮质强直 |
| 死亡 | |

# 第三节　康复护理技术 📱微课3

PPT

## 一、康复护理目标

**1. 早期康复目标**　稳定病情，提高觉醒能力，恢复意识障碍，预防并发症，促进功能恢复。

**2. 恢复期康复目标**　最大程度恢复感觉、运动功能、认知功能、言语交流功能，最大可能提高生活自理能力。

**3. 后遗症期康复目标**　学会用新的方法代偿功能不全，尽可能恢复缺失的功能，增强患者在各种环境中的独立和适应能力。

## 二、康复护理措施

### （一）早期康复护理

**1. 促醒康复**　早期患者会出现不同程度的意识障碍，除应用药物外，还可采用各种神经肌肉促进的刺激手段加速意识恢复，帮助患者苏醒。

（1）**声音刺激**　安排适宜环境，让患者接受熟悉的声音刺激。如让家庭成员定期和患者语言交流，呼唤患者名字；让患者听喜爱和熟悉的歌曲、音乐和广播等。

（2）**手法刺激**　通过按摩和被动运动以及快速擦刷、拍打、挤压、冰刺激患肢皮肤，刺激大脑，促进认知功能恢复。

（3）**感觉刺激**　给患者梳头、洗脸、使用护肤霜、用毛巾擦汗等，通过冷热、粗糙、光滑、软和硬等皮肤刺激，提供各种感觉传入。

**2. 保持呼吸道通畅**　意识障碍或昏迷患者，应保持呼吸道通畅。患者往往丧失正常的咳嗽反射，容易发生误咽、误吸，应及时清除口咽部的血块和呕吐物，帮助患者排痰，防止呼吸道感染。对于气管插管或气管切开的患者应严格进行呼吸道观察、按时吸痰、雾化治疗等。

**3. 保持皮肤清洁**　定时翻身、变换体位，预防压疮。大小便后及时用热毛巾擦干净皮肤。应注意观察感觉障碍者的温度、触觉、痛觉的反应程度，使用热水袋或冰袋者应防止烫伤或冻伤。

**4. 保持正确床上体位**　让患者处于感觉舒适、对抗痉挛模式、防止挛缩的体位。意识清楚者头的位置不宜过低，枕头稍高，以利于颅内静脉回流；昏迷或吞咽功能障碍者宜采取侧卧位或侧俯卧位，以避免呕吐物、分泌物误吸。患侧上肢应保持肩胛骨向前、肩前伸、肘伸展，下肢保持髋、膝微屈、踝中立位。

**5. 尽早活动**　当患者生命体征稳定、神志清醒时，应尽早督导患者深呼吸、被动关节活动范围练习，肢体主动运动，床上活动和坐位、站位练习等。可应用起立床预防直立性低血压，牵拉易于缩短的软组织，身体负重，防止骨质疏松。

### （二）恢复期康复护理

**1. 认知障碍康复护理**

（1）**记忆障碍康复训练**　记忆包括短期记忆和长期记忆。短期记忆是指保持信息1分钟到1小时的能力；长期记忆是保持信息超过 1 小时的能力。对于以记忆障碍为主的颅脑损伤患者，应当逐渐增加或延长刺激与回忆的间隔时间，使患者在相对较长时间后仍能记住特定作业或活动。

常用的记忆力训练方法有内在记忆训练、外在记忆训练和 PQRST 法。如卡片、杂志、书籍或录音带，反复地朗诵需要记住的信息；提供钟表、日历、电视及收音机等提醒物；设计安排好日常活动表；把时间表或日常安排贴在高一些的醒目之处；提供新的信息，用不断重复方式来增进记忆；为过后回忆（复习）而记录或写下新的信息。

（2）注意力训练　脑损伤后患者往往不能注意或集中足够的时间去处理一项活动任务，容易受到外界环境因素的干扰。可通过简化某项活动程序，将活动分解为若干个小步骤；给予患者充裕的时间完成活动；对提供的新信息不断重复；鼓励患者参与简单的娱乐活动，如下跳棋和猜谜；避免身体疲劳；提供频繁的词语、视觉及触觉暗示。

（3）判断力的训练　判断力是患者理解确定采取行为后果的能力及以安全、恰当的方式采取行动的能力。常用的处理方法：让患者做简单的选择，如下跳棋和猜谜；让患者参与做决定的过程；提供多项活动选择的机会；提供频繁反馈。

（4）视觉训练　脑损伤后常出现视野损伤，如偏盲、图形 - 背景视觉损伤、单侧忽略或不能正确判断距离。可通过功能性活动及变换技巧方式进行视觉训练，如视野缺损者可在检查表上圈勾特定字母的练习活动，改善和转移患者在功能性活动中的视野问题；或提供镜子反馈；或将颜色涂于重要的被忽略物体上；教患者使用患侧肢体等。

**2. 行为障碍康复护理**

（1）躁动不安行为康复护理　排除引起躁动不安的原因，如头痛、呼吸道不通畅、尿潴留、便秘、大小便浸湿被服、肢体受压、癫痫活动、睡眠障碍、感染及药物等，经临床分析后给予处理；通过环境管理，保持病房安静，避免不良刺激，防止患者自伤或伤害他人，可专人护理和治疗。

（2）易冲动行为的康复护理　提供安全、布局合理、安静的房间；吸引注意力，使患者从挫折中引开；控制不良行为，对恰当行为进行奖励，如实物、代币券等奖励，鼓励教会患者自我控制。

**3. 心理障碍康复护理**

（1）创造积极向上的环境　保持病区环境整洁明亮，与患者建立良好沟通，对于情绪低沉患者给予及时的疏导，通过不定期举办文娱活动或正能量宣教，让患者感受到积极向上的力量。

（2）心理支持　医护人员、家属等应给予患者更多关心、支持和帮助，使患者积极面对自身功能障碍，建立健康行为，逐渐实现生活自理，融入社会；必要时可寻求专业心理医生帮助。

**（三）后遗症期康复护理**

**1. 日常生活活动能力训练**　脑损伤患者多存在日常生活活动能力障碍，掌握日常生活能力是患者今后回归家庭很重要的一部分。要利用家庭或社区环境继续加强日常生活活动能力训练，强化患者自我照料生活的能力，逐步与外界社会接触，如学习乘坐交通工具、理财购物、看电影等。日常生活活动能力训练包括吃饭训练、穿脱衣服训练、上下楼训练、大小便控制训练、如厕训练、个人卫生训练、家务活动训练等。

**2. 职业技能训练**　大多颅脑损伤患者在功能康复后需重返工作岗位，部分可能要转变工作，应尽可能对患者进行有关工作技能的训练。

**3. 辅助支具应用训练**　颅脑损伤导致的运动障碍，患者可能需要使用各种辅助工具，如轮椅、助行器等，应加强辅助器具的配备和使用训练。

**4. 心理康复护理**　进入后遗症期后，仍然会残留一定的功能障碍，患者常出现情绪低落、康复信心不足等心理变化。应从患者细微情绪变化中，发现其积极和消极因素，稳定患者情绪，取得患者的理解和配合，帮助患者树立康复信心和决心，鼓励患者坚持功能锻炼。

## 三、康复护理教育

**1. 按时服药**　对伴有外伤性癫痫的患者，应在医生指导下按时服药，控制症状发作。

**2. 坚持康复训练**　积极争取家庭的配合，教会家属生活护理方法及注意事项，教会患者简单有效的家庭康复训练方法，使患者坚持自我康复训练，树立信心。

**3. 注意安全**　对于颅骨缺陷的患者，应注意保护患者的缺陷部位，外出时戴安全帽，避免太阳暴晒和碰撞。

## 目标检测

### 一、选择题

**（一）单项选择题**（下列各题备选结果，只有一个选项正确）

1. 关于颅脑损伤的康复护理教育，以下说法正确的是（　　）

　　A. 对于有癫痫的患者，应在医生指导下按时服药

　　B. 无需家庭配合

　　C. 不用教会家属生活护理方式

　　D. 对于有癫痫发作的患者，可自行停药

　　E. 完全由护士照顾

2. 以下不属于颅脑损伤后遗症期的康复护理措施的是（　　）

　　A. 职业技能训练　　　　B. 促醒康复　　　　　　C. 辅助支具应用训练

　　D. 日常生活能力训练　　E. 步态训练

3. 按脑组织是否与外界相通，可将颅脑损伤分为（　　）

　　A. 闭合性损伤和开放性损伤

　　B. 局部脑损伤和弥漫性损伤

　　C. 原发性损伤和继发性损伤

　　D. 轻度、中度和重度脑损伤

　　E. 内部损伤和外部损伤

4. 格拉斯哥预后量表（GOS）把残疾的严重程度分为（　　）个等级

　　A. 1　　　　　　　　　B. 2　　　　　　　　　C. 3

　　D. 5　　　　　　　　　E. 6

5. 以下不属于格拉斯哥昏迷量表睁眼反应的是（　　）

　　A. 自己睁眼　　　　　B. 大声向患者提问患者睁眼　　C. 捏患者时能睁眼

　　D. 捏患者时不睁眼　　E. 疼痛刺激

6. 以下不属于颅脑损伤按损伤性质分类的是（　　）

　　A. 脑震荡　　　　　　B. 脑挫裂伤　　　　　　C. 脑撕裂伤

　　D. 颅内血肿　　　　　E. 开放性损伤

**（二）多项选择题**（下列各题备选结果，有2个或2个以上选项正确）

7. 常用于颅脑损伤早期康复护理的方法有（　　）

A. 促醒康复
B. 保持正确床上体位
C. 定时翻身，变换体位
D. 被动关节活动范围训练
E. 良肢位摆放

8. 颅脑损伤后主要的康复问题有（　　）

A. 认知功能障碍
B. 言语功能障碍
C. 感觉功能障碍
D. 运动功能障碍
E. 日常生活活动能力受限

## 二、思考题

1. 颅脑损伤康复护理评定方法有哪些？
2. 颅脑损伤恢复期康复护理措施有哪些？

---

**书网融合······**

本章小结　　　　微课1　　　　微课2　　　　微课3　　　　题库

# 第七章　脑性瘫痪的康复护理

 **学习目标**

　　1. 通过本章学习，重点把握脑性瘫痪的概念、发病原因及分类、主要康复问题、康复护理评定方法及康复护理措施。

　　2. 学会运用所学知识，评估脑性瘫痪患者，提出康复护理问题，制定并实施康复护理措施和康复指导，具有良好的人文关怀精神，体现深度和精益求精的品德。

## 情境导入

　　**情景描述**　患儿，男，因生产时窒息缺氧，导致双下肢发育迟缓畸形伴不能行走12年。体检：患儿智力正常，言语清晰，双上肢无明显异常，双股四头肌张力Ⅱ级，肌力3级；右下肢小腿三头肌张力Ⅳ级，呈强直状态；左下肢小腿三头肌肌张力Ⅰ级；右踝背伸肌力1级，跖屈肌力2级；左踝背伸肌力$1^+$级，跖屈肌力2级；右侧踝关节背伸活动度受限；股内收肌角45°；站立平衡2级；可扶走，双足呈马蹄内翻畸形，右侧为重，双足跟腱挛缩，下蹲时左足跟离地6cm，右足跟离地8cm。

　　**讨论**　1. 针对患儿功能情况，如何进行康复护理评定？

　　　　　　2. 应为脑瘫患者采取哪些康复护理措施？

## 第一节　概述 微课1

PPT

### 素质提升

#### 残奥健儿——张梦秋

　　中国女子残奥高山滑雪运动员张梦秋，出生于河北省衡水市景县，因患小儿脑瘫导致躯体运动功能障碍。2016年她开始训练高山滑雪运动，2022年入选北京冬残奥会中国体育代表团高山滑雪项目运动员，先后获得女子滑降站姿银牌、女子超级大回转站姿金牌、女子全能站姿银牌、女子大回转站姿金牌和女子回转站姿银牌。"身残志不残"，残奥健儿身上的"人性光辉"闪闪发亮，值得我们学习和致敬！

　　脑性瘫痪（cerebral palsy，CP）简称脑瘫，指在出生前、出生时或出生后一个月内，因损伤或病变而致大脑发育障碍，以非进展性中枢性运动障碍和姿势异常为主要表现的临床综合征。脑瘫不仅影响患儿的身体发育，也影响患儿能力、个性、认知以及与家庭、社会的关系，它是儿童致残的主要疾患之一。

## 一、病因

**1. 出生前因素**　主要有孕期感染、胎儿期中毒、妊娠期疾病、腹部外伤、遗传因素、孕期酗酒、吸烟、用药及精神刺激等。

**2. 出生时因素**　主要有难产、早产、过期产、产伤、新生儿窒息、缺氧、核黄疸、多胎、巨大儿、低体重儿等。

**3. 出生后因素**　主要有头部外伤、一氧化碳中毒、脑炎、脑膜炎、新生儿溶血、败血症、重度肺炎及颅内出血等。

## 二、临床表现及分型

**1. 痉挛型**　也称高张力型，临床最常见，主要病变在锥体系。主要表现为肌肉僵硬，上肢屈曲，被动运动时有"折刀样"张力增高，下肢内收或交叉成剪刀姿势，行走时足尖着地。坐位时头向后仰，膝关节弯曲，不能伸直。跪时两足不能放在臀后方，只能放于两侧，呈"W"形。站立时髋、膝略屈曲，足尖着地。按痉挛程度又可分为以下几种。

（1）重度　躯干和四肢处于痉挛状态。

（2）中度　静止状态下痉挛状态有所改善，运动时张力增高。

（3）轻度　静止状态或容易完成的运动时，肌张力基本正常或轻度增高。

**2. 手足徐动型**　此型临床常见，主要病变在锥体外系基底核。主要以不随意运动为特征，表现为上肢、手、脚、面部经常出现无法自我控制的颤抖和不自主运动，以上肢为重，动作不稳定，走路时摇晃不定。

**3. 弛缓型**　也称软瘫，见于婴幼儿。由于缺乏抗重力能力造成自主性运动能力低下，主要表现为手脚或身体过分松软，自主活动少，缺乏保护性头部侧旋转反应，容易发生呼吸道堵塞、窒息的危害。2～3岁后可能会转为手足徐动型或痉挛型。

**4. 共济失调型**　此型少见，主要病变在小脑。主要表现为肌张力过低，动作不协调，走路时摇晃不定，平衡性差，容易跌倒。往往在出生后6个月或1岁以后才逐渐显露出上述运动功能障碍。指鼻试验、对指试验、跟-膝-胫试验都难以完成。往往在出生后6个月或1岁以后才逐渐显露出上述运动功能障碍。

**5. 混合型**　同时具有两种或多种类型，如痉挛型伴手足徐动型等。

# 第二节　康复护理评定 ▣微课2

PPT

## 一、主要康复问题

### （一）运动功能障碍

**1. 主动运动受限**　患儿丧失运动的随意能力和控制能力，时常出现不自主、无功能意义的徐动。

**2. 运动发育滞后**　正常儿童在一定的月龄，可依次完成抬头、翻身、坐、爬、站、走等动作，而脑瘫儿童由于脑损伤而无法正常完成，并因代偿而出现一些异常动作和姿势。由于脑的发育障碍而引起运动发育的滞后或停止，如不会翻身、爬行、坐站和行走等。

**3. 反射异常**　原始反射的存在，姿势反射的异常亢进以及翻正、平衡反射的不健全，使正常的躯体反射调节异常，运动中姿势反射调节丧失，妨碍功能性运动的完成。

### （二）作业活动障碍

**1. 基本手技术丧失**　如不能熟练完成用手使用物品、持物、松开物品等动作；不能准确地完成如木块上插钉、堆积木、抓握小物品等上肢活动。

**2. 眼 – 手协调困难**  拿、放、捏、投、敲及各种综合协调动作差。如丢抓球动作困难。

**3. 无法在负重下使用上肢**  如爬行时无法将手伸到不同方向取物品。

**4. 缺乏知觉、感觉运动体验**  由于运动障碍的影响，使活动减少，缺乏对外界事物的具体体验，如对外界难以定位、拿到手中的玩具不会玩。

**5. 感觉形成功能差**  脑瘫儿童在运动障碍的同时，还存在感觉运动的障碍。如不认识触及到的身体部位和肢体在空间的运动。

### （三）日常生活活动障碍

由于运动、感觉、语言、智力等障碍，妨碍了患儿的日常活动能力和其他自我料理技术，表现为饮食、穿衣、体位转换、移动、用厕等日常生活活动困难。

### （四）继发损害

主要有关节、肌肉挛缩、变形引起的关节活动受限；肩、髋、桡骨小头的脱位；长期制动不负重引起的骨质疏松、骨折、骨盆倾斜、脊柱侧弯。

### （五）脑瘫伴随障碍

**1. 智力障碍**  脑瘫患儿大约25%智力正常，50%出现轻度或中度智力障碍，25%为重度智力障碍，其中以痉挛型脑瘫智力较差。

**2. 视力障碍**  脑瘫患儿有55%～60%在视觉上有问题，其中最常见的是斜视、偏盲。多在婴儿期出现，随年龄增长斜视逐渐消失。

**3. 听力障碍**  脑瘫患儿伴有听力缺损并不罕见，约20%有听力障碍，5%为完全失聪。听力障碍多见于手足徐动型脑瘫患儿。

**4. 语言障碍**  30%～70%脑瘫患儿伴有不同程度的语言障碍，以四肢瘫患儿多见。表现为以吸吮困难、吞咽和咀嚼困难为先导，表现为发音不清、构语困难、语言表达障碍甚至失语症等。

**5. 情绪及行为障碍**  患儿多数比较内向、畏缩、紧张，当做某件事情时，容易受挫折或发怒，容易放弃，不再去尝试。

**6. 学习障碍**  由于脑部损伤，视力、听力、语言、智力障碍，注意力不集中，学习动力不强，常闹情绪，学习能力受影响。统计显示，7岁以上脑瘫患儿中85%有阅读困难，93%算术欠佳，只有25%学习正常（或优异）。

## 二、康复护理评定方法

### （一）健康状况评定

包括患儿体重及身高增长情况，是否按时接种，有无外伤史、脑炎等。

### （二）严重程度分级

脑性瘫痪严重程度分级，如表7-1。

表7-1  脑瘫严重程度分级

| | 轻度 | 中度 | 重度 |
|---|---|---|---|
| 1. 功能 | 能独立生活 | 在辅助下生活 | 完全不能自理 |
| 2. 活动能力 | 能独立行走，可能需要辅助物 | 能自己驱动轮椅，能极不稳定地走或爬 | 由他人推动轮椅 |
| 3. 手功能 | 不受限 | 受限 | 无有目的的活动 |

续表

| | 轻度 | 中度 | 重度 |
|---|---|---|---|
| 4. 智商 | >70 | 70 ~ 50 | <50 |
| 5. 言语 | 能说出完整句子 | 只能说短语、单词 | 无可听认的言语 |
| 6. 教育 | 能进普通学校 | 在辅助下能进普通学校 | 特殊教育设施 |
| 7. 工作 | 能充分受雇 | 在庇护或支持下受雇 | 不能受雇 |

### （三）原始反射及运动发育评定

**1. 粗大运动评定**　包括反射发育及姿势运动发育。反射发育能准确地反映中枢神经系统发育情况，为脑瘫诊断与评定的重要手段之一。按神经成熟度，反射发育可分为原始反射、生理反射以及病理反射，如抬头、翻身、坐、爬、站、走、跑、跳等大运动。粗大运动评估可以及早发现异常。

**2. 精细运动功能评定**　包括视觉追踪、上肢关节活动能力、抓握能力、操作能力、手－眼协调能力等评估。精细运动是儿童发育早期所完成的取物、画画、写字、生活自理等活动的重要基础，作为评价婴幼儿神经系统发育成熟度的重要指标之一，可为婴幼儿的早期教育提供基本依据。

常见原始反射出现与消退的意义，见表 7 – 2。

表 7 – 2　小儿常见原始反射

| 反射类型 | 存在时间（月） | 持续阳性意义 | 过早阴性意义 |
|---|---|---|---|
| 惊吓反射 | 0 ~ 6 | 大脑损伤 | 早产儿阴性 |
| 手握持反射 | 0 ~ 6 | 痉挛型瘫 | 重度脑、脊髓损伤皮质功能障碍标志 |
| 侧弯反射 | 0 ~ 2 | 脑损害 | |
| 足抓握反射 | 会走路前 | 脑损伤 | |
| 交叉性伸展反应 | 1 ~ 4 | 脊髓高位 | |
| 非对称性紧张性颈反射 | 2 ~ 4 | 锥体束、锥体外系病变 | 脑瘫 |
| 对称性紧张性颈反射 | 5 ~ 8 | 锥体束、锥体外系病变 | |
| 足底反射 | 0 ~ 16 | 锥体束损害 | |
| 放置反应 | 0 ~ 2 | 脑瘫左右有差别 | |
| 倾斜反应 | 6 个月后 | 正常 | 异常（脑损伤） |
| 坐位平衡反应 | 7 个月后 | 正常 | 异常（脑损伤） |
| 立位平衡反应 | 12 ~ 21 月后 | 正常 | 异常（脑损伤） |
| Landau 反应 | 6 个月 ~ 2 年 | 发育迟滞 | |
| 降落伞反应 | 6 个月后 | 正常 | |
| 自动步行反应 | <3 月 | 痉挛型脑瘫 | 脑瘫低肌张力 |

### （四）肌张力评定

肌张力是维持身体各种姿势和正常运动的基础，表现形式有静止性肌张力、姿势性肌张力和运动性肌张力。只有这三种肌张力有机结合、相互协调，才会维持与保证人的正常姿势与运动。肌张力低的患儿身体发软、自发运动减少，呈蛙位、倒 U 字形姿势；肌张力增高的患儿身体发硬，被动运动困难，角弓反张等。肌张力的评定，包括肌张力的硬度、摆动度与关节伸展度，如基本张力、痉挛、强直、松弛、徐动，身体状态的变化，如说话、兴奋、专注、各种运动引起的肌张力变化。

**1. 硬度**　通过触诊了解肌张力，肌张力低时触诊肌肉松软，被动运动无抵抗感；肌张力增高时肌肉硬度增加，被动运动有紧张感。

**2. 摆动度**　固定肢体近端，使远端关节及肢体摆动，肌张力增高时肢体摆动幅度小；肌张力低下时无抵抗，肢体摆动幅度大。

**3. 关节伸展度**  被动伸屈关节时观察伸展、屈曲角度。肌张力增高时关节伸屈受限；肌张力低下时关节伸屈过度。常用的检查方法有内收肌角、腘窝角、足背屈角及足跟耳试验。

### （五）综合发育能力评定

人体的中枢神经系统在胎儿时期由神经管发育而成，出生时脑和脊髓外观虽已基本成形，但脑的发育还不完善。新生儿主要表现为粗大运动，无精细、协调随意运动；缺乏躯体姿势控制和平衡反应；原始反射尚未抑制，平衡反射未建立；言语、认知功能低下；大小便不能自控等。此时延髓以上的呼吸、循环、吞咽等中枢已基本发育成熟，但大脑皮质高位中枢发育还不完善，缺乏对低位中枢的控制。随着婴幼儿年龄的增长，大脑发育成熟，神经系统功能不断完善，通过评定儿童不同年龄阶段各种能力发育情况，可了解患儿综合功能状态。

### （六）日常生活活动能力评定

儿童日常活动情况与成年人有别，国外采用儿童功能独立性评定量表（WeeFIM 量表）。目前，国内主要采用中国康复研究中心制订的脑瘫患儿日常生活活动能力（ADL）评定表（表 7 - 3）。

表 7 - 3  脑瘫患儿日常生活活动能力（ADL）评定表

| 项　目 | 得　分 | 项　目 | 得　分 |
|---|---|---|---|
| 一、个人卫生动作 | | （七岁前） | |
| 　1. 洗脸、洗手 | | 　1. 大小便会示意 | |
| 　2. 刷牙 | | 　2. 会招手打招呼 | |
| 　3. 梳头 | | 　3. 简单回答问题 | |
| 　4. 使用手绢 | | 　4. 表达意愿 | |
| 　5. 洗脚 | | （七岁后） | |
| 二、进食动作 | | 　1. 书写 | |
| 　1. 奶瓶吸吮 | | 　2. 与人交谈 | |
| 　2. 用手进食 | | 　3. 翻书页 | |
| 　3. 用吸管吸吮 | | 　4. 注意力集中 | |
| 　4. 用勺叉进食 | | 七、床上运动 | |
| 　5. 端碗 | | 　1. 翻身 | |
| 　6. 用茶杯饮水 | | 　2. 仰卧位 - 坐位 | |
| 　7. 水果剥皮 | | 　3. 坐位 - 膝立位 | |
| 三、更衣动作 | | 　4. 独立坐位 | |
| 　1. 脱上衣 | | 　5. 爬 | |
| 　2. 脱裤子 | | 　6. 物品料理 | |
| 　3. 穿上衣 | | 八、转移动作 | |
| 　4. 穿裤子 | | 　1. 床 - 轮椅或步行器 | |
| 　5. 穿脱袜子 | | 　2. 轮椅 - 椅子或便器 | |
| 　6. 穿脱鞋 | | 　3. 操作轮椅手闸 | |
| 　7. 系鞋带、扣子、拉链 | | 　4. 乘轮椅开关门 | |
| 四、排便动作 | | 　5. 移动前进轮椅 | |
| 　1. 控制大小便 | | 　6. 移动后退轮椅 | |
| 　2. 小便自我处理 | | 九、步行动作（包括辅助器） | |
| 　3. 大便自我处理 | | 　1. 扶站 | |
| 五、器具使用 | | 　2. 扶物或步行器行走 | |
| 　1. 电器插销使用 | | 　3. 独站 | |
| 　2. 电器开关使用 | | 　4. 单脚站 | |
| 　3. 开、关水龙头 | | 　5. 独行 5m | |
| 　4. 剪刀使用 | | 　6. 蹲起 | |
| 六、认识交流动作 | | 　7. 上下台阶 | |
| | | 　8. 独行 5m 以上 | |

评分标准：50 项，满分 100 分。能独立完成，每项 2 分；能独立完成，但时间较长，每项 1.5 分；能完成，但需他人辅助，每项 1 分；两项中完成 1 项或即便辅助也很困难，每项 1 分；不能完成，每项 0 分。

障碍程度：轻度障碍 75～100 分；中度障碍 50～74 分；重度障碍 0～49 分。

# 第三节　康复护理措施  微课3

PPT

## 一、康复护理目标

1. 最大限度地改善运动功能，尽可能减少继发性残损（如关节挛缩）。
2. 提高生活自理能力。
3. 提高交流能力。
4. 提高社会适应力，改善患儿生活质量。

## 二、康复护理措施

### （一）创建康复护理环境

注意康复环境设施安全性，防止发生意外，确保患儿安全。如患儿病床应有护栏、防坠床等；房间内应配备无障碍设施，方便患儿地面移动或轮椅活动；病房地面应防滑，过道安装扶手、呼叫器等；暖水瓶放置患儿触碰不到的地方，防止烫伤；病房墙壁可采用粉红、橘红等颜色，减少患儿恐惧心理等。

### （二）保持正确体位

**1. 正确卧姿**

（1）仰卧位　很少采用，因为可引起全身伸肌痉挛。对于肌肉紧张亢进的患儿，可采用悬吊式软床上的仰卧位，其作用在于使躯干屈曲，双肩胛带与两侧骨盆带呈水平位，肩与上肢要在身体前方，手放于正中线，以利于头部保持中位。见图7-1。

（2）侧卧位　此体位可以有效抑制全身伸肌痉挛和各种紧张性反射的作用，有利于患儿双手在胸前进行各种活动。见图7-2。

图7-1　脑瘫患儿正确仰卧位

（3）俯卧位　有利于训练患儿抬头和增强上肢支撑力，预防髋屈曲挛缩时也可采用，在胸前垫一个楔形垫，患儿俯卧在上面，头和双手放在楔形垫的前方，不能抬头的患儿，治疗师要协助患儿抬头，楔形垫的前面可以放一些玩具，便于患儿玩耍，整个治疗过程中必须有人看护，以免发生窒息。见图7-3。

图7-2　脑瘫患儿正确侧卧位

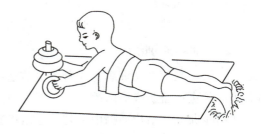

图7-3　脑瘫患儿正确俯卧位

**2. 正确抱姿**　如果抱的姿势不正确，异常姿势就会强化，根据患儿的自身活动能力及异常特点，采用不同的抱姿。抱患儿时应使患儿头、颈、脊柱竖直，尽可能使双上肢和手保持正中位，双下肢屈曲分开。有三种抱法：①面对面抱法：常用于痉挛型脑瘫患儿（图7-4）；②面对背直抱法（图7-5）；③简易抱法：常用于手足徐动型脑瘫患儿。

**图7-4 脑瘫患儿面对面抱法**　　　　　　**图7-5 脑瘫患儿面对背直抱法**

**3. 正确坐姿**　能够提高患儿坐位平衡能力，有利于患儿在坐位时完成进食、学习、交流活动。训练时应使患儿头部保持正中位，胸背挺直，髋、膝、踝关节屈曲90°，两脚平放在地面上。

（1）坐地板和床上　背部挺直，髋关节屈曲90°，膝关节伸直，两大腿旋外分开。如果患儿不能独自保持正确的坐姿，治疗师可坐在患儿身后协助完成。见图7-6。

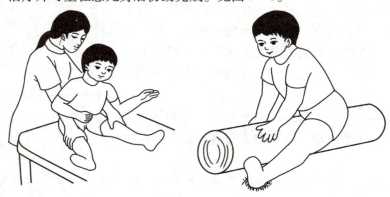

**图7-6 脑瘫患儿正确坐姿**

（2）坐椅子上　坐在合适的椅子上，头应保持正直呈中立位，胸背挺直，髋、膝、踝关节屈曲90°，两脚平放在地板上。如果患儿不能坐稳，可以在椅子上安装支撑板，支撑躯干和手臂，并用安全带固定，使髋部、膝部、踝部关节屈曲，或治疗师协助患儿保持正确坐姿。

**（三）运动功能训练**

通过适当刺激和被动训练，改善各关节活动度和肌力，教会患儿采用正确的活动方式，抑制异常动作和姿势，防止骨骼肌肉的挛缩变形，促进患儿正常运动功能发育。

运动功能训练和治疗遵循由上到下、由近到远、由粗到细的顺序进行，按抬头、翻身、坐、爬、站立、行走逐项训练。可根据患儿的实际能力，交错重叠进行。

**（四）日常生活动作训练**

**1. 进食训练**

（1）进食姿势　进食时最重要的应该让患儿保持良好的姿势，以减轻痉挛，尽可能地保持身体竖直位及对称姿势，头和肩向前，髋关节稍屈曲，抑制患儿的伸展模式。

（2）餐具选择　注意对患儿的餐具进行选择，最好选择硬塑料碗、盘等餐具，餐具最好有把手和防滑性能等。

（3）控制下颌　加强患儿的咀嚼能力，如果患儿不能闭嘴，操作者可以上抬其下颌帮助吞咽。

（4）喂饭　在用勺喂饭时，应从患儿口唇的中央喂入口内，避免引起患儿头部过度伸展和向一侧回旋。

（5）自行进食　当患儿获得咀嚼能力后，开始进行患儿自行进食训练，让患儿自己用手将食物拿到口中，同时训练上肢的主动伸展，手眼协调，手口协调，手指灵活，抓握与放开等动作。

**2. 穿脱衣服训练**　训练应该先从简单的衣物开始，并让患儿了解穿脱衣服的顺序，先给予辅助，逐渐变为独立穿脱衣服。患儿穿的衣服也应剪裁的肥大、宽松一些，质地尽量选择手感舒适、柔软、无刺激的布料。根据患儿的障碍程度予以相应的训练。

（1）穿衣　患儿坐于椅上，右手抓住衣领，纽扣面对自己，先将左手穿进衣袖里，右手抓衣领将衣服从身后拉向右侧，右手往后伸进另一衣袖里，然后整理衣服，扣好纽扣。

（2）脱衣　患儿双手抬起伸向头后，抓住衣领，将衣服拉至肩部，退出头部，再退出衣袖，进行训练。若患儿有健、患侧时，则穿衣先穿患侧，脱衣先脱健侧。

（3）穿裤　患儿可仰卧位或侧卧位，先穿功能较差的一侧下肢，再穿功能较好的一侧下肢，做拱桥动作使臀部抬起，手用力把裤子提上。脱裤时反之。

**3. 梳洗训练**　先让患儿知道身体各部位的名称、位置及方位；熟悉常用梳洗用具；再训练患儿上肢运动和控制能力，尤其是手精细动作和控制能力，如手腕转动、手眼及双手协调、手握力和前臂旋前、旋后等。

**4. 排泄动作训练**　可从两岁开始训练，先训练小便，再训练大便；先训练使用便盆，再训练使用坐厕。包括穿脱裤子、清洁、站立、坐位平衡和手功能训练，直至能独立完成大小便，养成定时排便的习惯。

### （五）引导式教育

以适当的目的为媒介，通过复杂的引导者与患儿的整体活动，诱发患儿本身的中枢神经系统发挥组织、协调的作用，从而改善患儿的功能和适应能力。引导式教育改善的不仅仅是运动功能，还包括人格、个性、认知能力、交往能力等。根据患儿类型、病情轻重、年龄等进行分组训练，每次训练任务可分解成若干顺序排列的单一动作，然后将所有动作串联，分组练习。

### （六）矫形器与辅助用具

应用矫形器及辅助用具的目的在于帮助脑瘫患儿支撑身体，固定关节，抑制不随意运动，控制运动模式，辅助与促进治疗及训练。同时还可预防变形与挛缩，保持经过矫正后的状态。

## 三、健康教育

1. 坚持优生优育，保证胎儿健康发育。
2. 积极开展早期产前检查，如有高血压、妊娠毒血症应及时治疗，避免难产。
3. 保证孕妇良好营养、做好围产期护理，预防早产。
4. 婴儿出生后定期去医院检查，以尽早发现发育迟缓的症状。
5. 教育父母调整好心态，面对现实，帮助患儿树立自信心，使患儿学会生活的基本技能，学会适应环境。

# 目标检测

## 一、选择题

**（一）单项选择题（下列各题备选结果，只有一个选项正确）**

1. 下列除哪项外，都是脑性瘫痪的发病原因（　　）
    A. 孕期感染　　　　　　B. 遗传因素　　　　　　C. 早产
    D. 6 岁时发生车祸　　　E. 一氧化碳中毒

2. 脑瘫患儿主要的康复问题，不包括（　　）
    A. 姿势异常　　　　　　B. 反射异常　　　　　　C. ADL 下降
    D. 发育滞后　　　　　　E. 失语症

3. 脑瘫患儿的康复预防措施，不包括（　　）
    A. 优生优育　　　　　　B. 尽量少出门　　　　　C. 保证胎儿健康发育
    D. 积极开展产检　　　　E. 出生后婴儿定期体检

4. 小儿康复疗程不宜过长的原因，不包括（　　）
    A. 小儿机体代谢旺盛　　B. 体温调节功能健全　　C. 容易发生体温调节紊乱
    D. 热代谢平衡障碍　　　E. 能量消耗过多

5. 为小儿进行康复护理时，动作应轻柔的主要原因是（　　）
    A. 骨骼脆弱肌肉不发达
    B. 小儿神经系统发育不成熟
    C. 小儿机体代谢旺盛
    D. 小儿不合作
    E. 小儿反应性不稳定

6. 脑瘫患儿主要表现为（　　）
    A. 中枢性运动障碍和姿势异常
    B. 智力低下
    C. 惊厥
    D. 心理行为异常
    E. 感知觉障碍

**（二）多项选择题（下列各题备选结果，有 2 个或 2 个以上选项正确）**

7. 脑性瘫痪的临床分型有（　　）
    A. 痉挛型　　　　　　　B. 手足徐动型　　　　　C. 共济失调型
    D. 软瘫型　　　　　　　E. 混合型

8. 为脑瘫患儿创建康复护理环境时，应注意（　　）
    A. 患儿病床应有护栏、防坠床等
    B. 房间内应配备无障碍设施
    C. 病房地面应防滑
    D. 过道安装扶手、呼叫器等
    E. 病房墙壁可采用粉红、橘红等颜色

## 二、思考题

1. 患儿男，3 岁，因出生时缺氧诊断为脑瘫，跪位和站立位下存在异常姿势：骨盆前倾，膝内旋，W 坐明显，踮脚外翻。请问患儿主要存在哪些康复问题？康复护理目标有哪些？

2. 脑瘫的发病因素有哪些？

---

**书网融合……**

本章小结　　　　微课 1　　　　微课 2　　　　微课 3　　　　题库

# 第八章　脊髓损伤的康复护理

## ◉ 学习目标

1. 通过本章学习，重点把握脊髓损伤的概念；主要功能障碍；脊髓损伤的康复护理措施。
2. 学会运用所学知识，评定脊髓损伤患者，进行康复护理措施及健康教育。

## ≫ 情境导入

**情景描述**　男，30岁，建筑工人，从施工现场高处坠落，导致双下肢活动受限3个月。体检：双上肢正常。髂腰肌肌力左5级，右4级；股四头肌肌力左4级，右3级；胫前肌肌力左2级，右1级。

**讨论**　1. 该患者存在的功能障碍有哪些？
　　　　2. 如何为该患者选择康复护理措施？

## 第一节　概　述

PPT

## 💡 素质提升

### 当代"保尔"张海迪，5岁高位截瘫，用知识改变命运

5岁时不幸患上血管瘤病变，因为当时的技术问题，张海迪没能得到及时医治，导致终身截瘫，或许下半生都只能坐在轮椅上度日。在如此残酷的命运面前，张海迪并没有沮丧和沉沦。她以顽强的毅力和恒心，扛过了病魔的考验，向她原本灰暗的人生发起了挑战。她感性又坚强，她知道如何正确面对自己的人生，也有属于自己的崇高理想。她一直都有多重身份，是医生、是作家、是翻译家，还是许许多多中国人的榜样力量。

## 一、病因

### （一）外伤性脊髓损伤

外伤性脊髓损伤最常见，约占70%。其中交通事故占45.4%，高空坠落占16.8%，暴力损伤占16.3%，运动损伤占14.6%。主要因高处坠落、交通事故、暴力打击、体育运动及刀枪伤引起。国外脊髓损伤的主要原因是车祸、运动损伤等，我国则多为高处坠落、砸伤、交通事故等。脊柱最易受损伤的部位是下段颈椎 $C_{5\sim7}$，中段胸椎 $T_{4\sim7}$，胸腰段 $T_{10}\sim L_2$。

### （二）非外伤性脊髓损伤

30%的脊髓损伤为非外伤性。主要因脊柱或脊髓的病变引起，包括先天性和后天性，以后天性因素为主。

**1. 先天性原因**　如先天性脊椎裂、脊柱侧弯、脊柱滑脱等。

**2. 后天性原因**

（1）炎症　如脊髓炎、化脓性脊椎炎、髓膜炎、慢性风湿。

（2）血管、血行异常　如脊髓出血、动静脉畸形、前脊髓动脉综合征。

（3）肿瘤　如脊髓肿瘤、脊椎转移癌。

（4）脊髓变性疾病　如脊髓小脑变性症、脊髓空洞症、肌萎缩性侧索硬化症、多发性硬化症。

（5）脊椎变形性疾病　如后纵韧带骨化症、椎间盘突出症。

## 二、临床表现及分类

### （一）临床表现

损伤部位与损伤程度不同，脊髓损伤的临床表现也不同，主要临床表现为肢体瘫痪、感觉障碍、运动障碍、反射障碍、大小便功能及性功能障碍。$C_4$ 以上脊髓完全横断，可出现呼吸肌（膈肌、肋间肌和斜方肌）瘫痪；$C_4 \sim C_6$ 平面损伤表现为四肢瘫痪；$C_7 \sim T_1$ 以下损伤表现为双下肢瘫痪（截瘫）。损伤平面越高越接近中枢性瘫痪表现，损伤平面越低越接近外周性瘫痪表现。高位脊髓损伤患者易出现血压偏低、心率减慢、体温不升、损伤平面以下寒战、立毛和出汗反射均消失等。

### （二）分类

**1. 按损伤程度分类**　分完全性脊髓损伤和不完全性脊髓损伤。

（1）完全性脊髓损伤　损伤水平以下包括最低位骶段（$S_4 \sim S_5$）运动、感觉功能完全丧失。骶部感觉功能包括肛门皮肤黏膜交界处感觉及肛门深部的感觉。运动功能检查通过肛门指检发现肛门外括约肌有无自主收缩。

（2）不完全性脊髓损伤　损伤平面以下包括最低位骶段仍有运动或（和）感觉功能存留，脊髓损伤平面未发生完全性的横贯性损害。

**2. 按损伤平面分类**

（1）截瘫　损伤水平以下双下肢或躯干的运动、感觉、自主功能障碍。

（2）四肢瘫　损伤水平以下四肢、躯干部分或全部的运动、感觉、自主功能障碍。

# 第二节　康复护理评定

PPT

## 一、主要康复问题

### （一）运动功能障碍

脊髓损伤后，损伤平面以下的肌肉功能可能部分或全部丧失，主要表现肌力、肌张力及反射功能改变。如颈髓损伤可发生四肢瘫痪，上肢瘫痪影响上肢和手功能活动；腰髓损伤可出现下肢瘫痪、肌肉萎缩、反射消失，导致转移、移动等困难。

### （二）感觉功能障碍

脊髓损伤后由于上行感觉纤维破坏导致损伤平面以下感觉减退或丧失，表现为痛觉、温度觉、触觉及本体感觉障碍。感觉功能缺损的临床表现取决于损伤部位、性质和程度。

### （三）呼吸功能障碍

高位脊髓损伤，由于肋间肌和膈肌的呼吸动力肌瘫痪，易发生夜间呼吸暂停、严重打鼾等现象；由于肺功能和咳嗽功能下降，排痰能力降低，易发肺部感染或肺不张，呼吸道通气不畅而致呼吸功能减退。

### （四）膀胱功能障碍

分为上运动神经源性膀胱障碍和下运动神经源性膀胱障碍。

**1. 上运动神经源性膀胱障碍**　损伤发生在骶髓以上双侧锥体束受损，为上运动神经源性膀胱，排尿中枢和支配尿道外括约肌的运动失去了大脑皮质控制。特点：膀胱肌肉痉挛，膀胱逼尿肌反射亢进，膀胱容量小，排尿次数多，每次排尿量少，漏尿症状明显，膀胱可有残余尿。

**2. 下运动神经源性膀胱障碍**　损伤部位在骶髓以下，为下运动神经源性膀胱。特点：膀胱肌肉瘫痪，逼尿肌无反射，膀胱容量增大，排尿困难，产生尿潴留，当膀胱不能容纳更多尿量、膀胱内压增高时，尿量会发生溢出，出现尿失禁。

### （五）直肠功能障碍

分为反射性直肠和无反射性直肠。

**1. 反射性直肠**　损伤发生在骶髓以上时，$S_{2~4}$ 节段相应的周围神经仍完好，直肠功能属于反射性的，直肠充盈时可引起括约肌反射性舒张，发生反射性排便，又称反射性直肠。

**2. 无反射性直肠**　损伤部位在骶髓和马尾，骶反射弧受损，直肠无反射性，出现大便潴留。另外由于周围神经受损，外括约肌和盆底肌的松弛，出现大便失禁。

### （六）自主神经反射障碍

自主性反射障碍常发生在 $C_6$ 或以上，因来自内外环境不良刺激而出现严重高血压、心动过缓、搏动性头痛、视物模糊，损伤平面以上出汗、面部潮红等，多发于损伤后 2 个月以上。自主性反射障碍的常见原因有尿潴留、泌尿系感染、便秘、压疮、疼痛、痉挛、局部感染、衣服过紧、矫形器压迫、过冷或过热等。

### （七）心理障碍

几乎所有脊髓损伤患者伤后均有严重心理障碍，包括极度压抑或忧郁、烦躁、焦虑，甚至发生精神分裂症等。

### （八）日常活动能力减退

肢体瘫痪、感觉障碍以及痉挛、疼痛等，会不同程度地限制患者的日常生活能力，甚或丧失自我照料的能力。

### （九）性功能障碍

多数患者有不同程度的性功能和生育障碍，影响其心理和生活质量。男性患者性功能情况取决于损伤水平、损伤程度；女性患者会出现月经紊乱，并持续数月到一年。

## 二、康复护理评定方法

### （一）脊髓损伤水平确定　ℯ 微课 1

神经损伤水平是指保留身体双侧正常感觉、运动功能的最尾端的脊髓节段水平，即功能存在的最低平面。如损伤平面 $C_4$，意味着 $C_4 \sim C_1$ 的节段仍然完好，而 $C_5 \sim S_5$ 节段有损伤。

脊髓损伤水平主要以运动损伤平面为依据。运动损伤平面是指最低的正常运动平面。$T_2 \sim L_1$ 损伤无法评定运动平面，主要依赖感觉平面来确定。

**1. 损伤平面的确定**　损伤平面是指双侧运动、感觉功能仍然保留完好的最低脊髓节段水平，是确定患者康复目标的主要依据。平面的确定主要根据运动平面和感觉平面。

运动损伤平面和感觉损伤平面主要通过检查关键性肌肉的徒手肌力和关键性感觉点的痛觉（针刺）和轻触觉来确定。美国脊髓损伤学会（ASIA）根据神经支配的特点，选择 10 块关键性肌肉（表 8 - 1）和 28 个关键性感觉点（表 8 - 2），通过对这些肌肉和感觉点的检查，可迅速确定脊髓损伤水平。

表 8 - 1 运动关键肌

| 平面 | 关键肌 | 平面 | 关键肌 |
|------|--------|------|--------|
| $C_5$ | 屈肘肌（肱二头肌、旋前圆肌） | $L_2$ | 屈髋肌（髂腰肌） |
| $C_6$ | 伸腕肌（桡侧腕长伸肌、短伸肌） | $L_3$ | 伸膝肌（股四头肌） |
| $C_7$ | 伸肘肌（肱三头肌） | $L_4$ | 踝背屈肌（胫前肌） |
| $C_8$ | 中指屈指肌（中指指深屈肌） | $L_5$ | 趾背伸（趾伸肌） |
| $T_1$ | 小指外展肌（小指展肌） | $S_1$ | 踝跖屈肌（小腿三头肌） |

表 8 - 2 感觉关键点

| 平面 | 部位 | 平面 | 部位 |
|------|------|------|------|
| $C_2$ | 枕骨粗隆 | $T_8$ | 第 8 肋间（$T_7$ 与 $T_9$ 之间） |
| $C_3$ | 锁骨上窝 | $T_9$ | 第 9 肋间（$T_8$ 与 $T_{10}$ 之间） |
| $C_4$ | 肩锁关节的顶部 | $T_{10}$ | 第 10 肋间（脐水平） |
| $C_5$ | 肘前窝桡侧 | $T_{11}$ | 第 11 肋间（$T_{10}$ 与 $T_{12}$ 之间） |
| $C_6$ | 拇指 | $T_{12}$ | 腹股沟韧带中部 |
| $C_7$ | 中指 | $L_1$ | $T_{12}$ 与 $L_2$ 之间上 1/3 处 |
| $C_8$ | 小指 | $L_2$ | 大腿前中部 |
| $T_1$ | 肘前窝尺侧 | $L_3$ | 股骨内上髁 |
| $T_2$ | 腋窝 | $L_4$ | 内踝 |
| $T_3$ | 第 3 肋间 | $L_5$ | 足背第三跖趾关节 |
| $T_4$ | 第 4 肋间（乳线） | $S_1$ | 足跟外侧 |
| $T_5$ | 第 5 肋间（$T_4$ 与 $T_6$ 之间） | $S_2$ | 腘窝中点 |
| $T_6$ | 第 6 肋间（剑突水平） | $S_3$ | 坐骨结节 |
| $T_7$ | 第 7 肋间 | $S_{4 \sim 5}$ | 会阴部 |

**2. 损伤严重程度评定** 采用美国脊髓损伤协会（ASIA）脊髓损伤程度分级法，表 8 - 3。

表 8 - 3 ASIA 脊髓损伤程度分级标准

| 级别 | 指标 |
|------|------|
| A 完全损伤 | 骶段 $S_{4 \sim 5}$ 无任何运动、感觉功能保留 |
| B 不完全损伤 | 损伤平面以下至骶段 $S_{4 \sim 5}$ 无运动功能但有感觉功能的残留 |
| C 不完全损伤 | 损伤平面以下有运动功能保留，但 1/2 以上关键肌肌力 <3 级 |
| D 不完全损伤 | 损伤平面以下有运动功能保留，且至少 1/2 关键肌肌力 ≥3 级 |
| E 正常 | 运动、感觉功能正常 |

**3. 脊髓损伤功能预后评定** 脊髓损伤平面与功能预后直接相关。完全性脊髓损伤，确定脊髓损伤水平后，康复目标可以基本确定。对于不完全性脊髓损伤，则需根据残存肌力功能情况修正康复目标，见表 8 - 4。

表 8 - 4　脊髓损伤平面与功能预后的关系

| 神经平面 | 最低功能肌肉 | 活动能力 | 生活能力 |
|---|---|---|---|
| $C_{1 \sim 4}$ | 颈肌 | 依赖膈肌起搏维持呼吸，可用声控方式操纵某些活动 | 完全依赖 |
| $C_4$ | 膈肌、斜方肌 | 使用电动高靠背轮椅，有时需要辅助呼吸 | 高度依赖 |
| $C_5$ | 三角肌、肱二头肌 | 可用手在平坦路面上驱动高靠背轮椅，需要上肢辅助具及特殊推轮 | 大部分依赖 |
| $C_6$ | 胸大肌、桡侧伸腕肌 | 可用手驱动轮椅，独立穿上衣，基本独立完成转移，可驾驶特殊改装汽车 | 中度依赖 |
| $C_{7 \sim 8}$ | 肱三头肌、桡侧屈腕肌、指深屈肌、手内部肌 | 轮椅实用，可独立完成床/轮椅/厕所/浴室转移 | 大部分自理 |
| $T_{1 \sim 6}$ | 上部肋间肌、背肌 | 轮椅独立，长下肢矫形器扶拐短距离步行 | 大部分自理 |
| $T_{6 \sim 12}$ | 腹肌、胸肌、背肌 | 长下肢矫形器扶拐步行，长距离行动需要轮椅 | 基本自理 |
| $L_4$ | 股四头肌 | 短下肢矫形器扶手杖步行，不需要轮椅 | 基本自理 |
| $L_5 \sim S_1$ | 趾伸肌、小腿三头肌 | 足托或短下肢支具 | 基本自理 |

## （二）运动功能评定

包括肌张力、关节活动度、平衡及协调功能、步行能力评定等。

## （三）日常生活活动能力评定

截瘫患者可选用 Barthel（MBI）评定量表，四肢瘫患者选用四肢瘫功能指数法（quadeiplegic index of function，QIF）评定量表。

## （四）心理评定

脊髓损伤后患者会产生感知觉、情感和性格等方面的变化。如 5 个典型阶段：震惊阶段、否定阶段、抑郁或焦虑反应阶段、对抗独立阶段和适应阶段。心理评定应贯穿于脊髓损伤康复治疗的各个阶段。

# 第三节　康复护理技术

## 一、康复护理目标

**1. 重获独立能力**　重获独立能力是康复的首要目标。对高位脊髓损伤患者可通过指导、别人的协助和应用辅助器械达到一种相对独立的生活方式。

**2. 重建新生活**　最大限度地利用残存功能在较短时间内最大限度地生活自理，重新开始和建立有意义的新生活，恢复患者对社会的适应能力及潜在的就业能力。

**3. 保持稳定心态**　使患者能够保持积极、稳定的心态，对于提高治疗效果和尽早独立完成日常生活活动，回归社会起至关重要的作用。

## 二、康复护理措施

### （一）早期（急性期）　🅔 微课 2

脊髓损伤后 8 周内。患者需卧床和必要制动，康复护理需在床上进行，训练强度不宜过强。

**1. 正确卧位**　正确的卧位有助于保持骨折部位的稳定，预防压疮、关节挛缩，抑制痉挛的发生。

（1）仰卧位　上肢保持肘关节伸展，腕背屈约 45°，手指屈曲，拇指对掌。双肩下垫枕头，确保两肩不后缩；髋关节伸展轻度外展，膝伸直，踝关节自然背屈，脚趾伸展，可在两腿之间放一枕头。

（2）侧卧位　屈膝、屈髋，两腿之间垫一枕头，踝关节自然背屈，脚趾伸展。上肢肘伸展，前臂旋后，胸壁和上肢之间垫以枕头。

**2. 体位变换**　患者宜卧于硬板床上，一般每2小时翻身一次，翻身时应托住患者再移动，注意沿身体的轴线翻转，防止出现脊柱扭转。翻身后应仔细观察全身皮肤，尤其是压疮好发部位皮肤的颜色，保持皮肤干净，床单平整、柔软、干燥。

**3. 预防压疮**

（1）保持皮肤清洁　每天温水擦洗皮肤1次，每周温水浴1~2次，洗后擦干。经常换床单，保持床单平整、干燥，以减轻对皮肤的摩擦。

（2）减轻局部压力　间歇解除局部压力是预防压疮的首要措施。每1小时做一些移动臀部的活动，以缓解局部压力。

**4. 关节被动运动**　关节被动运动应尽早开始，直至恢复主动运动。被动运动时，每个肢体由近端到远端做各个关节被动活动，注意肩胛骨、肘、指、髋、膝、踝关节活动度的保持。防止肩内收挛缩、肘屈曲挛缩及足下垂。

**5. 肌力训练**　能主动运动且不影响脊柱稳定性的肌肉都应在床上早期进行训练，如肱三头肌、肱二头肌、腰背肌、腹肌。

**6. 预防呼吸道感染**　及时清除呼吸道分泌物，维持呼吸道通畅。做好体位排痰，鼓励患者主动呼吸、咳嗽。有呼吸感染者应积极治疗。

**7. 大、小便护理**

（1）脊髓休克期　应实施留置导尿，严格护理管理程序，无菌操作、每周更换导尿管，消毒尿道口2次/日，保持尿道通畅。

（2）仍有膀胱反射　应指导患者寻找刺激点，鼓励自行排尿。

（3）需要长期间歇导尿　教会家属和患者进行间歇清洁导尿。

**8. 直立适应性训练**　逐步从卧位转向半卧位或者坐位，倾斜高度每日逐渐增加，以无头晕等低血压不适为度，循序渐进。

**9. 心理康复护理**　细心了解患者内心痛苦，了解患者个人、事业、家庭、生活、情感等方面情况，给予贴心、理解，帮助他们重拾生活的信心，严重的心理障碍需及时配合心理治疗师对患者进行心理治疗。

### （二）中、后期

中、后期是指脊髓受伤后2~6个月。对于完全性损伤，主要是加强残存肌肉的功能，促进关节活动度的恢复，掌握轮椅、支具的使用，使其生活自理、重返社会；对于不完全性损伤，主要加强麻痹肌的功能，减轻肌肉的痉挛以改善功能障碍。

**1. 关节活动及肌肉牵伸训练**　改善瘫痪肢体的关节活动度，防止关节挛缩，降低肌肉张力，抑制痉挛，扩大关节活动范围。如腘绳肌牵伸训练可使患者直腿抬高大于90°，能独立保持长坐位；牵伸内收肌可避免因内收肌痉挛而造成会阴部清洁和行走困难；牵伸跟腱可防止跟腱挛缩，利于步行训练。

**2. 肌力训练**　轮椅、助行器或拐等辅助器具的使用，需要重视肩和肩胛带的肌肉训练。下肢有残存肌力患者，应鼓励早期进行主动运动。早期在床上可采用拉力器、沙袋、哑铃、弹力带、铅球、滑轮、吊环等训练；离床时可利用电动自行车、支具、双拐、平行杠训练。

**3. 轮椅训练**　伤后2~3个月，损伤部位较低、上肢功能健全、脊柱稳定性良好，可独立坐15分钟以上时，可开始轮椅训练。

（1）减压动作训练　用上肢撑起躯干，或侧倾躯干，使臀部离开椅面减轻压力，以防发生压疮。

（2）轮椅转移训练　包括床与轮椅之间的转移、轮椅与坐便器之间的转移、轮椅与凳子之间的转移以及轮椅与地之间的转移等。在转移训练时可以借助一些辅助器具，如滑板。

（3）轮椅技巧性训练　学会手闸操作，从地板上拾物，手移到脚踏板，轮椅向前驱动、向后驱动，左右转弯；前轮翘起行走及旋转；上斜坡和跨越障碍；上、下楼梯；越过马路镶边石；过狭窄门廊；安全跌倒及重新坐直；轮椅平衡性动作等。

**4. 步行训练**　当患者具有站立能力且能交替迈步，但肌力不足以支撑体重，平衡控制还不太好时，可采用减重步行训练。包括平行杠内步行和持拐杖步行训练。

**5. 矫形器使用护理**　腰髓平面损伤有踝关节不稳，可佩戴膝踝足矫形器；下胸髓水平损伤，用带骨盆托的髋膝踝矫形器。护理人员应指导患者完成矫形器穿戴和正确使用方法，并及时处理发现的问题。

**6. ADL 能力训练**　如吃饭、梳洗、穿衣、洗澡等，可借助自助器以利于动作的完成。日常生活活动能力可与手功能训练结合进行，如剪贴、折纸、刺绣、编织、绘画、下棋、打字、用锤、做木工活、坐位套圈、投球游戏等活。

**7. 心理护理**　针对心理不同阶段，如休克期、否认期、愤怒期、抑郁期等各个阶段，采用个别、集体、家庭等多种方法制定不同的心理治疗计划。帮助患者重塑自身形象，正确面对新的生活方式，提供必需的社会支持，使患者在社会中找到自己应有的位置。

### （三）并发症的康复护理

**1. 肌肉痉挛**　一般在损伤后 3～6 周开始发生，6～12 个月左右达到高峰。常见诱因有膀胱充盈、尿路感染、便秘、结石、阻塞、压疮以及机体的其他感染或损伤。

（1）去除诱发因素。

（2）正确姿势的摆放，避免患肢长期处于一个固定姿势。

（3）柔和的牵拉及放松训练。

（4）注意会阴部卫生，保持局部干燥，皮肤清洁。

**2. 下肢深静脉血栓**

（1）定时测量大小腿周径。如早期每日测量；中后期每周测量。

（2）避免在下肢静脉输液，特别是刺激性液体。

（3）长期卧床休息时，适当抬高下肢有助于静脉血回流。

（4）每日进行下肢被动运动，以踝关节为中心，有助于改善血液循环。

（5）采用裤腿状气囊连续充气及放气，对全下肢施加脉冲机械压力，可加速下肢静脉血液回流。

（6）如患者突然发生胸闷、气促、胸痛、呼吸困难、咳嗽、咳粉红色痰，立即检查是否出现肺栓塞。

**3. 自主神经反射亢进**　由交感神经和副交感神经失衡引起，在脊髓休克结束后发生。损伤水平以下的刺激可引起较高神经肾上腺素能的介质突然释放。这是一种急性交感兴奋综合征，机体对来自内外环境不良的刺激而发生心动过缓、搏动性头痛、视物模糊、损伤平面以上出汗、面部潮红、血压增高等症状，血压可达 300/160mmHg，如不立即处理，即会发生脑血管意外、癫痫甚至死亡。

常见的原因：尿潴留、泌尿系感染、便秘、压疮、疼痛、痉挛、局部感染、衣服过紧、矫形器的压迫或不适、过冷、过热等。

（1）立即抬高床头或采用坐位，以减少颅内压力，无效时迅速采用药物降压，及时监测血压和脉搏。

（2）尽快寻找诱因，如检查膀胱是否过度充盈，导尿管是否通畅，直肠内有无粪块未排出，指甲有无嵌甲，是否有压疮，残肢部分有无外伤、骨折，局部有无感染，衣服和矫形器有无压迫或不适等，若发现问题应立即予以解决。

**4. 异位骨化**　身体不应出现骨的部位出现骨组织化生，妨碍关节活动。好发于髋关节，其次为膝、肩、肘关节及脊柱，一般发生于伤后 1～4 个月，发生在损伤水平以下，局部先肿胀后变硬，多有炎症反应，伴全身低热。

（1）应用消炎止痛药和其他药物。

（2）对局部炎症反应采用冷敷、超声、深部温热疗法等措施。

（3）进行关节被动运动时注意不宜过度用力，不能过度屈伸、按压。

## 三、康复护理教育

**1. 饮食指导**　给予高热量、高蛋白、高纤维素食物，补充训练时机体消耗的能量；多吃蔬菜和水果减少便秘；少吃高脂肪和碱性食物；防止骨脱钙和尿结石形成。

**2. 心理疏导**　帮助患者接受现实，树立信心，适应新的生活和工作状态。

**3. 技巧指导**　教育患者和家属掌握康复基本技巧和自我护理知识，如使用轮椅技巧、关节活动度练习、自行大小便处理和皮肤的护理等，提高其功能独立能力。

**4. 正确服药**　指导患者按时准确服药。如对抗痉挛药停药时，要注意逐渐减量，以防止出现反跳。

**5. 性健康教育**　给予患者和家属使用药物和性工具的健康教育，以维系家庭完整，得到家属支持，使残疾者拥有精神支柱，勇敢面对未来。

## 目标检测

### 一、选择题

**（一）单项选择题（下列各题备选结果中，只有一个选项正确）**

（1～6 题共用题干）

患者，男，56 岁。高处坠落伤。体检：颈部活动受限，四肢瘫痪，呼吸困难。

1. 该患者急救时正确的搬运方法是（　　）

　　A. 背驮

　　B. 抱持

　　C. 两人抬往医院

　　D. 三人分别托扶头背、腰臀及双下肢协调平托或滚动到木板上，另加一人牵引固定头部

　　E. 三人分别托扶头背、腰臀及双下肢协调平托或滚动到木板上

2. 该患者搬运过程中最正确的体位是（　　）

　　A. 侧卧位　　　　　　　B. 仰卧屈曲位　　　　　C. 仰卧过伸位

　　D. 俯卧过伸位　　　　　E. 半坐卧位

3. 该患者目前最突出的护理问题是（　　）

　　A. 便秘　　　　　　　　　　　　　　B. 气体交换受损

　　C. 尿潴留　　　　　　　　　　　　　D. 手术复位，椎管减压及内固定

　　E. 颅骨牵引

4. 该患者压疮基础护理是（ ）

    A. 取仰卧位

    B. 保持病床清洁、干燥和舒适

    C. 对已经形成压疮且面积较大组织坏死较深时，应按外科原则处理创面

    D. 每4小时检查皮肤一次

    E. 避免营养不良

5. 该患者在急性期应每（ ）小时变换一次体位

    A. 1                      B. 2                      C. 3

    D. 4                      E. 5

6. 脊髓损伤早期护理应在受伤开始至（ ）

    A. 1个月             B. 2个月             C. 2~3个月

    D. 4~6个月         E. 1年

**（二）多项选择题（下列各题备选结果中，有2个或2个以上选项正确）**

7. 脊髓损伤患者康复护理的目标包括（ ）

    A. 预防和治疗各种并发症

    B. 提高残存肌力和关节活动度

    C. 恢复脊髓功能

    D. 增强患者自信心

    E. 提高日常生活活动能力

8. 脊髓损伤健康教育的内容包括（ ）

    A. 住院期间完成"替代护理"到"自我护理"的过渡

    B. 心理护理贯穿始终

    C. 出院后不需要再继续康复锻炼和护理

    D. 加强二便的管理教育

    E. 制定出一个长远的康复训练护理计划

## 二、思考题

1. 脊髓损伤患者早期的康复护理措施有哪些？

2. 脊髓损伤患者进行肌肉牵伸训练的目的有哪些？

---

**书网融合……**

本章小结              微课1              微课2             题库

# 第九章　帕金森病的康复护理

PPT

## 学习目标

　　1. 通过本章学习，重点把握帕金森病的概念、病因、临床表现、主要功能障碍、康复评定及康复护理。

　　2. 学会运用所学知识，评估帕金森病功能障碍者，提出康复护理问题，制定并实施康复护理措施和康复指导，具有良好的人文关怀精神，体现深度和精益求精的品德。

## 情境导入

　　**情景描述**　李先生，73岁。3年前无明显诱因出现右上肢远端不自主的抖动，以安静状态下明显，紧张、激动时加重，平静放松后减轻，睡眠后消失。伴右侧肢体活动不灵活、僵硬，症状逐渐加重，波及右下肢。2年前左侧肢体亦出现上述症状，走路慢，小碎步，起床、迈步及转身费力，呈弯腰驼背姿势，两侧症状不对称，逐年加重。来院就诊。

　　**讨论**　1. 该患者主要的功能障碍有哪些？

　　　　　　2. 应为患者实施哪些护理措施？

## 素质提升

### 中国脑计划

　　脑科学近年已成为全世界科学研究的热点，中国脑计划作为重大科技项目被列入国家"十三五"规划。中国脑计划的目标在于推动我们对大脑基本规律的理解，同时利用神经科学的基础研究成果来满足一些紧迫的社会需求，比如人民脑健康的改善与新技术的发展。中国执行脑计划拥有诸多方面的优势，例如中国灵长类动物种类和数量都非常丰富，在非人灵长类脑疾病模型上也处于世界领先地位。中国脑计划比肩美国脑计划，在政府大力支持下，为世界做出独特的贡献。

## 第一节　概　述

　　帕金森病（Parkinson disease，PD）又称震颤麻痹（paralysis agitans），是一种老年人常见的运动障碍性疾病，以黑质多巴胺能神经元缺失和路易小体形成为病理特征。发病年龄为35～80岁，患病率随年龄上升，好发于50～70岁，男多于女，约为2∶1，调查显示65岁以上流行率有增多趋势。

### 一、病因

　　帕金森病发病与多因素有关，包括年龄老化、环境因素、遗传因素、氧化应激等。

　　**1. 年龄老化**　主要发生于中老年人，40岁以前发病者甚少，提示年龄老化可能与发病相关，患病率随年龄增加而升高。

**2. 环境因素** 长期接触除草剂、杀虫剂或某些工业化学品等。

**3. 遗传因素** 10%～15%的帕金森病患者有阳性家族史，发病与多种基因突变有关。

**4. 其他因素** 患者黑质中的氧化标志物明显增加，细胞处于氧化应激状态，导致黑质多巴胺神经元大量变性、丢失。

## 二、临床表现及分类

### （一）临床表现

帕金森病起病缓慢，临床上以震颤、肌强直、运动迟缓和姿势反应异常为主要特征。

**1. 震颤** 常为首发症状，常开始于一侧上肢远端，呈现有节律的拇指对掌和其余手指屈曲的不自主震颤，类似"搓丸"样动作。静止时震颤明显，运动时减轻或消失。随病情进展，震颤可逐步涉及同侧下肢、对侧上下肢、下颌、唇和头部。部分患者尤其是发病年龄在70岁以上者可无震颤。病变早期常影响患者的书写。

**2. 肌强直** 因肌张力增高，可出现头部前倾，躯干和下肢屈曲，上臂内收，肘关节屈曲，腕关节伸直，髋及膝关节稍弯曲，与震颤合并者出现铅管样强直或齿轮样强直。

**3. 运动迟缓** 患者随意动作减少、减慢。如行走时起步和终止均有困难，动作变慢。面部肌肉强直使表情呆板，双眼凝视，瞬目减少，笑容出现和消失减慢，呈"面具脸"。上肢肌张力增高，导致手部精细困难如字越写越小，称为"写字过小征"。

**4. 步态异常** 行走时身体前倾，上肢摆动减少，下肢拖曳，启动困难，启动后以碎步往前冲，越走越快，不能及时停步或转弯，称为"慌张步态"。如患者在起步、转身、通过狭窄的地方或者是遇有障碍物的时候，步态明显受阻，患者自觉足底似乎被冻结在地面上，无法动作，需要原地踏步、小碎步，有时候必须给予指令或者口号才能启动，称为"冻结现象"。

**5. 跌倒** 患者由于丧失姿势翻正反射而出现姿势不稳；再加上行走时头和躯干前倾而不能自控和肌肉力量的下降，极易出现跌倒。

### （二）分类

包括原发性和继发性两大类。

**1. 原发性帕金森病** 原发病患者起病缓慢，是一种慢性进行性非遗传性神经疾病，病灶以基底神经节与黑质及二者的传导路损伤为主。

**2. 继发性帕金森病** 统称为帕金森综合征（Parkinsonism），继发患者有脑炎、外伤、CO中毒等后遗症及脑动脉硬化症、脑血管损害、药物作用（利血平、吩噻嗪类）、威尔逊病、锰中毒等。

## 第二节　康复护理评定

## 一、主要康复问题

**1. 运动功能障碍** 包括静止性震颤、肌强直、运动迟缓、步态异常、姿势不稳定等运动功能障碍。

**2. 认知功能障碍** 随着疾病的进展，患者逐渐出现认知功能损害，表现为思维能力、理解力、分析和判断能力下降，记忆障碍乃至痴呆等。视空间能力障碍是最常见的认知功能障碍，早期即可出现。

**3. 语言障碍** 患者肌肉强直和协调功能异常，可逐渐出现语言障碍而影响正常交流，如音量降低、语调减弱、音质与语速变化等。

**4. 心理精神障碍**　震颤和渐进性运动迟缓导致患者在社会活动中的窘迫心理；异常的步态、易跌倒、语言和发音困难等将增加患者精神压力，影响患者的日常生活，导致生活自理能力下降或丧失；患者常表现出抑郁、幻觉、认知障碍及痴呆等。

**5. 吞咽困难**　患者咽喉部肌肉运动功能障碍易引起吞咽困难，表现为不能快速吞咽，进食速度减慢，食物在口腔和喉部堆积，进食过快时引起噎塞和呛咳，导致吸入性肺炎，甚或引起患者死亡。

**6. 膀胱功能障碍**　逼尿肌过度反射收缩和外括约肌功能丧失导致部分患者出现尿频、尿急、尿流不畅等症状。部分男性患者有尿失禁。

## 二、康复护理评定方法

### （一）健康状况评估

了解患者的现病史、既往史和个人史，了解起病时间，主要症状及全身体格检查情况，观察面部表情、姿势、步态，检查关节活动范围、肌力和肌张力等。

### （二）综合评定

**1. 韦氏帕金森病评定量表**　包括手运动、强直、姿势等 10 项。每项得分分为 4 级，采用 3 分制：0 分为正常，1 分为轻度，2 分为中度，3 分为重度。总分为每项累加分：1～9 分为轻度；10～18 分为中度残损；19～27 分为重度残损。见表 9 – 1。

表 9 – 1　韦氏综合评定量表

| | | |
|---|---|---|
| 1. 手动作 | 不受影响 | 0 |
| | 精细动作减慢，取物、扣扣、书写不灵活 | 1 |
| | 动作中度减慢，单侧或双侧各动作中度障碍，书写明显受影响，有小字症 | 2 |
| | 动作严重减慢，不能书写，扣扣、取物显著困难 | 3 |
| 2. 强直 | 未出现 | 0 |
| | 颈、肩部有强直，激发征阳性，单或双侧腿有静止性强直 | 1 |
| | 颈、肩部中度强直，不服药时有静止性强直 | 2 |
| | 颈、肩部严重强直，服药仍有静止性强直 | 3 |
| 3. 姿势 | 正常，头部前屈 <10cm | 0 |
| | 脊柱开始出现强直，头前屈达 12cm | 1 |
| | 臀部开始屈曲，头前屈达 15cm，双侧手上抬，但低于腰部 | 2 |
| | 头前屈 > 15cm，单、双侧手上抬高于腰部，手显著屈曲，指关节伸直，膝开始屈曲 | 3 |
| 4. 上肢协调 | 双侧摆动自如 | 0 |
| | 一侧摆动幅度减小 | 1 |
| | 一侧不能摆动 | 2 |
| | 双侧不能摆动 | 3 |
| 5. 步态 | 跨步正常 | 0 |
| | 步幅 44～75cm，转弯慢，分几步才能完成，一侧足跟开始重踏 | 1 |
| | 步幅 15～30cm，两侧足跟开始重踏 | 2 |
| | 步幅 <7.5cm，出现顿挫步，靠足尖走路，转弯很慢 | 3 |

续表

| | | | |
|---|---|---|---|
| 6. 震颤 | 未见 | 0 | |
| | 震颤幅度 <2.5cm，见于静止时的头部、肢体、行走或指鼻时手有震颤 | 1 | |
| | 震颤幅度 <10cm，明显不固定，手仍能保持一定控制能力 | 2 | |
| | 震颤幅度 >10cm，经常存在，醒时即有，不能自己进食和书写 | 3 | |
| 7. 面容 | 表情丰富，无瞪眼 | 0 | |
| | 表情有些刻板，口常闭，开始有焦虑、抑郁 | 1 | |
| | 表情中度刻板，情绪动作时现，激动阈值显著增高，流涎，口唇有时分开，张开 >0.6cm | 2 | |
| | 面具脸，口唇张开 >0.6cm，有严重流涎 | 3 | |
| 8. 坐位起立 | 能自如地从椅子上起立 | 0 | |
| | 坐位起立动作慢 | 1 | |
| | 起立时需用手帮助 | 2 | |
| | 不能自坐位起立 | 3 | |
| 9. 言语 | 清晰、易懂、响亮 | 0 | |
| | 轻度嘶哑，音调平，音量可，能听懂 | 1 | |
| | 中度嘶哑，单调，音量小，乏力，呐吃、口吃，不易听懂 | 2 | |
| | 重度嘶哑，音量小，呐吃、口吃严重，很难听懂 | 3 | |
| 10. 生活自理能力 | 能完全自理 | 0 | |
| | 能独立自理，但穿衣速度明显减慢 | 1 | |
| | 能部分自理，需部分帮助 | 2 | |
| | 完全依赖照顾，不能自己穿衣、进食、洗漱、起立、行走，只能卧床或坐轮椅 | 3 | |

**2. Hoehn–Yahr 分级法** 对功能障碍水平和能力障碍水平进行综合评定，从日常生活活动能力的角度提出的障碍分期评定方法（表9–2）。其中，Ⅰ、Ⅱ级为日常生活能力一期，日常生活无需帮助；Ⅲ、Ⅳ级为日常生活能力二期，日常生活需部分帮助；Ⅴ级为日常生活能力三期，需全面帮助。

表9–2 Hoehn–Yahr 分期评定表

| 分期 | 日常生活能力 | 分级 | 临床表现 |
|---|---|---|---|
| 一期 | 不需要帮助 | Ⅰ级 | 仅一侧障碍、障碍不明显，相当于韦氏量表总评0分 |
| | | Ⅱ级 | 两侧肢体或躯干障碍，但无平衡障碍，相当于韦氏量表总评1~9分 |
| 二期 | 需部分帮助 | Ⅲ级 | 出现姿势反射障碍的早期症状，身体功能稍受限，仍能从事某种程度的工作，日常生活有轻中度障碍，相当于量表总评10~19分 |
| | | Ⅳ级 | 病情全面发展，功能障碍严重，虽能勉强行走、站立，但日常生活有严重障碍，相当于量表总评20~28分 |
| 三期 | 需全面帮助 | Ⅴ级 | 障碍严重，不能穿衣、进食、站立、行走，无人帮助则卧床或在轮椅上生活，相当于量表总评29~36分 |

## （二）单项功能评定

**1. 运动功能评定** 包括肌力评定、肌张力评定、关节活动范围评定、平衡功能评定、步态分析。

**2. 认知功能评定** 可采用韦氏记忆量表评定。

**3. 吞咽功能评定** 可采用反复唾液吞咽测试和洼田饮水试验。

**4. 膀胱功能评定** 评估患者有无尿潴留、尿失禁和尿路感染的症状和体征。

**5. 日常生活能力评定** 可采用 Barthel 指数量表。

**6. 精神和心理障碍评定** 可采用简明精神状态检查和韦氏智力量表进行智力测验；采用 Beck 抑郁

问卷、自评抑郁量表、抑郁状态问卷及汉密尔顿抑郁量表进行情绪评定。

# 第三节　康复护理技术

## 一、康复护理目标

1. 促进四肢关节充分运动，预防关节挛缩等并发症。
2. 改善运动速度、灵巧性及协调能力。
3. 增强姿势稳定性，提高患者对平衡障碍的感知。
4. 指导患者掌握独立、安全的生活技巧，防止继发性损伤。

## 二、康复护理措施

### （一）运动功能训练

**1. 面部动作训练**　对着镜子，通过用力皱展眉、睁闭眼、鼓吸腮训练面部表情肌，以改善面具脸。

**2. 头颈部运动训练**　运动时动作要缓慢轻柔，逐步加大动作幅度，应循序渐进。

（1）上下运动　头向后仰，双眼注视天花板约5秒；然后头向下，下颌尽量触及胸部。

（2）左右转动　头面部向右转并向右后看大约5秒，然后同样的动作向左转。尽量能用下颌触及肩部。

（3）左右摆动　头部缓慢地向左右肩部侧靠，尽量用耳朵去触到肩膀。

（4）前后运动　下颌前伸保持5秒，然后内收5秒。

**3. 躯干运动训练**

（1）侧弯运动　双脚分开与肩同宽，双膝微曲，右上肢向上伸直，掌心向内，躯干向左侧弯，来回数次；然后左侧重复。

（2）转体运动　双脚分开，略宽于肩，双上肢屈肘平端于胸前，向右后转体两次，动作要富有弹性。然后反方向重复。

**4. 肩部及上肢运动**

（1）肩部运动　两肩尽量向耳朵方向耸起，然后尽量使两肩下垂。双肘关节弯曲向后，使双侧肩胛骨尽量靠近，同时打开胸腔。

（2）上肢运动　双手臂做水平前伸、上举动作，每个动作尽量做到最大范围；伸直掌指关节，展平手掌，防止掌指关节畸形；反复练习握拳和伸指的动作，防止手指关节的畸形。

**5. 下肢运动**　下肢运动重点是进行步行训练，首先将足跟着地，足趾背屈，然后足尖着地，全身直立站好。在获得平衡之后，再开始步行。通过增加双上肢摆动，控制步频，加大步幅对下肢进行步行训练。为了缓解行走中的冻结现象，可让患者在原地踏步或在患者前面放置可跨越的障碍物消除冻结现象。

**6. 平衡运动**　双足分开与肩同宽，向左右、前后移动重心，并保持平衡。躯干和骨盆左右旋转，并使上肢随之进行大的摆动，有利于平衡姿势。

### （二）认知功能训练

包括记忆力、注意力、空间定向能力、信息处理能力等训练。

### （三）言语功能训练

包括音量、音词及清晰发音训练等。

### （四）吞咽能力训练

**1. 基础训练** 针对与摄食 - 吞咽活动有关的器官进行功能训练。如鼓腮、噘嘴、伸舌、呲牙等面肌功能训练，以改善面部表情和吞咽困难，多用于摄食训练之前的准备训练。

**2. 摄食训练** 取坐位或半卧位，开始时先用勺少量喂入，逐步行小口进食。食物可以是软食、半流质或糊状食物，并以汤汁代替部分饮水。药物和饮食应压碎弄小，以利吞咽，要缓慢进水、进食，不可催促患者。对于进食困难、饮水呛咳的患者要及时给予鼻饲，防止经口进食引起误吸甚至窒息。

### （五）膀胱功能训练

对于尿潴留患者可通过听流水声、腹部按摩、热敷等刺激排尿；仍无法排尿时给予导尿。尿失禁患者注意保持皮肤清洁，必要时留置导尿，可进行正常排尿功能重建的训练。

## 三、康复护理教育 🄴微课

**1. 用药指导** 告知患者和家属，本病需长期或终身服药治疗，使其了解常用药物种类、用法、用药注意事项、疗效及不良反应的观察及处理。

**2. 康复训练** 向患者及家属介绍康复护理措施，使其充分认识康复治疗的作用，鼓励患者持之以恒，同时应适当参加运动和体育锻炼，做力所能及的家务劳动等。

**3. 照顾者指导** 患者病程长，家庭成员身心疲惫，经济负担较重，容易产生无助感，应关心患者家属，倾听其感受，理解其处境，尽力帮其解决困难、走出困境，以便给予患者更好的家庭支持。

**4. 安全教育** 指导患者避免进食带刺食物或使用易破碎器皿；外出时需人陪伴，防止受伤等意外发生。

## 目标检测

### 一、选择题

### （一）单项选择题 （下列各题备选结果，只有一个选项正确）

1. 帕金森病的运动功能障碍不包括 （　　）

    A. 铅管样强直　　　　　　B. 齿轮样强直　　　　　　C. 记忆障碍

    D. 写字过小症　　　　　　E. 面具脸

2. 帕金森病最常见的首发症状是 （　　）

    A. 静止性震颤　　　　　　B. 铅管样肌强直　　　　　C. 齿轮样肌强直

    D. 慌张步态　　　　　　　E. 小步态

3. 帕金森病的临床表现有 （　　）

    A. 患者有"搓丸样"震颤　　B. 有"面具样"体征　　　　C. 写字时有"小字症"

    D. 行走时呈"慌张步态"　　E. 以上全是

4. 下列不属于帕金森病继发性功能障碍的是 （　　）

    A. 静止性震颤　　　　　　B. 骨质疏松　　　　　　　C. 心肺功能下降

    D. 压疮　　　　　　　　　E. 直立性低血压

5. 帕金森病患者肌强直最早出现的部位是 （　　）

    A. 面部表情肌　　　　　　B. 上肢的关节　　　　　　C. 下肢的关节

D. 腹部　　　　　　　　E. 背部

6. 帕金森患者典型病理步态多表现为（　　）

A. 划圈步态　　　　B. 慌张步态　　　　C. 鸭步步态

D. 剪刀步态　　　　E. 足下垂步态

**（二）多项选择题（下列各题备选结果，有 2 个或 2 个以上选项正确）**

7. 帕金森病患者正确的饮食护理包括（　　）

A. 增加饮食中的热量、蛋白质和纤维素的含量

B. 将食物事先切成小块、磨碎或给予半流质饮食，易于咀嚼和吞咽

C. 给予有粗大把手的叉子或汤匙，使患者易于进食

D. 给予患者充分的时间进食

E. 监测体重有无减轻

8. 关于帕金森病患者的安全护理，叙述正确的有（　　）

A. 防止烫伤和烧伤

B. 防止自伤、自杀、走失、伤人等意外发生

C. 有精神障碍或智力障碍者，应专人陪护

D. 让患者使用带有大把手且不易打碎的餐具

E. 震颤患者应避免自行使用液化气和自行从开水瓶倒水

## 二、思考题

1. 帕金森病患者的主要临床表现有哪些？

2. 帕金森病的预防措施有哪些？

书网融合……

本章小结　　　　　　微课　　　　　　题库

# 第十章　老年痴呆症的康复护理

e 微课
PPT

## 情境导入

**情景描述**　患者，女，75岁。1年前开始出现记忆力的减退，表现为经常丢三落四、做过的事说过的话很快忘记，家人以为年龄大了一直没有在意。1个月前，家人发现患者叫不出家人的名字，因想不起回家的路走失了1次，生活自理能力下降，遂之家人带患者来医院就诊。

**讨论**　1. 该患者主要的功能障碍有哪些？
　　　　2. 应为患者实施哪些护理措施？

# 第一节　概　述

 **素质提升**

### 爱心接力

江干区公安分局接到报警：一位患有重度老年痴呆症的老太太意外走失。民警接警后，立刻出动警力寻找。虽然走失时间不久，但在杭州寻找一个人也犹如大海捞针，何况是患有老年痴呆的老人！心急如焚的王女士在微信中一遍遍发布"寻人启事"，向朋友寻求帮助！随着朋友圈不断刷屏，一场充满正能量的"爱心接力"在杭州展开，越来越多的人参与进来，一起帮王女士寻找走失的母亲。民警通过视频监控，地面便衣大队开展路面识别和寻找，多方联络，寻找老人行踪。晚上7点多，天水派出所接到民众报警，称在路边有一位迷路的老太太，疑似王女士的母亲。王女士接到通知后赶往派出所，终于见到了自己的母亲，满怀激动的心情表示感谢，感谢民警，也感谢所有帮助寻找的好心人。

老年痴呆症也称为阿尔茨海默病（Alzheimer disease，AD），是主要发生于中老年人的原发性大脑皮质的退行性病变，以进行性加重的智能全面障碍，并导致日常生活、工作、社会交往能力下降为临床特征。

随着全球人口老龄化速度的不断加快，患老年性痴呆的人数正逐年增多，成为严重威胁中老年人群生活质量，导致社会与经济负担大幅度增加的全球性问题。我国现有老年性痴呆症患者超过1000万人。老年性痴呆症有可能成为本世纪威胁老年人健康的最为严重的疾病。

调查显示，老年痴呆症最早可在 45 岁发生，随着年龄增长，发病率呈逐步上升趋势。65 岁以上发病率为 1% ~ 1.5%；75% 以上为 2% ~ 3%；80 岁以上发病率最高，可达 20% ~ 30%；90 岁后有所下降。女性发病率为男性的 1.5 ~ 3.0 倍。

## 一、病因

老年痴呆症的病因目前尚未十分明确，但已知有很多原因可引起。目前认为，本病与年龄、遗传、病毒感染、免疫功能改变、铝中毒、神经递质紊乱、脑血管病变、不良心理及社会因素刺激等密切相关。其他，如吸烟、酗酒、文化程度低或文盲、社会活动少等因素，也可导致发病率上升。而老年人长期情绪抑郁、离群独居、丧偶、文盲、低语言水平、缺乏体力及脑力锻炼等，也可加快脑衰老的进程，诱发老年性痴呆症的发生。

## 二、临床表现及分期

起病隐匿，老人及家属均难以追溯其准确的发病日期，病程进展缓慢，病程多经历 5 年以上，甚至达 7 ~ 11 年，难以缓解或终止进展。病情演变，临床大致分为早期（遗忘期）、中期（混乱期）、晚期（痴呆期）三个阶段。

### （一）早期（遗忘期）

可持续 1 ~ 3 年。患者仅表现近期记忆功能和认知功能减退，工作及家务能力受到轻微影响，可正常生活并参与社交。

### （二）中期（混乱期）

可持续 2 ~ 10 年不等。患者表现近、远期记忆明显障碍，流利性失语，语言理解及换语障碍，习惯改变，不能完成工具性日常生活活动，生活需他人照料，但仍可自行进食、如厕等。

### （三）晚期（痴呆期）

可持续 5 ~ 12 年。患者智能严重低下或完全丧失，记不住任何事情或新的信息，不能辨认亲近的家庭成员，对外界刺激丧失有意识反应，少言或缄默，生活完全不能自理，身体因失去姿势控制能力而终日卧床。

## 第二节 康复护理评定

### 一、主要康复问题

**1. 记忆功能障碍** 最突出的功能障碍是记忆力障碍，为老年痴呆症最早出现的症状。有近期和远期记忆受损。患病早期可仅有记忆力减退，主要表现为对新近或刚发生的事情不能回忆，如忘记熟悉物品的位置、手里拿着某物而寻找此物、忘记重要约会或已许诺的事、忘记炉灶上正在烧水等。随着病程的进展，远期记忆力也开始受损。

**2. 言语交流困难** 表现为语言量减少或沉默不语，语言空洞、缺乏中心，因找不到合适的词语而突然中断讲话，或不适当地加入某些无关的词语，使人无法理解所表达的意思。

**3. 性格改变** 本病患者常见有两种改变，一种改变为以往性格特征更加突出，如急躁、易激动、情绪不稳定、多疑等更加明显，很难与周围人相处；另一种改变与以往性格特征截然相反，使人感到其与以往绝对不同的性格。

**4. 精神和行为异常**　患者表现为情绪抑郁或不稳、幻觉、妄想、兴奋躁动、缺少主动性、丧失理性等精神症状和游荡、攻击和破坏等行为异常。

**5. 认知缺损**　患者表现为难以集中注意力，判断力下降，计算速度变慢或发生困难。严重时，可出现定向力、思维能力、视空间功能障碍，不能解决生活中遇到的简单问题，如经常迷路，不能辨认熟悉的人，不能依据气温变化而增减衣物，不能根据出席场合调整衣着打扮等。

**6. ADL、工作、社交能力下降**　由于记忆力减退及认知缺损等原因，患者的生活和工作能力明显降低，不能够胜任日常工作和处理生活中的常见问题，如经常出差错，做事颠三倒四，烧焦饭菜，忘关煤气开关，买东西时搞不清价钱，不能按时、按量服药等。由于定向障碍、言语交流困难，患者不愿或害怕外出，导致社交活动减少，影响了正常的社会、生活及职业功能。

## 二、康复护理评定方法

**1. 认知功能评定**　重点对记忆力、注意力、定向力、判断力、学习能力、交流能力进行评定。

临床常用简易精神状态检查量表（mini – mental state examination，MMSE），评分项目包括：时间定向、地点定向、即刻记忆、注意力、计算能力、延迟记忆、语言、视空间。分数范围为 0 ~ 30 分。分数越低，表明认知功能损害越严重。痴呆与否与受教育程度有关，判定痴呆结果为：文盲≤17 分，小学≤20 分，中学≤22 分，大学≤23 分。见表 10 – 1。

表 10 –1　简易精神状态检查量表

| 评分项目 | 正确记分 | 评分项目 | 正确记分 |
| --- | --- | --- | --- |
| 今天是星期几 | 1 | 86 – 7 = 79 | 1 |
| 今天是几号 | 1 | 79 – 7 = 72 | 1 |
| 现在是几月份 | 1 | 72 – 7 = 65 | 1 |
| 现在是什么季节 | 1 | 回忆：皮球 | 1 |
| 今年的年份 | 1 | 回忆：国旗 | 1 |
| 现在我们在哪里（省、市）？ | 1 | 回忆：树木 | 1 |
| 现在我们在什么地方（区、县）？ | 1 | 辨认：手表 | 1 |
| 现在我们在什么街道（乡、村）？ | 1 | 辨认：钢笔 | 1 |
| 这里是什么地方（地址名称）？ | 1 | 复述：四十四只狮子 | 1 |
| 现在我们在第几层楼？ | 1 | 按纸上指令做动作：闭上你的眼睛 | 1 |
| 复述：皮球 | 1 | 按口头指令做动作：用右手拿纸 | 1 |
| 复述：国旗 | 1 | 按口头指令做动作：将纸对折 | 1 |
| 复述：树木 | 1 | 按口头指令做动作：将纸放在大腿上 | 1 |
| 100 – 7 = 93 | 1 | 能够写一句完整句子（含主语、谓语、宾语） | 1 |
| 93 – 7 = 86 | 1 | 按样画图 | 1 |

**2. 运动功能评定**　包括运动速度、平衡反应、步态、双侧肢体协调性、手操控物件能力及手的灵活性等。

**3. 精神及心理评定**　重点对抑郁状态进行评定，常用汉密尔顿抑郁量表和老年抑郁问卷等。

**4. ADL 评定**　常用评定量表有 Barthel 指数、功能独立性量表（FIM）、日常生活活动功能量表等。评定方法详见第二章。

**5. 环境及生活质量评定**　采用 WHO 生活质量评定量表（WHOQOL）、健康质量量表（QWBS）、生活满意度指数（LSI）和 QOL – AD 量表等进行评定。通过与患者或家庭成员（照顾者）访谈和家访

（或实际居住环境考察）方式，评定患者在现实环境中的作业表现及安全性。

# 第三节　康复护理技术

## 一、康复护理目标

1. 控制症状，减轻认知功能损害，延缓疾病发展进程。
2. 纠正异常的精神行为，改善情感障碍，提升社交技能。
3. 控制和延缓痴呆发展，最大限度提高生存质量。

## 二、康复护理措施

### （一）预防性康复护理

1. 改善劳动环境。
2. 忌酒和戒烟。
3. 饮食调节，既要防止高脂食物引起胆固醇升高，又要摄取必要的营养物质，如蛋白质、无机盐类、氨基酸及多种维生素。
4. 保持精神愉快利于长寿及精神健康。
5. 坚持学习新知识，保持与社会广泛接触。
6. 离退休之前，在思想上、物质上提前做好一切准备。丰富的生活内容，广泛的兴趣和爱好，可以促进脑力活动，延缓或减轻衰老的进程。
7. 定期体检、及早治疗躯体疾病，对自己身体既要重视，又不可过分注意或担心。
8. 经常户外活动，如步行、慢跑、体操、太极拳、太极剑及传统舞等。

### （二）记忆障碍训练

在进行记忆训练时应关注训练过程，而不是训练结果，不一定要患者记住多少信息内容，而是让其达到参加训练活动，活动大脑的目的。家属应多与患者交流，鼓励患者广交朋友和参加社会活动。加强思维、记忆、计算能力等训练。

**1. 近记忆训练**　可读出一些词语，让患者复述，词语数量由少到多，帮助患者进行近记忆的训练。注意：训练环境应安静，避免分散患者的注意力；训练时间不宜过长，以免患者出现情绪烦躁，不配合训练。

**2. 远记忆训练**　经常与患者进行回忆交流，一方面可以减缓远记忆的下降速度，另一方面痴呆患者回忆往事时，心情愉悦，语言流畅，改善患者的记忆状况。

### （三）针对性认知功能训练

训练时使用简单、只有 1~2 步的指令，避免患者混淆或产生焦虑情绪。包括现实导向性训练、思维能力训练、解决问题能力训练和怀旧治疗等。

**1. 现实导向性训练**　在其房间内放一些日常生活中常用的、简单的、醒目的物品，如日历、钟表、玩具等，训练患者对现实环境，如姓名、地点、日期、天气等的定向力，帮助患者建立有规律的生活作息，如什么时间起床、就寝、吃饭、服药、洗澡等。

**2. 思维能力训练**　训练内容及难度应依据患者具体情况而定，可通过手写卡片、图文阅读、配对游戏、拼图练习、计算机软件等进行。

**3. 解决问题能力训练** 结合患者实际生活需要进行训练，如丢了钱怎么办？出门后忘带钥匙怎么办？到了新地方迷路了怎么办？

**4. 怀旧训练** 利用患者现存的对往昔记忆，给予追思和强化，达到改善患者认知，延缓病情，提升生活质量的目的。如给患者反复看以往有意义的照片（结婚照、全家福等），或让患者讲述难忘的美好回忆，或欣赏收藏的旧物等。

### （四）日常生活活动能力训练

**1. 轻度老年痴呆患者** 督促患者自己料理生活，如买菜做饭，收拾房间，清理个人卫生；鼓励患者参加社会活动，安排一定时间看报、看电视，使患者与周围环境有一定接触，以分散病态思维，培养对生活的兴趣，活跃情绪，减缓精神衰退。

**2. 中、重度老年痴呆患者** 帮助和训练患者的自理生活能力，如梳洗、进食、叠衣被，并要求患者按时起床；家人或照顾者陪伴患者外出、认路、认家门；带领患者干些家务活，如擦桌子、扫地；晚饭后可看电视等。

### （五）心理及行为干预

在配合药物治疗基础上可按本病不同阶段，进行不同的治疗和干预，以改善患者焦虑或抑郁情绪，提高其记忆和生活能力，建立患者对疾病治疗和生活的信心。

### （六）促进语言表达和社会化

提供患者参与喜欢的娱乐活动的机会，对患者不能完成的娱乐活动，可按其兴趣或意愿进行活动改良，或探索、发展新的娱乐活动。活动内容可以是读报、看电视、听音乐等被动性活动，也可是聊天、户外游玩、唱歌、聚餐会等主动性活动。

### （七）环境改造

为增强患者日常生活适应力，提高活动安全性，对其所处的环境应简单、整洁、通道畅通、无杂物、远离危险。采取常用物品固定位置摆放、选择圆角、无玻璃家具；在不同功能房间门上贴形象和醒目的标志；门后把手挂钥匙提醒其出门别忘锁门；安装感应门铃使患者离家时发出声响以提示家人；勿将患者单独留在家中等方法。

## 三、康复护理教育

将疾病的性质、发展过程、治疗及预后告诉家人或照顾者，与其共同讨论患者家居认知训练计划；指导家人或照顾者正确照顾和护理患者，教其应对和处理因长期照顾患者所产生的精神紧张与压抑的自我放松和控制技巧，共同促进和维护患者及家人（或照顾者）的身心健康。

## 目标检测

### 一、选择题

**（一）单项选择题**（下列各题备选结果，只有一个选项正确）

1. 老年性痴呆症的临床首发症状是（ ）

 A. 记忆障碍  B. 定向障碍  C. 人格障碍

 D. 思维障碍  E. 睡眠障碍

2. 痴呆的类型最常见（　　）

    A. 路易体痴呆　　　　　　　　B. Alzheimer 病　　　　　　　C. 血管性痴呆

    D. 中毒性痴呆　　　　　　　　E. 感染性痴呆

3. 为阿尔茨海默病患者进行护理时，错误做法是（　　）

    A. 鼓励患者多料理自己的生活

    B. 反复强化训练患者大脑

    C. 多鼓励患者回忆往事

    D. 患者外出时无需陪伴

    E. 保证夜间休息

4. 患者，男，55 岁。确诊阿尔茨海默病 2 年，近期家属发现患者经常说不出物品的名称，或表达不清。此为（　　）

    A. 失用症　　　　　　　　　　B. 失认症　　　　　　　　　　C. 认知障碍

    D. 判断障碍　　　　　　　　　E. 语言障碍

5. 患者，男，65 岁。确诊为阿尔茨海默病 5 年，病情进展，不会穿衣服，把上衣当裤子套在身上，患者的问题属于（　　）

    A. 定向力障碍　　　　　　　　B. 记忆障碍　　　　　　　　　C. 判断障碍

    D. 失用症　　　　　　　　　　E. 失认症

6. 当阿尔茨海默病患者四处徘徊，无目的走动时，应注意患者最可能发生（　　）

    A. 走失　　　　　　　　　　　B. 情绪高涨　　　　　　　　　C. 攻击他人

    D. 摔伤　　　　　　　　　　　E. 失忆

**（二）多项选择题（下列各题备选结果中，有 2 个或 2 个以上选项正确）**

7. 阿尔茨海默病的临床表现有（　　）

    A. 近记忆下降　　　　　　　　B. 远记忆下降　　　　　　　　C. 认知障碍

    D. 精神障碍　　　　　　　　　E. 日常生活能力减退

8. 对阿尔茨海默病患者及其家属进行健康指导时，应（　　）

    A. 指导家属掌握观察病情的方法和如何训练生活技能

    B. 调动患者家庭和社会的支持系统

    C. 照顾痴呆患者的场所，最理想的是医院

    D. 由熟悉的人来照顾，对患者而言是相当有益的

    E. 若痴呆严重到生活不能自理，可住进特殊养护机构

## 二、思考题

1. 阿尔茨海默病的危险因素有哪些？
2. 阿尔茨海默病康复护理教育如何进行？

**书网融合……**

本章小结　　　　　　　　　微课　　　　　　　　　题库

# 第十一章　颈肩腰腿痛的康复护理

## ◎·学习目标

1. 通过本章学习，重点把握颈椎病的分型、肩周炎的分期、腰椎间盘突出症的主要表现；颈肩腰腿痛康复护理评定内容和康复护理措施。

2. 学会运用所学知识，为颈肩腰腿痛患者进行康复护理评估，提出康复护理问题，制定并实施康复护理措施和康复指导，保持正确姿势，养成自律的生活习惯，具有良好的人文关怀精神。

## ≫ 情境导入

**情景描述**　患者，女，50岁，教师。主诉：腰痛、左下肢麻木伴发射性疼痛半年，近一周加重。患者入康复科就诊。体检：患者神志清楚，生命体征平稳，腰部前屈活动受限，$L_5$ 和 $S_1$ 椎间隙及椎旁有压痛，伴坐骨神经放射痛，小腿外踝附近和足外侧疼痛，触觉减退，拇指背伸肌肌力减弱，左下肢直腿抬高试验和加强试验均为阳性。其他无异常。

**讨论**　1. 该患者可能存在的主要功能障碍有哪些？

2. 康复护理人员应该为患者实施哪些护理措施？

颈肩腰腿痛是颈肩痛和腰腿痛的合称，以慢性疼痛为主，为中老年人的常见病、多发病。近年来，随着人们生活方式的改变，颈肩腰腿痛的发病率逐年上升，且伴有年轻化趋势。本章主要介绍颈椎病、肩周炎及腰椎间盘突出症的康复护理。

 素质提升

### "健康中国" 紧急呼叫

颈肩痛、腰腿痛是老年群体的普遍困扰。据调查，65岁以上人群的发病率为60%～70%。随着我国老龄化的加快加深，这样的患者正在显著增多，严重者可导致行动能力受限、丧失甚至影响寿命，给患者及家人造成长期的痛苦折磨。掌握良好的专业技能，提升医养服务质量和老年人生活质量，是我们医学生义不容辞的使命与担当。

## 第一节　颈椎病的康复护理

颈椎病（cervical spondylosis）又称颈椎综合征，由于颈椎间盘退变及椎间结构继发性病理改变，刺激或压迫颈神经根、脊髓、椎动脉或交感神经等周围组织而引起的一系列临床症状和体征。颈椎病受累节段依次为 C5～6、C6～7、C7～T1。本病是一种常见病与多发病，影响人群范围较广，多见于中老年人，近年来有年轻化的趋势。

## 一、概述

### （一）病因

**1. 颈椎间盘退变**　颈椎间盘的生理性退变是本病的内因。一般在 20 岁以后颈椎间盘开始退变，髓核含水量逐渐下降，纤维环的纤维变粗变脆，很容易造成损伤或裂隙，髓核易由此突出。

**2. 先天性发育畸形**　颈椎先天性发育畸形如颈椎椎体融合、先天性椎管狭窄、先天性颈椎畸形等。

**3. 颈部慢性劳损**　一些职业如会计、统计人员、教师、绘图员、打字员、外科医生、缝纫工、钳工等患颈椎病的颇为多见。长期伏案工作、长期不良姿势、床上看书、长期高枕等，均可造成椎间盘、韧带、后关节囊等组织不同程度的损伤，椎间隙变窄，从而使颈椎稳定性下降，产生相关的症状，常引起小关节错位，导致落枕等颈背部不适。

**4. 颈部急性损伤**　不适当的锻炼使颈部过度屈伸、突然急刹车等导致挥鞭样损伤，在瞬间发生屈曲性颈部损伤，造成软组织的伤害，甚至还可能发生颈椎脱位或半脱位。工作和生活中的意外，不得法的推拿、牵引等，均可导致颈部关节囊松弛、韧带和肌肉损伤、颈椎间盘突出。

**5. 骨质增生**　由于后关节囊松弛，关节腔减少，关节面易磨损而发生增生，同时钩椎关节面也因间隙小而磨损形成骨赘，各增生部位易压迫血管、神经而发病。

### （二）临床表现及分型

**1. 神经根型颈椎病**　由于颈椎间盘侧后方突出、钩椎关节或关节突关节增生或肥大，刺激或压迫后方的神经根所导致，发病率最高（50%～60%）。临床表现为颈肩臂痛，颈部僵直，活动受限，常伴有患侧上肢麻木和手指麻木，手或臂无力感，持物不稳易坠落。部分患者有肱二头肌或肱三头肌萎缩，腱反射异常，严重者可影响日常生活能力。

**2. 脊髓型颈椎病**　多为颈椎间盘病变、椎体后缘骨赘、发育性椎管狭窄以及外伤等压迫、刺激脊髓所致，占颈椎病的 10%～15%，是颈椎病中最严重的类型。表现为刺激或压迫脊髓而出现运动、感觉和反射障碍，上肢或下肢麻木无力、僵硬，双脚踩棉花感，足尖不能离地，触觉障碍，束胸感，双手精细动作笨拙，不能使用餐具，写字颤抖，夹持东西无力。在后期出现尿频或排尿、排便困难等大小便功能障碍。

**3. 椎动脉型颈椎病**　椎间关节退变、骨刺增生压迫或刺激椎动脉而导致椎动脉发生痉挛，造成瞬间或长期血管腔狭窄，椎－基底动脉供血不足。表现为常因头颈部突然旋转而诱发，易出现发作性眩晕，恶心、呕吐，甚至发生猝倒。

**4. 交感型颈椎病**　颈部交感神经受到激惹所致，表现为交感神经兴奋或抑制症状，涉及多系统、多器官。

（1）交感神经兴奋症状

①头部症状：头晕与体位无关，往往下午比上午重；头痛或偏头痛，枕部痛或颈后痛等症状。

②眼部症状：睑裂增宽，视物模糊，眼球胀痛，鼓出或凹陷感，瞳孔散大或缩小，眼睑下垂等症状。

③心脏症状：心动过速或心动徐缓，心前区疼痛、血压升高等心脏症状。

④周围血管症状：肢体发凉怕冷，局部温度偏低，多汗或肢体发红怕热，甚至疼痛过敏、血压可偏高或偏低等症状。

（2）交感神经抑制症状　头昏眼花、眼睑下垂、流泪、鼻塞、心动过缓、血压偏低、胃肠蠕动增加或嗳气等。

**5. 颈型颈椎病**　以青壮年多见，症状多轻微。以颈部症状为主，常于晨起、过劳、姿势不当及寒冷刺激后突然加剧。主要表现为：颈部酸、痛、胀及不适感。主要体征：一侧或双侧斜方肌压痛。X 光平片可出现颈椎曲度变直，但椎间隙无明显变窄。

**6. 混合型** 具有以上两型或两型以上的临床表现，常以某一类型为主，其他类型的症状不同程度地合并出现，病变范围、部位不同，其临床表现也各不相同。

## 二、康复护理评定

### （一）主要康复问题

**1. 疼痛** 疼痛是常见症状，以慢性疼痛为主，反复发作，常常有劳累、受凉、受伤、姿势不当等诱因。疼痛的部位、性质及持续时间不尽相同。

**2. 运动功能障碍** 表现有颈部、肩关节活动受限，上肢肌力和手握力减退。

**3. 感觉功能障碍** 表现有颈、肩、背、上肢疼痛，皮肤麻木、蚁走感、触电样感觉、手指发热、发冷，躯干部紧束感等。

**4. 日常生活活动能力障碍** 因患者有运动功能障碍、疼痛及其他感觉功能障碍，还可有头晕、眩晕、听力下降、视物模糊、大小便障碍等，常导致日常生活活动能力下降，如梳头、穿衣、提物、个人卫生、站立行走等基本生活活动明显受限。

**5. 心理障碍** 由于颈椎病病程长，加上各种功能障碍影响患者日常生活和工作，使患者产生焦虑、恐惧、暴躁、抑郁、悲观失望等心理问题。

### （二）康复护理评定方法

颈椎病的康复护理评定从疼痛程度、颈椎活动范围及对日常生活活动的影响进行单项评定。

**1. 颈椎功能的评定** 采用颈椎功能障碍指数（NDI）调查问卷评定颈椎功能情况（表11-1）；或按照不同临床类型，采用神经根型颈椎病评价表（表11-2）、椎动脉型颈椎病功能评定量表、脊髓型颈椎病评价表评定（表11-3）。

**表11-1 颈椎功能障碍指数（NDI）调查问卷**

| 问题 | 结果选项 | 评分 | 得分 |
|---|---|---|---|
| 问题1：疼痛强度 | □此刻没有疼痛 | 0 | |
| | □此刻疼痛非常轻微 | 1 | |
| | □此刻有中等程度疼痛 | 2 | |
| | □此刻疼痛相当严重 | 3 | |
| | □此刻疼痛非常严重 | 4 | |
| | □此刻疼痛难以想象 | 5 | |
| 问题2：个人护理（洗漱、穿衣等） | □可以正常照顾自己，而不会引起额外疼痛 | 0 | |
| | □可以正常照顾自己，但会引起额外疼痛 | 1 | |
| | □在照顾自己时会出现疼痛，得慢慢地、小心地进行 | 2 | |
| | □多数日常生活需要一些帮助 | 3 | |
| | □大多数日常生活活动每天都需要照顾 | 4 | |
| | □不能穿衣，洗漱也很困难，不得不卧床 | 5 | |
| 问题3：提起重物 | □可以提起重物，且不引起任何额外疼痛 | 0 | |
| | □可以提起重物，但会引起任何额外疼痛 | 1 | |
| | □疼痛会妨碍我从地板上提起重物，但如果重物放在桌子上合适位置，可以设法提起它 | 2 | |
| | □疼痛会妨碍提起重物，但可以提起中等重量物体 | 3 | |
| | □可以提起轻物体 | 4 | |
| | □不能提起或搬动任何物体 | 5 | |

续表

| 问题 | 结果选项 | 评分 | 得分 |
|------|----------|------|------|
| 问题4：阅读 | □可以随意阅读，而不会引起颈痛 | 0 | |
| | □可以随意阅读，但会引起轻度颈痛 | 1 | |
| | □可以随意阅读，但会引起中度颈痛 | 2 | |
| | □因中度的颈痛，使得我不能随意阅读 | 3 | |
| | □因严重的颈痛，使我阅读困难 | 4 | |
| | □完全不能阅读 | 5 | |
| 问题5：头痛 | □完全没有头痛 | 0 | |
| | □有轻微的头痛，但不经常发生 | 1 | |
| | □有中度头痛，但不经常发生 | 2 | |
| | □有中度头痛，且经常发生 | 3 | |
| | □有严重的头痛，且经常发生 | 4 | |
| | □几乎一直都有头痛 | 5 | |
| 问题6：集中注意力 | □可以完全集中注意力，并且没有任何困难 | 0 | |
| | □可以完全集中注意力，但有轻微困难 | 1 | |
| | □当想完全集中注意力时，有一定程度困难 | 2 | |
| | □当想完全集中注意力时，有较多困难 | 3 | |
| | □当想完全集中注意力时，有很大困难 | 4 | |
| | □完全不能集中注意力 | 5 | |
| 问题7：工作 | □可以做很多我想做的工作 | 0 | |
| | □可以做多数日常工作，但不能太多 | 1 | |
| | □只能做一部分日常工作 | 2 | |
| | □不能做我的日常工作 | 3 | |
| | □几乎不能工作 | 4 | |
| | □任何工作都无法做 | 5 | |
| 问题8：睡觉 | □睡眠没有问题 | 0 | |
| | □睡眠稍受影响（失眠，少于1小时） | 1 | |
| | □睡眠轻度受影响（失眠，1~2小时） | 2 | |
| | □睡眠中度受影响（失眠，2~3小时） | 3 | |
| | □睡眠重度受影响（失眠，3~5小时） | 4 | |
| | □睡眠完全受影响（失眠，5~7小时） | 5 | |
| 问题9：驾驶 | □能驾驶而没有任何颈痛 | 0 | |
| | □想驾驶就可以驾驶，但仅有轻微颈痛 | 1 | |
| | □想驾驶就可以驾驶，但有中度颈痛 | 2 | |
| | □想驾驶，但不能驾驶，因有中度颈痛 | 3 | |
| | □因严重颈痛，几乎不能驾驶 | 4 | |
| | □因颈痛，一点儿都不能驾驶 | 5 | |

续表

| 问题 | 结果选项 | 评分 | 得分 |
|------|---------|------|------|
| 问题10：娱乐 | □能从事所有娱乐活动，没有颈痛 | 0 | |
| | □能从事所有娱乐活动，但有一些颈痛 | 1 | |
| | □因颈痛，只能从事大部分娱乐活动 | 2 | |
| | □因颈痛，只能从事少量娱乐活动 | 3 | |
| | □因颈痛，几乎不能参与任何娱乐活动 | 4 | |
| | □不能参与任何娱乐活动 | 5 | |
| 总　　分 | | | |
| 日期 | 颈椎功能受损指数 | | 记录人 |

注明：每项目最低分0分，最高分5分，分数越高表示功能障碍程度越重。

颈椎功能受损指数（%）＝【（总分）／（受试对象完成的项目数×5）】×100

结果判断：0～20% 轻度功能障碍；21%～40% 中度功能障碍；41%～60% 重度功能障碍；61%～80% 极重度功能障碍；81%～100% 完全功能障碍（或详细检查有无夸大症状）。

表11-2　神经根型颈椎病评价表

| | 项目 | 评分 |
|------|------|------|
| 症状 | 1. 颈肩部疼痛与不适 | |
| | 没有 | 3 |
| | 时有 | 2 |
| | 常有或有时严重 | 1 |
| | 常很严重 | 0 |
| | 2. 上肢疼痛或麻木 | |
| | 没有 | 3 |
| | 时有 | 2 |
| | 常有或有时严重 | 1 |
| | 常很严重 | 0 |
| | 3. 手指疼痛与麻木 | |
| | 没有 | 3 |
| | 时有 | 2 |
| | 常有或有时严重 | 1 |
| | 常很严重 | 0 |
| 体征 | 1. 椎间孔挤压试验 | |
| | 阴性 | 3 |
| | 颈肩痛（＋）颈椎活动受限（－） | 2 |
| | 颈肩手痛（＋）颈椎活动受限（－）或颈肩手痛（＋）颈椎活动受限（＋） | 1 |
| | 颈肩手痛（＋）颈椎活动受限（＋） | 0 |
| | 2. 感觉 | |
| | 正常 | 2 |
| | 轻度异常 | 1 |
| | 明显异常 | 0 |
| | 3. 肌力 | |
| | 正常 | 2 |
| | 轻度异常 | 1 |
| | 明显异常 | 0 |
| | 4. 腱反射 | |
| | 正常 | 1 |
| | 减弱或消失 | 0 |

续表

| 项目 | | 评分 |
|---|---|---|
| 工作能力和手功能 | 1. 工作和生活能力 | |
| | 正常 | 3 |
| | 不能持续 | 2 |
| | 轻度障碍 | 1 |
| | 不能完成 | 0 |
| | 2. 手功能 | |
| | 正常 | 0 |
| | 仅有无力、不适，而无功能障碍 | −1 |
| | 有功能障碍 | −2 |

说明：正常值20分。

表11−3　脊髓型颈椎病评价表

| 项　目 | 功能状态 | 评分 |
|---|---|---|
| 1. 上肢功能（4分） | 不能写字 | 0 |
| | 字迹不能识别 | 1 |
| | 只能写大写字母 | 2 |
| | 笔迹变形 | 3 |
| | 正常 | 4 |
| 2. 下肢功能（4分） | 不能行走 | 0 |
| | 即便平地行走也需要支持物 | 1 |
| | 平地行走可不用支持物，上下楼梯需要 | 2 |
| | 平地或上下楼梯行走不需用支撑物，但下肢不灵活 | 3 |
| | 基本正常 | 4 |
| 3. 感觉（6分。上肢2分；下肢2分；躯干2分） | 有明显感觉障碍或疼痛 | 0 |
| | 轻度感觉障碍或麻木 | 1 |
| | 基本正常 | 2 |
| 4. 膀胱功能（3分） | 尿潴留 | 0 |
| | 严重排尿困难（排尿费力及失禁） | 1 |
| | 轻度排尿障碍 | 2 |
| | 正常 | 3 |

说明：正常值17分，分数越低表示功能越差；术后改善率＝（术后总分−术前总分）/（17分−术前总分）×100%

**2. 特征性检查**

（1）压顶试验（椎间孔挤压试验）　患者坐位，全身放松，检查者站在患者身后，双手重叠放在患者头顶，向下加压。若患者出现一侧或双侧手臂痛、麻者为阳性，说明神经根受压。

（2）臂丛牵拉试验　患者取坐位，检查者一手抵于患侧颞顶侧，将患者头推向健侧，另一手握住患者手腕向相反方向牵拉。如患肢出现放射性疼痛或麻木者为阳性，说明臂丛神经受压。

（3）低头旋颈试验　患者坐位、头颈放松，检查者站其身后，双手将其头部后仰并向左或右旋转后停约15秒，如出现头晕、恶心等症状为阳性，提示椎动脉受压。

（4）低头试验（屈颈试验）　患者直立，双手自然下垂，双足并拢，低头看自己足尖1分钟。如出现头痛、手麻、头晕、耳鸣、下肢无力、手出汗等症状为阳性。说明有神经受压或椎−基底动脉供血不足。

（5）仰头试验（伸颈试验）　姿势与低头试验相同，改低头为仰头看屋顶 1 分钟。出现低头试验的各种症状者为阳性。

### 3. 影像学与其他检查

（1）X 线平片检查　表现为颈椎生理曲线变直、发育畸形等改变，前纵韧带、后纵韧带钙化。椎体前后缘增生，椎间隙狭窄，椎体移位，钩椎关节增生，椎管狭窄，椎间孔变小，小关节骨质增生等。

（2）CT 检查　椎间盘突出，后纵韧带钙化，椎管狭窄，神经根管狭窄，横突孔变小等。

（3）MRI 检查　椎间盘突出（膨出、突出、脱出）、硬膜囊和脊髓受压情况，髓内有无缺血和水肿的病灶，脑脊液是否中断，有无神经根受压，黄韧带肥厚，椎管狭窄等。

## 三、康复护理措施

### （一）康复护理目标

1. 避免诱发颈椎病的因素，以防复发。
2. 解除神经根的粘连与水肿，减轻颈神经及组织的受压与刺激。
3. 缓解颈、肩、臂肌痉挛。
4. 增强颈部肌肉力量，重建和保持颈椎稳定性。

### （二）康复护理方法

**1. 卧床休息**　卧床休息是颈椎间盘疾病治疗的基础，对急性椎间盘突出，休息可促使软组织损伤修复；对慢性椎间盘病变，可减轻炎症反应。卧床休息时要注意枕头硬度适中、高低适宜，以维持颈椎的生理曲度，避免神经、血管受压，使颈部和肩胛带的肌肉放松，解除颈肌痉挛。

**2. 纠正不良姿势**

（1）保持良好的坐姿和站姿　避免长时间保持同一姿势或重复同动作，同一姿势持续 30～50 分钟后，要做 2～3 分钟的头部和腰部放松运动，避免精神高度紧张。

（2）选择合适的枕头　仰卧时，枕头的高度与自己的拳头高度一致；侧卧时枕头的高度与一侧肩宽相当。枕芯填充物软硬适中。

**3. 颈椎保健操**　加强颈部肌肉的锻炼，可缓解肌肉疲劳，增强颈椎的稳定性，预防和改善颈椎病的症状。颈部保健操主要动作如下所述。

（1）颈部前屈、后伸　见图 11－1、图 11－2。

（2）颈部左右侧屈　见图 11－3、图 11－4。

（3）颈部左右旋转　见图 11－5、图 11－6。

（4）耸肩　见图 11－7。

每天 1～2 次，每个动作重复 8～10 次；练习时，注意动作要轻松平稳，动作幅度宜慢，到达关节活动末端可做 1～2 秒的停留。若练习后疼痛加重或出现眩晕，提示动作过快或幅度过大，可适当减小幅度减慢速度。

**4. 颈椎牵引**　可以缓解肌肉痉挛，增大椎间隙，减轻神经根的压迫。一般采用坐位，要求患者充分放松颈肩部，牵引重量为患者体重的 1/10，首次牵引可选用较小重量，待患者适应后逐渐增加；在牵引角度上，神经根型多采用前屈 30°，椎动脉型采用中立位牵引；一般每天牵引 1～2 次，10～20 天为一个疗程。

**5. 物理因子治疗**　理疗可以改善血液循环，加快组织代谢，便于消肿，促进炎症的消退，达到镇痛的目的，常用的理疗方法包括：低、中、高频电疗；红外线治疗；超声波治疗；磁疗以及石蜡等。

**6. 药物治疗**　疼痛治疗最常用的药物是非甾体类消炎止痛药物，早期神经根水肿引起的剧烈疼痛，可使用甘露醇脱水。椎动脉型可使用改善血液循环的药物。

**7. 运动治疗**　在疼痛缓解后，应引导患者积极开展主被动活动来增加颈椎的活动范围，并进行颈部周围肌肉力量训练。

图 11 - 1　颈部前屈

图 11 - 2　颈部后伸

图 11 - 3　颈部左侧屈

图 11 - 4　颈部右侧屈

图 11 - 5　颈部左旋转

图 11 - 6　颈部右旋转

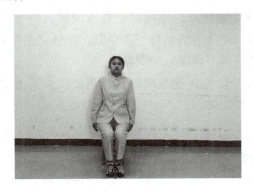

图 11 - 7　耸肩

### （三）康复护理教育

**1. 保护颈部免受外力伤害**　乘车外出应系好安全带，并避免在车上睡觉，以免急刹车时因颈部肌肉松弛而损伤颈椎。避免头颈长时间处于某一固定姿势，1 小时左右要变换位置，并进行头颈的多方向活动。

**2. 注意颈部的保暖**　避免寒冷、受凉。冬季可用围领或围巾保护，夏天注意避免风扇、空调直接吹向颈部，出汗后不要直接吹冷风。

**3. 纠正不良姿势**　在日常生活和工作中，注意保持良好姿势和习惯，避免在床上屈颈看书、看电视时间过长。坚持正确的功能训练，防止病情复发。选择符合颈椎生理曲度的、合适的枕头高度，能防止颈椎病的发生与发展。

## 第二节　肩周炎的康复护理

肩周炎是肩关节周围炎的简称，是指肩关节周围肌肉、韧带、肌腱、滑囊、关节囊等软组织损伤、退变而引起的一种慢性无菌性炎症。多发生于 50 岁左右的中老年人，俗称"五十肩"，女性发病率高于男性，比例约为 3∶1。

### 一、概述

#### （一）病因

肩周炎是在肩关节周围软组织退变基础上发生，部分患者可有局部外伤史或某些诱因，如慢性劳损、局部潮湿受寒等，或继发于肩部软组织及全身性疾病。

**1. 软组织退行性病变**　如冈上肌腱炎、肱二头肌腱炎、肩峰下滑囊炎、关节囊炎症和损伤，均可波及肩部软组织，引起慢性炎症和粘连。

**2. 肩关节损伤**　如肩部挫伤、肱骨外科颈骨折和肩关节脱位等，由于局部炎性渗出、疼痛及肌肉痉挛，导致肩关节囊和周围软组织粘连，发生肩关节冻结。

**3. 肩关节制动**　如肩关节脱位、上肢骨折、外科手术后固定或脑外伤、脑卒中后瘫痪侧肢体肩关节活动减少，造成局部血液循环不良，淋巴回流受阻，炎性渗出淤积，日久引起关节囊挛缩和软组织粘连。

#### （二）临床表现及分期

肩周炎主要表现为肩部疼痛和关节活动受限，大多数患者可以自愈。临床将肩周炎分为三期：急性期（疼痛为主）、慢性期（活动受限）、恢复期（功能恢复）。

**1. 急性期**　一般持续 2~4 周，疼痛比较明显，肩关节外展、前屈及内外旋等方向上的活动受限。此阶段治疗的重点是止痛，缓解肌肉的痉挛，预防肩关节活动受限。

**2. 慢性期**　也称冻结期。此期的特点是疼痛症状有所缓解，但夜间疼痛仍比较严重，肩关节活动时疼痛加剧，并且出现肌肉痉挛，使关节活动进一步受限，甚至完全功能丧失，形成冻结肩。此阶段治疗应以主动或被动活动为主，防止关节周围软组织粘连。

**3. 恢复期**　又称缓解期。此阶段疼痛逐渐减轻直至消失，关节活动逐渐改善，关节周围的软组织粘连、挛缩得到松解，大多数患者肩关节的活动范围可恢复正常或接近正常。

### 二、康复护理评定

#### （一）主要康复问题

**1. 疼痛**　自觉肩部疼痛，局部有明显压痛，主要为肩前外侧疼痛，也可放射至三角肌、前臂或颈部。常因天气变化及劳累而诱发。

**2. 活动受限**　常因肩部疼痛、肌肉痉挛、关节囊和肩部其他软组织的挛缩及粘连而导致肩关节的前屈、后伸、外展、内旋、外旋等活动范围受限。

### （二）康复护理评定方法

**1. 肩关节功能评定**　可采用量角器对肩关节前屈、后伸和内外旋的度（关节活动范围）进行测量；采用 Rewe 肩关节功能评定，见表 11 – 4。

表 11 – 4　Rewe 肩关节功能评定

| 项目 | 表现 | 计分 |
| --- | --- | --- |
| 疼痛 | 无疼痛 | 15 |
| | 活动时轻微疼痛 | 12 |
| | 活动时疼痛增加 | 6 |
| | 活动时中度或严重疼痛 | 3 |
| | 严重疼痛，需依靠药物 | 0 |
| 稳定性 | 正常：肩在任何位置都坚强而稳定 | 25 |
| | 肩部功能基本正常，无半脱位或脱位 | 20 |
| | 肩部外展、外旋受限，轻度半脱位 | 10 |
| | 复发性半脱位 | 5 |
| | 复发性脱位 | 0 |
| 功能 | 正常：能进行所有日常生活和体育娱乐活动，能提大于 12kg 重物 | 25 |
| | 中度受限：可行一般日常生活活动，提 6～8kg，网球肩等快速大幅活动受限 | 20 |
| | 头上方活动受限，提小于 4kg 重物，自理能力差，梳头、洗脸等受限 | 10 |
| | 明显受限：不能行一般的工作和提物，不能参加体育活动，日常需要照顾 | 5 |
| | 上肢完全残疾 | 0 |
| 运动 | 外展 151°～170° | 15 |
| | 前屈 120°～150° | 12 |
| | 91°～119° | 10 |
| | 61°～90° | 7 |
| | 31°～60° | 5 |
| | 小于 30° | 0 |
| | 内旋：拇指触及肩胛骨下角 | 5 |
| | 拇指触及骶尾部 | 3 |
| | 拇指触及股骨粗隆 | 2 |
| | 拇指触及股骨粗隆以下 | 0 |
| | 外展 80° | 5 |
| | 60° | 3 |
| | 30° | 2 |
| | 小于 30° | 0 |
| 肌力（与健侧肩部对比） | 正常 | 10 |
| | 良好 | 6 |
| | 一般 | 4 |
| | 差 | 0 |

总评标准：100～85 为优秀；84～70 为良好；69～50 为一般；50 以下为差

**2. ADL 能力下降**　患者由于疼痛及肩关节活动受限，导致日常活动明显受限，穿脱衣、手叉腰、插衣兜、刷牙、洗脸、梳头等日常活动均感困难。

**3. 心理障碍**　患者可因严重而持续的疼痛造成情绪波动，严重者产生焦虑和忧郁。

## 三、康复护理措施

### （一）康复护理目标

以缓解疼痛、松解粘连、恢复肩关节活动度及提高肌力为主。急性期、慢性期和恢复期康复目标各有侧重。

### （二）康复护理方法

**1. 急性期**

（1）制动与休息　肩周炎早期以制动为主，可以用三角巾悬吊上肢，限制肩部的活动。在工作或日常生活中，康复护理人员应指导患者尽量减少反复使用患侧肩关节，如长时间用患侧提取重物，应该与健侧肩关节交替使用，从而减轻患侧肩关节的过度负荷，保证患侧肩关节有足够的制动。为了防止肩关节周围软组织因为长时间制动而导致挛缩、粘连形成，每天应坚持活动肩关节数次，活动后继续用三角巾悬吊。

（2）口服消炎镇痛类药物　如布洛芬、西乐葆等，以缓解疼痛。必要时可加服镇痛剂如痛力克等，以增强消炎止痛的效果。

（3）推拿及针灸　为了解除肌肉痉挛，缓解疼痛，可以进行推拿治疗，常采用和缓放松的手法，同时可以配合针灸治疗来缓解疼痛。

（4）理疗　超短波、微波、磁疗及热敷等方法，改善局部的血液循环，促进炎症的消退，缓解疼痛，解除肌肉痉挛。

（5）封闭治疗　可作痛点注射或盂肱关节腔内注射。疼痛剧烈可以作颈交感神经结封闭。

**2. 慢性期**

（1）药物治疗　疼痛较明显者，可继续服用消炎镇痛类药物。

（2）运动治疗　在疼痛基本缓解后或能忍受的范围内，应进行关节活动度训练，必要时可以进行关节松动术来牵拉局部挛缩和粘连的组织，改善关节活动范围，应早晚练习，循序渐进，持之以恒。

（3）理疗　超短波、微波等理疗方法仍可继续选择使用。

（4）推拿及针灸　目的是改善血液循环，牵拉肩关节周围粘连的软组织，增加关节活动范围，常采用较重的手法，推拿手法包括对肩关节周围的肌肉、韧带等软组织按揉、叩击、摩擦等，患者自己也可以在痛点进行按摩，以缓解疼痛。

（5）医疗体操　肩周炎的医疗体操主要改善肩关节的关节活动范围，进行一些有针对性的肩关节主动或助力活动，活动强度稍大，以达到牵拉关节囊和关节周围肌腱和韧带的目的。

**3. 恢复期**　以运动治疗和理疗为主，改善肩关节的活动范围。对因为患者长时间制动导致的肌肉萎缩，应进行肌力训练，防止失用性萎缩造成肌力下降。

### （三）康复护理教育

**1. 避免肩部受寒受湿**　特别要注意夏季不要靠窗睡觉、离开空调吹风的位置、方向。

**2. 避免肩关节损伤，合理运动**　避免肩部长时间不动，如因疼痛而自我制动，导致肩周炎的发生，要根据病情做主动或被动运动，以防粘连。日常注意劳逸结合，避免发生疲劳性损伤，如使用患肢提举重物或过多活动肩关节等。

**3. 加强功能锻炼**　可进行太极拳、太极剑、保健操等适合自身特点的体育锻炼。但要注意运动量，以免造成肩关节及其周围软组织的损伤。

**4. 纠正不良姿势**　对于经常伏案、双肩经常处于外展工作的人员，应注意调整姿势，避免长期的不良姿势造成慢性劳损和积累性损伤。

# 第三节　腰椎病的康复护理

腰椎间盘突出症（lumbar disc herniation，LDH）是常见的腰椎疾病，主要由于腰椎间盘退变、在外力作用下纤维环部分或全部破裂、髓核突出，刺激压迫相应水平的一侧或双侧神经、血管或脊髓等，引起一系列症状和体征。

腰椎间盘突出症好发于 20 ~ 50 岁之间的青壮年，以劳动强度较大的行业多见，男女比例约为 3∶1。临床上以腰 4 ~ 5、腰 5 ~ 骶 1 两节段发病率最高，可达 90% 以上。

## 一、概述

### （一）病因

**1. 腰椎间盘退行性改变**　随着年龄增长，椎间盘退变，水分减少，失去弹性，周围韧带松弛，如突然较大的外力作用或反复劳损，可导致椎间盘纤维环破坏，髓核突出。

**2. 损伤**　急性损伤或慢性扭伤，约有 1/3 患者有不同程度外伤史。如弯腰搬重物时腰部的超荷负重，在腰肌尚未充分舒张情况下的搬动或举动重物；各种形式的腰扭伤，长时间弯腰后突然直腰，臀部着地摔倒等，可使椎间盘在瞬间髓核受压张力超过了纤维环应力，造成纤维破裂，髓核从破裂部突出。

**3. 诱发因素**　寒冷或潮湿、腹压增高。如剧烈咳嗽、打喷嚏、大便秘结用力屏气、妊娠、姿势不当、体育活动、肥胖等造成椎间盘压力增加、髓核突出。

### （二）临床表现及分类

**1. 按病变程度分类（CT 表现）**

（1）椎间盘膨出　移位髓核向外膨大，但仍在纤维环内。

（2）椎间盘突出　纤维环已破裂，移位的髓核已从纤维环裂隙突出，但止于后纵韧带前方，对相邻组织造成压迫。

（3）椎间盘脱出　髓核离开突出的纤维环裂口，穿过后纵韧带进入椎管内，下沉或贴附于神经或其他组织。

**2. 按突出部位分类**　可分为中央突出型、外侧突出型、偏侧突出型。

## 二、康复护理评定

### （一）主要康复问题

**1. 疼痛**　腰及放射性下肢痛是定型临床症状，发生率在 95% 以上。咳嗽、喷嚏或用力时疼痛加重，一般休息后疼痛减轻。

**2. 下肢麻木无力**　突出的椎间盘组织刺激本体感觉、触觉纤维，可引起下肢麻木、发冷、发凉、发胀、间歇性跛行等。受累神经根受到较重损害时，所支配的肌肉力量减弱，出现无力症状。

**3. 步态和姿势异常**　轻者无明显变化，较重者步态拘谨、步行缓慢，常伴有间歇性跛行，同时可伴有脊柱侧弯。

**4. 心理障碍**　部分慢性患者对疾病产生恐惧心理，影响治疗效果，加重原有功能障碍，或导致心因性躯体功能障碍。治疗中及痊愈后采用消极的保护措施，如过度的休息和限制活动、保护腰部等，降低了正常的生理功能，易复发。

### （二）康复护理评定方法

**1. 临床评定**　通过病史、症状及体格检查，结合 X 片、CT、MRI 等，对病变间隙、突出方向、突出物大小、神经受压等情况做出判断。

**2. 特征性检查**

（1）直腿抬高试验及加强试验　患者仰卧，两腿伸直，检查者被动抬高患肢。正常人下肢抬高到

60°～70°出现腘窝不适，如抬高60°以内出现坐骨神经痛即为直腿抬高试验阳性。直腿抬高试验阳性时，缓慢降低患肢高度，当放射痛消失，再被动屈曲踝关节，如再次出现坐骨神经痛即为直腿抬高加强试验（＋）。

（2）梨状肌试验　患者俯卧，屈曲患侧膝关节，检查者一手固定骨盆，另一手握持患侧小腿远端，被动外旋小腿或让患者做小腿内旋抗阻，出现坐骨神经痛为（＋），否则为（－）。

（3）股神经牵拉试验　患者俯卧，检查者将患侧膝关节屈曲90°后上提，出现股前侧疼痛，为（＋）。

**3. 腰痛评价量表**　了解腰痛患者日常生活活动能力和工作能力，由日本骨科学会创立，见表11－5。

表 11－5　下腰痛评价表

| 项目 | 评分 | | |
|---|---|---|---|
| 1. 主观症状（9分） | | | |
| ①下腰痛（3分） | | | |
| 无 | 3 | | |
| 偶有轻痛 | 2 | | |
| 频发静息疼痛或偶发严重疼痛 | 1 | | |
| 频发或持续性严重疼痛 | 0 | | |
| ②腿痛或麻木（3分） | | | |
| 无 | 3 | | |
| 偶有、轻度 | 2 | | |
| 频发轻度痛、麻或偶有重度痛、麻 | 1 | | |
| 频发或持续重度 | 0 | | |
| ③步行能力（3分） | | | |
| 正常 | 3 | | |
| 能步行500m以上，可出现痛、麻、肌肉无力 | 2 | | |
| 因痛、麻、肌肉无力而步行＜500m | 1 | | |
| 因痛、麻、肌肉无力而步行＜100m | 0 | | |
| 2. 体征（6分） | | | |
| ①直腿抬高试验（2分） | | | |
| 正常 | 2 | | |
| 30°～70° | 1 | | |
| ＜30° | 0 | | |
| ②感觉障碍（2分） | | | |
| 无 | 2 | | |
| 轻度 | 1 | | |
| 明显 | 0 | | |
| ③运动障碍（MMT）（2分） | | | |
| 正常（5级） | 2 | | |
| 稍弱（4级） | 1 | | |
| 明显弱（3～0级） | 0 | | |
| 3. ADL受限（12分） | 重 | 轻 | 无 |
| 卧位翻身 | 0 | 1 | 2 |

续表

| 项目 | 评分 | | |
|------|------|------|------|
| 站立 | 0 | 1 | 2 |
| 洗漱 | 0 | 1 | 2 |
| 身体前倾站立 | 0 | 1 | 2 |
| 坐 1 小时 | 0 | 1 | 2 |
| 举重、持物 | 0 | 1 | 2 |
| 4. 膀胱功能（-6 分） | | | |
| 正常 | 0 | | |
| 轻度失控 | -3 | | |
| 严重失控 | -6 | | |
| | 满分　27 分 | | |

## 三、康复护理措施

### （一）康复护理目标

1. 减轻椎间的压力，促进突出物缩小还纳，解除神经根压迫。

2. 促进炎症的消退，松解粘连，缓解肌肉痉挛，减轻疼痛。

3. 增强腰背肌肌力训练，改善脊柱稳定性，巩固疗效，减少复发。

### （二）康复护理方法

**1. 卧床休息与制动**　卧床休息是治疗腰椎间盘突出症的一种有效方法。急性期患者宜采用制动，卧硬板床 2～3 周，使腰部得到充分的放松和休息，缓解肌肉紧张，促进血液循环。仰卧位屈膝、屈髋对 L4～L5 的腰椎间盘突出症患者特别有效，也可选择自感舒适的侧卧、俯卧位。绝对卧床时间一般不宜超过 1 周，待症状改善后，可佩戴腰围循序渐进开展日常活动。

**2. 药物治疗**　腰痛可口服非甾体抗炎药进行镇痛治疗。对于没有禁忌证的患者，推荐使用 2～4 周。

**3. 物理因子治疗**　根据患者病情需要，选择合适的理疗方法，如低中高频电疗、红外线、磁疗和蜡疗等，可有效改善局部血液循环，减轻炎症反应、缓解肌肉紧张及疼痛。

**4. 腰椎牵引**　腰椎牵引可以减少椎间盘之间的压力，有利于髓核的回纳，缓解肌肉痉挛，减轻神经根的粘连。腰椎牵引多采用仰卧位牵引，牵引重量可选择患者自身体重的 1/2。一般每日牵引 1～2 次，10～20 天为一个疗程。

**5. 运动治疗**　当患者疼痛症状消退以后，宜尽早开始卧位腰背肌和腹肌的肌力训练，早期适宜做腰背肌和腹肌的等长收缩，后期可逐渐增加活动范围。

（1）脊柱关节活动范围训练　坐位保持骨盆不动，放松腰背肌肌肉做腰椎屈、伸、左右侧弯及左右旋转运动。运动速度要平稳缓慢，幅度逐渐增大，避免引起疼痛感觉。

（2）腰背肌肌力训练

①仰卧位：双腿屈曲，抬起臀部及背部，保持 5～10 秒，缓慢放下。

②俯卧位：先将头抬起，然后上身和头部抬起，保持 5～10 秒。上述动作每组重复 10 次，每天 1～2 次，随着患者的适应，逐渐增加次数。

（3）腹肌训练　仰卧位，抬头，双上肢平伸，上身和头部抬起，使背部离开床面；下肢抬起：仰卧位，下肢并拢，抬起双下肢离开床面。以上姿势维持 4～10 秒，重复 4～10 次。

### （三）康复护理教育

**1. 保持优良姿态** 指导患者采取正确的卧、坐、站、行等姿态 卧具选择硬板床；座位选择高度适合，工作时注意身体与桌子的高度；站立时尽量使腰部平坦、伸直、收腹、提臀；行走时挺胸、抬头、收腹。

**2. 省力动作** 指导患者正确运用人体力学原理进行劳动，如搬重物时避免直腿弯腰搬物，应采取下蹲，腰部挺直，用腿部力量站起方式；移动重物时应向前推，而不是向后拉；避免腰椎长时间前弯姿势等。要注意变换姿势和体位，结合放松运动。

**3. 正确运动** 教会患者增加腰部柔韧性和稳定性的体操，如腰椎活动、软组织牵拉、腰背肌和腹肌的肌力训练等。

**4. 日常保健** 指导患者饮食中摄入足够的优质蛋白质、钙、维生素；肥胖者适当减肥；避免穿高跟鞋，不能避免时尽量缩短穿高跟鞋的时间；注意腰部保暖。

## 目标检测

### 一、选择题

**（一）单项选择题（下列各题备选结果中，只有一个选项正确）**

1. 临床发病率最高的颈椎病类型是（ ）

    A. 神经根型      B. 脊髓型      C. 椎动脉型

    D. 交感型      E. 颈型

2. 肩周炎多发于（ ）

    A. 20 岁左右年轻人      B. 30 岁左右青年人      C. 40 岁左右中年人

    D. 50 岁左右中老年人      E. 60 岁以上老年人

3. 颈椎病的康复护理评定不包括（ ）

    A. 疼痛评定      B. 关节活动范围评定      C. 颈椎功能评定

    D. 步态评定      E. 肌张力评定

4. 肩周炎急性期最主要的临床表现是（ ）

    A. 疼痛      B. 关节活动困难      C. 肌张力高

    D. 肌肉萎缩      E. 日常生活活动能力下降

5. 颈椎牵引的重量一般是（ ）

    A. 1/10 体重      B. 1/5 体重      C. 1/3 体重

    D. 1/4 体重      E. 1/2 体重

6. 腰椎间盘突出症急性期宜采用的康复护理措施为（ ）

    A. 卧床休息与制动      B. 牵引治疗      C. 力量训练

    D. 关节活动度训练      E. 日常生活活动训练

**（二）多项选择题（下列各题备选结果中，有 2 个或 2 个以上选项正确）**

7. 腰椎间盘突出症的康复护理措施包括（ ）

    A. 卧床休息与制动      B. 药物治疗      C. 物理因子治疗

    D. 腰椎牵引      E. 运动治疗

8. 颈椎病的分型包括 （　　）

A. 颈型　　　　　　　B. 神经根型　　　　　　C. 脊髓型

D. 椎动脉型　　　　　E. 交感型

## 三、思考题

1. 颈椎病的康复护理方法有哪些？

2. 腰椎间盘突出的康复护理教育内容有哪些？

书网融合……

本章小结

微课

题库

# 第十二章　骨折后的康复护理

微课

PPT

◎ 学习目标

　　1. 通过本章学习，重点把握骨折的概念、病因、临床表现以及分类；骨折后的康复问题和评定方法；骨折不同时期的康复护理内容；常见四肢骨折的康复护理措施。

　　2. 学会运用所学知识，评估骨折后患者的功能障碍，提出康复护理问题，制定并实施康复护理措施和康复指导，针对不同病程的患者循序渐进开展康复护理，养成细心、耐心的职业素养。

## ≫ 情境导入

　　**情景描述**　患者，男，40岁，因车祸致左肩部疼痛、活动受限1小时入院，神志清，精神差，表情痛苦。体检：生命体征正常，左肩部肿胀，压痛明显，方肩畸形，肩上举、外展受限，搭肩试验阳性，左手血运正常，手指活动度良好，自觉无麻木。临床治疗：在颈丛麻醉下行骨折切开复位内固定术。

　　**讨论**　1. 该患者主要的功能障碍有哪些？
　　　　　　2. 应为患者实施哪些康复护理措施？

## 第一节　概　述

　　骨折是指骨或骨小梁的完整性和连续性发生完全或部分中断。骨折的愈合一般分为四个时期：血肿机化期（2~3周）、原始骨痂期（伤后4~8周）、成熟骨板期（称临床愈合期，伤后8~10周）和塑形期（骨性愈合，1~2年）。骨折时常伴有肌肉、肌腱和韧带等软组织的损伤，早期康复护理有利于减少并发症、促进肢体功能恢复。

### 一、病因

**1. 直接暴力**　暴力直接作用使受伤部位发生骨折，常伴有不同程度的软组织损伤。

**2. 间接暴力**　暴力通过传导、杠杆、旋转和肌肉收缩使肢体受力部位的远处发生骨折。

**3. 疲劳性骨折**　长期、反复、轻微的直接或间接外力可致使肢体某一特定部位骨折，如远距离行军易导致第2、3跖骨及腓骨下1/3骨干骨折，称之为疲劳性骨折，也称为应力性骨折。

**4. 骨骼疾病**　如骨髓炎、骨肿瘤所致骨质破坏，受轻微外力即发生的骨折，称为病理性骨折。

### 二、临床表现及分类

多数骨折一般只引起局部症状，严重骨折和多发性骨折可导致全身反应。

#### （一）临床表现

**1. 全身表现**

（1）休克　骨折后休克的主要原因是出血，特别是骨盆骨折、股骨骨折和多发性骨折，其出血量大者可达 2000ml 以上。严重的开放性骨折或并发重要内脏器官损伤时，可导致休克甚至死亡。

（2）发热　骨折后一般体温正常，出血量较大的骨折，血肿吸收时可出现低热，但一般不超过 38℃。开放性骨折患者出现高热时要考虑感染的可能。

**2. 局部表现**　一般表现局部疼痛、肿胀和功能障碍。骨折的特有体征如下所述。

（1）畸形　骨折端移位使患肢外形发生改变，表现为缩短、成角或旋转畸形。

（2）异常活动　肢体不能活动的部位骨折后出现不正常的活动。

（3）骨擦音或骨擦感　两骨折端相互摩擦时产生骨擦音或骨擦感。

### （二）分类

**1. 根据骨折端是否与外界相通分类**

（1）闭合性骨折　骨折处皮肤或黏膜完整，骨折端与外界不相通。

（2）开放性骨折　骨折处皮肤或黏膜破损，骨折端与外界相通。

**2. 根据骨折程度及形态分类**

（1）不完全骨折　骨的连续性或完整性部分中断。如裂缝骨折、青枝骨折等。

（2）完全骨折　骨的连续性或完整性全部中断。如横骨折、斜骨折、螺旋骨折、粉碎骨折、T 形骨折、嵌插骨折、压缩骨折等。完全骨折可出现成角、侧方、缩短、分离及旋转移位。

**3. 根据骨折的稳定程度分类**

（1）稳定骨折　骨折端不易移位或复位固定后不易再移位。如横骨折、短斜骨折等。

（2）不稳定骨折　骨折端易移位或复位固定后易再发生移位。如螺旋骨折、粉碎骨折等。

**4. 根据骨折的时间分类**

（1）新鲜骨折　发生在 2 周以内的骨折。骨断端尚未形成纤维性连接，可行手法复位。

（2）陈旧性骨折　发生在 2 周以上的骨折。骨断端血肿机化，已形成纤维性粘连，手法复位困难，需手术处理。

# 第二节　康复护理评定

 **素质提升**

#### 做一名"扶得起"的新时代大学生

老年人由于肌力降低、平衡功能下降和骨质疏松等原因，导致其容易摔倒并常伴发骨折。曾经"扶老太被诬寻证人"等新闻引起热议。弘扬爱老敬老、助人为乐、见义勇为的社会公德是扎根在中华儿女骨子里的传统美德，做好防护措施，敢于见义勇为，做一名"扶得起"的新时代大学生！

## 一、主要康复问题

**1. 局部疼痛和肿胀**　见于骨折早期，创伤引起骨折及其周围软组织损伤，同时并发出血或淤血引起。

**2. 废用性肌肉萎缩**　骨折肢体制动后，肌肉出现废用性萎缩，肌力下降。多数骨折后废用性肌萎缩是可逆的，仅有肌纤维变细，当肌肉萎缩严重时，可有部分肌纤维透明变性。

**3. 骨质疏松**　制动使骨丧失了应力负荷刺激，骨组织血液循环受到影响，导致骨代谢障碍，骨无机盐流失，引起骨质疏松。

**4. 制动并发症**　骨折后较长时间的肢体制动或卧床，对全身各系统功能产生明显影响。如心肺功能水平降低、坠积性肺炎、尿路感染或结石、压疮、直立性低血压、便秘及血栓性静脉炎等。

**5. 日常生活活动能力障碍**　骨折引起的肢体短缩、畸形、运动功能障碍影响了日常生活，导致进餐、行走、穿衣、入浴、个人修饰、家务活动等日常生活活动能力障碍。

**6. 心理障碍**　部分骨折患者表现为忧虑，担心会残疾；病情严重的患者，随着劳动能力逐渐丧失，生活自理能力逐渐下降，患者逐渐变得情绪低落，出现焦虑、抑郁等情绪，对工作、学习、家庭、前途丧失信心，常有自责和自卑观念。

## 二、康复护理评定方法

**1. 关节活动范围评定**　对关节的主动和被动关节活动度进行测量。详见第二章康复护理评定。

**2. 肌力评定**　采用徒手肌力检查法、等速肌力测定仪等方法评定，了解肌肉的力量。详见第二章康复护理评定。

**3. 肢体长度及周径测量**

（1）肢体长度测量　定点测量肢体的长度，如上肢全长为从肩峰到中指尖端的距离，下肢全长为从髂前上棘到内踝的距离。

（2）肢体周径测量　应选择两侧肢体相对应部位进行测量，大腿周径取髌上 10cm 处，小腿周径取髌下 10cm 处。

**4. 感觉功能**　对患者进行深、浅感觉评定，了解是否有神经损伤。评定方法详见第二章康复护理评定。

**5. 日常生活活动能力评定**　采用改良 Barthel 指数评定（详见第二章康复护理评定）。上肢骨折时主要评定饮食、写字、更衣等功能障碍，下肢骨折主要评定步行、负重等功能障碍。

# 第三节　康复护理技术

## 一、康复护理目标

1. 减少肢体制动所导致的各种并发症和继发的神经、肌肉、血管损伤等。
2. 改善关节活动范围，提高肌力和肌肉耐力，缓解肢体疼痛、肿胀等症状。
3. 维持骨折部位良好的血液、淋巴循环。
4. 提高日常生活活动能力，让患者尽早达到生活自理，重返工作岗位。
5. 创造良好的治疗环境，减轻患者的精神负担和心理压力。

## 二、康复护理措施

### （一）骨折早期

骨折后 1~3 周，局部疼痛、肿胀，骨折固定部位易发生再次移位。早期的康复护理重点是在保证骨折端固定牢靠的前提下，使软组织在复位固定后进行最大限度的活动，以消除肿胀、缓解疼痛，预防肌肉萎缩。

**1. 患肢抬高**　使肢体远端高于近端，近端高于心脏平面，有利于促进肿胀消退。

**2. 运动疗法** 运动可消除水肿。早期运动的重点是维持非制动关节的活动度，骨折上下端关节不活动。

（1）非制动关节 患者术后麻醉反应消失后即可进行非制动的关节活动。指导患者非制动关节各个轴位上的主动和被动运动。上肢应注意肩关节外展、外旋与手掌指关节屈伸运动；下肢应注意踝关节背伸运动。老年患者应特别注意预防肩关节粘连和僵硬发生。

（2）骨折固定部位 指导患者对骨折部位肌肉进行缓慢、有节奏的等长收缩练习，以防止失用性肌萎缩和软组织粘连，同时对骨折端进行挤压促进骨折愈合。运动时，应鼓励患者尽最大力气尽可能收缩，然后放松。一般每日3次，每次5~10分钟。

（3）健肢与躯干 为维持其正常生理功能，鼓励患者尽早下床活动。不能下床、需要绝对卧床的患者，尤其是年老体弱者，应每日进行床上肢体活动，改善全身情况，防止压疮、肺炎、肺不张、废用性综合征等并发症。

**3. 物理因子治疗** 术后48小时后进行，有利于促进肢体血液循环、消炎止痛、减少粘连、减轻水肿、防止肌肉萎缩，促使骨折愈合。包括经皮电神经刺激、红外线、蜡疗、短波、激光、高频电疗等。但有金属固定时禁用。

**4. 支具的使用** 可采用夹板、石膏托及弹性支架。当关节挛缩较严重时，可在运动与牵引间歇期用夹板或石膏托固定患肢，减少纤维组织的弹性回缩，加强牵引的效果。

### （二）骨折中期

骨折后4~8周。患肢肿胀逐渐消退，疼痛减轻，骨折断端纤维组织连接，骨痂生成，骨折处稳定。中期的康复护理重点是消除肿胀，促进骨痂形成，增加关节活动范围和肌力，提高肢体活动能力，改善日常生活活动能力。

**1. 关节活动度训练**

（1）非制动关节 主要进行各运动轴方向的主动运动，通过牵拉关节周围的组织，防止肌肉萎缩、组织粘连。运动时遵守循序渐进的原则，运动幅度逐渐增大，可由一个关节逐渐过渡到多个关节，每个动作重复多遍，每日3~5次。

（2）骨折部位 对于刚去除外固定的关节部位可先采用主动助力运动，之后逐步减少助力。对组织挛缩、粘连严重者，若骨折愈合情况尚可，可给予被动运动。动作应平缓，活动方向与范围应符合人体的解剖和生理功能，且不引起明显疼痛及肌肉痉挛。

**2. 肌力训练** 逐步提高肌肉训练强度，由等长收缩过渡到等张收缩，引起肌肉的适度疲劳感。可根据患者肌力的级别选择合适的运动方式。

（1）肌力0~1级 可采用水疗、按摩、经皮神经电刺激、被动运动、助力运动等。

（2）肌力2~3级 以主动运动为主，辅以助力运动或水中运动。

（3）肌力4级 训练抗阻运动，但注意保护骨折处，以免用力过大导致再次骨折。

**3. 物理因子治疗** 紫外线照射，有利于钙质沉积与镇痛。红外线、蜡疗可作为手法治疗前的辅助治疗，有利于促进血液循环和增加软组织的延展性。音频电、超声波疗法有利于软化瘢痕、松解粘连。

**4. 日常生活活动及工作能力训练** 早期进行作业治疗和职业前训练，改善动作技能技巧和熟练程度，鼓励患者早期下床活动，增强体能，提高患者ADL及工作能力。

### （三）骨折后期

骨折后8~12周。患者已经达到临床愈合，通过前期锻炼，骨骼已有一定的承受力，但关节活动可能未完全恢复，肌肉力量尚需加强。后期的康复护理重点是全面恢复关节活动度、肌力及日常生活活动和工作能力。

**1. 关节活动度训练** 以主动运动为主，适当辅以助力运动和被动运动。运动以不引起明显疼痛为宜，循序渐进。

**2. 肌力训练** 根据肌力评定的结果，选择适宜的肌力训练方法，指导患者等张抗阻和等速肌力训练。

**3. 日常生活活动及工作能力训练** 上肢训练各种精细动作，下肢训练正常负重和行走。增强体能，逐步恢复受伤前的能力，以便重返工作和家庭岗位。

## 三、康复护理教育

**1. 心理调适** 帮助患者调整心态，消除不良的情绪反应，向患者解释康复治疗的原因，取得合作，耐心指导患者正确地进行功能锻炼。

**2. 加强营养** 及时补充钙质，同时加强维生素 D 摄入，以协助钙质吸收。重视营养摄入，补充优质蛋白质和富含维生素 C 的蔬菜，以促进骨痂生长和伤口的愈合。长期卧床的老年患者还应预防便秘。

**3. 适宜运动** 骨折后的功能训练应在医护人员的指导下循序渐进开展，运动范围由小到大，训练次数由少到多，时间由短到长，运动强度逐渐增加，以训练完不感到疲劳，骨折部位没有疼痛为宜。

## 目标检测

### 一、选择题

**（一）单项选择题（下列各题备选结果，只有一个选项正确）**

1. 骨折的特有体征不包括（  ）
　　A. 畸形　　　　　　　B. 疼痛　　　　　　　C. 骨擦感
　　D. 骨擦音　　　　　　E. 异常活动

2. 远距离行军导致第 2、3 跖骨骨折的原因是（  ）
　　A. 直接暴力　　　　　B. 间接暴力　　　　　C. 肌肉牵拉
　　D. 骨骼疾病　　　　　E. 疲劳性骨折

3. 肱骨髁上骨折最常见于（  ）
　　A. 儿童　　　　　　　B. 糖尿病患者　　　　C. 青壮年人
　　D. 老年女性　　　　　E. 骨质疏松者

4. 下列关于骨折早期的康复护理措施正确的是（  ）
　　A. 固定部位可进行等长收缩训练
　　B. 非固定部位无需行康复训练
　　C. 由于石膏固定无法进行康复训练
　　D. 固定部位可早期行抗阻肌力训练
　　E. 患肢严格制动

5. 患者，男，60 岁，右侧桡骨远端骨折，闭合复位后石膏绷带固定，第 1 周应鼓励其用患肢（  ）
　　A. 炒菜　　　　　　　B. 握拳　　　　　　　C. 扫地
　　D. 写字　　　　　　　E. 擦桌子

6. 骨折中期的康复护理措施不包括（  ）
　　A. 力量训练　　　　　B. 日常生活活动能力训练　　C. 物理因子治疗

D. 全面恢复关节活动度　　E. 作业治疗和职业前训练

**（二）多项选择题（下列各题备选结果，有2个或2个以上选项正确）**

7. 骨折的病因包括（　　）

    A. 直接暴力　　　　　　　B. 间接暴力　　　　　　　C. 疲劳性骨折

    D. 骨髓炎　　　　　　　　E. 骨肿瘤

8. 骨折早期康复护理措施包括（　　）

    A. 患肢抬高

    B. 关节活动度训练

    C. 固定部位的肌肉等长收缩

    D. 非制动部位尽早活动，预防并发症

    E. 物理因子治疗

### 三、思考题

1. 骨折中期的康复护理措施有哪些？
2. 骨折的康复护理教育内容有哪些？

---

**书网融合……**

本章小结　　　　　　　微课　　　　　　　题库

# 第十三章　截肢后的康复护理

PPT

## ◎·学习目标

1. 通过本章学习，重点把握截肢的临床表现和分类；截肢后的康复护理评定及康复护理措施。

2. 学会运用所学知识，评估截肢后患者的功能障碍特点，提出康复护理问题，制定并实施康复护理措施及健康指导，具有良好的人文关怀精神，体现深度和精益求精的品德。

## ≫ 情境导入

**情景描述**　患者，女，30岁，因地震中左侧大腿长时间被挤压，出现缺血性坏死，在当地医院行髋关节离断术。术后2周转到康复科进行康复治疗。

**讨论**　1. 该患者需装配何种假肢？

2. 该患者在穿戴假肢前后应进行哪些康复护理？

## 第一节　概　述  微课 1

### 💡 素质提升

#### 汶川地震断腿舞者敲出希望的《鼓舞》

2008年5月12日，汶川大地震导致舞蹈老师廖智小腿伤势太过严重，只能截肢。地震前她是少儿舞蹈老师，地震后她不想放弃舞蹈。由于缺少平衡支撑，伤口肿痛，廖智咬着牙坚持把舞蹈动作啃了下来。2011年，廖智被邀请参加《舞林大会》；2013年，她获得《舞出我人生》亚军，一曲在轮椅上的舞蹈《废墟上的重生》，感动并折服了所有人。2013年4月雅安地震后，她奔赴抢险救灾一线当志愿者。在社交平台上，廖智穿戴着银色酷炫假肢，跳得热情四溢。帮助很多肢体障碍人士走出了阴影，学会接纳和尊重自己，面带微笑地拥抱新生活。

截肢是指将没有生理功能或威胁生命的肢体通过手术截除，有截骨和关节离断两类。截肢的目的不仅是将已经失活、危及生命或没有生理功能的肢体截除，更重要的是通过残肢训练和假肢的安装，代偿失去肢体的功能，提高患者的生活质量。

### 一、病因

**1. 外伤**　如工伤、交通事故、烧伤、战伤、冻伤、蛇咬伤等引起肢体损伤或缺血坏死。

**2. 周围血管疾病**　由于给肢体提供营养支持的血管发生病变，导致肢体缺血坏死。如动脉硬化闭塞、血栓闭塞性脉管炎、糖尿病周围血管病变等导致肢体坏死。

**3. 肿瘤**　当肿瘤扩散，导致肢体病变而无法做保肢手术的时候，截除病变的肢体也是一种治疗手段。

**4. 肢体严重感染**　如气性坏疽、慢性化脓性骨髓炎功能预后不良等。

**5. 肢体神经营养障碍**　如脊髓损伤、脊椎裂等出现肢体感染溃烂经久不愈等。

## 二、临床表现及分类

截肢部位一方面取决于肢体的血液循环状况和受伤情况，另一方面取决于假肢接受腔的适配。通常按截肢部位分类，分为上肢截肢和下肢截肢。

### （一）上肢截肢

上肢截肢分为指骨截肢、掌骨截肢、腕关节离断、前臂截肢、肘关节离断、上臂截肢、肩关节离断、肩胛带截肢等。

### （二）下肢截肢

下肢截肢分为足趾截肢、足部截肢、小腿截肢、膝关节离断、大腿截肢、髋关节离断、半骨盆截肢等。

## 第二节　康复护理评定 ⓔ 微课 2

### 一、主要康复问题

#### （一）残肢肿胀

由于软组织中的毛细血管、淋巴管受到了损伤，造成血液和淋巴液回流受阻，从而加重软组织的肿胀；一些动脉粥样硬化、脉管炎、糖尿病足等血管病变也会造成残肢肿胀；由于手术对残端的软组织、血管处理不当也会出现残肢肿胀。

#### （二）疼痛

**1. 残肢痛**　是指肢体截肢后残存部分的疼痛。常见原因有残肢皮肤疤痕、残端骨刺、神经瘤及血液循环障碍等，均会造成残肢疼痛。

**2. 幻肢痛**　指患者某部分肢体已经被截除了，但患者仍然能感觉到被切断的肢体的存在，并且感觉该处疼痛。幻肢痛大部分发生在残端的远端，早期以刀割样疼痛、针刺痛为主，后期常见于灼烧样疼痛和挤压痛。

#### （三）残端挛缩与畸形

截肢后由于运动减少或缺乏早期功能锻炼，使残肢部位肌肉出现失用性萎缩、残肢肌力不平衡、术后残肢不合理体位，这些都有可能导致残端挛缩与残肢畸形。

#### （四）残肢功能障碍

如上肢截肢可能影响患者手功能，下肢截肢可能影响患者站立、行走功能。

#### （五）ADL 能力受限

截肢后，患者进食、个人卫生、穿衣、如厕、行走等各方面的能力受限。

#### （六）心理障碍

患者往往表现为悲观、沮丧、自闭、恐惧等，在家庭、婚姻、工作、生活等问题上忧心忡忡。

## 二、康复护理评定方法

### （一）全身状况评定

检查患者一般情况，记录患者的截肢原因，是否有其他疾病，能否穿戴假肢，能否承受穿戴假肢后的康复训练等。

### （二）残肢评定

**1. 残肢皮肤**　检查局部软组织硬度、皮肤颜色和皮肤亮度和感觉等；观察有无感染、溃疡、窦道、游离植皮、残肢皮肤松弛；有无与骨残端粘连的瘢痕、皱褶等影响假肢佩戴的因素。

**2. 残端畸形**　如果残端畸形明显，对假肢的制作和装配都有影响。即使勉强装配假肢，也会影响假肢的穿脱和功能代偿。

**3. 残肢长度**　残肢的长度对于假肢的选择和装配关系密切。理想的残端长度为：上臂截肢应在肩峰下 16～24cm；前臂截肢应在肘下 8～18cm；膝上截肢应在坐骨结节下 25cm 左右；膝下截肢应在胫骨平台内侧下 15cm 左右。

**4. 关节活动度**　注意残端能否完成各个方向的自主运动，关节有无受到限制，如髋、膝等关节的活动范围受限，也将影响假肢的装配。

**5. 残端肌力**　患者全身及患肢的肌力，特别是维持站立和行走的主要肌群，肌力至少达 3 级以上才能佩戴假肢。

**6. 残端神经瘤**　残端有无神经瘤及其大小、所在部位、疼痛程度等。

# 第三节　康复护理技术 微课3

## 一、康复护理目标

**1. 最大限度地发挥残肢功能**　通过刺激潜在肢体功能或健侧代偿已丧失肢体功能及通过装配假肢，尽快使患者建立新的应对模式，提高日常生活活动能力。

**2. 防止或减轻截肢后的不良影响**　防止或减轻截肢对患者心理造成的不良影响，帮助患者重拾信心，早日回归家庭、工作和社会。

## 二、康复护理措施

### （一）心理康复护理

截肢患者由于截肢而精神痛苦、情绪低落、悲观，对生活失去信心，拒绝治疗，甚至有自杀念头，严重影响患者的身心健康。心理康复护理的目的在于帮助患者迅速度过震惊和绝望期，认识自我的价值，重新树立自尊、自信、自强、自立，对现实采取承认态度，积极投入到恢复功能的训练中去。热情与患者进行心理沟通，向患者讲明截肢的必要性，以及不截肢的危害性，截肢后佩戴假肢如何进行正常的生活与工作等。

### （二）截肢术前的康复护理

1. 手术前应将手术操作及术后可能产生的情况告知患者，取得患者理解和配合。

2. 对单侧下肢截肢者，术前全身状况良好情况下，应让患者进行俯卧撑、健肢抗阻等训练，使上下肢有足够的肌力，以更好地利用拐杖。

3. 对上肢截肢者，如截肢侧为利手，应进行"利手交换训练"，可从身边的日常生活动作开始，逐渐进行手指精细动作训练。

4. 对于截肢侧残端，为保持和增强残端的功能，应进行增强肌力和关节活动度的训练。

### （三）截肢术后的康复护理

**1. 术后即装假肢**　对小腿截肢和前臂截肢术后采取更积极的处理方法，在截肢1周后下地，穿一种带气囊的临时假肢练习行走，不必待疼痛消除后或切口愈合后再开始，这对残肢定型、防止肌肉萎缩、早期离床功能训练、假肢的安装、减少幻肢感等有积极作用。

**2. 残肢姿势**　截肢后，预防产生不良姿势，尽量保持肢体残端于伸直位，防止残肢屈曲畸形。如大腿中上段截肢，应常常采用俯卧位，练习髋关节后伸且不外展。小腿截肢后应经常练习膝关节伸直活动。

**3. 残肢包扎**　术后残肢用石膏绷带包扎，能有效地减少渗出和肿胀，有利于残肢定型。一般在术后2周切口愈合拆线后改为软绷带包扎，可以预防或减少过多的脂肪组织，促进残肢成熟定型。从残肢远端向近端包扎，远端包扎较紧，以不影响残端血液循环为宜，近端略松。经常用手轻轻拍打、压迫和按摩残端，可以减轻其敏感性，减轻残端疼痛，促进软组织恢复，并防止肌肉萎缩。

**4. 残肢训练**　早日开始功能锻炼，对防止幻肢痛有着重要作用。应循序渐进，逐渐增加活动量。小腿截肢者，应增强膝关节屈伸肌，尤其是股四头肌肌力训练；大腿截肢者术后第6天开始主动伸髋练习；术后2周，若残肢愈合良好，开始髋关节主动内收和外展训练；髋关节离断者，进行背腹肌和髂腰肌的训练。

**5. 残端训练**　促进残端形成角质层及负重训练。取治疗用泥，对残端进行挤压，或用细沙土对残端处揉搓，每日数次，使残端形成角质层，提高局部皮肤的耐磨性。术后患者应尽早进行残肢负重练习。

**6. 助行器训练**　适用于双侧下肢截肢和下肢截肢平面较高患者，使用助行器时，注意纠正不良姿势，残肢关节应保持伸直位。

**7. 穿戴假肢训练**　穿戴正式假肢前，先穿戴临时假肢，使残端适应假体接受腔的感觉，为穿戴正式假肢奠定基础。

（1）上肢假肢训练　首先训练患者掌握假肢的穿脱，再训练手部抓握功能，最后进行饮食、修饰、如厕、穿脱衣服等日常生活活动训练。应着重训练健侧上肢，使健侧上肢功能更强，假肢起辅助作用。

（2）下肢假肢训练　首先训练患者掌握假肢的穿脱，再训练站立平衡、迈步、步行、上下楼梯等功能。双下肢截肢患者，应多训练助行器配合假肢的使用。

### （四）残肢常见并发症的康复护理

**1. 幻肢痛**　幻肢痛是截肢术后常见并发症，目前尚没有通用的、非常有效的治疗幻肢痛的方法。患肢和正常肢体同时尽力作双侧操练能缓解症状。心理支持、放松技术、催眠术、药物治疗、经皮神经电刺激、理疗、针灸，以及外科毁损等可有一定疗效。联合应用三环类抗抑郁药阿米替林和抗癫痫药，多数患者幻肢痛1~3个月可消失。

**2. 残端痛**　由神经瘤、炎症、残端骨刺形成及局部血液循环障碍引起。神经瘤可采用局部普鲁卡因封闭、经皮电刺激、超声波治疗等，症状严重且不能缓解者可考虑手术切除神经瘤。

**3. 残肢关节挛缩**　采用关节全范围活动、牵引等方法进行治疗。

**4. 残端肿胀**　截肢后残端血液循环差，如肿胀轻微，休息后可自行缓解，坚持假肢穿戴可促进水肿消退；如水肿严重，可用弹力绷带包扎，8字缠绕，每4小时改缠一次，夜间可持续包扎。

**5. 肌肉萎缩**　肌肉萎缩后可使接受腔不再适合，影响假肢代偿功能的充分发挥，因此，要进行肌力训练，在穿戴正式假肢后的长期生活过程中应防止残肢肌肉萎缩。

## 三、康复护理教育

**1. 保持适当体重**　由于接受腔和残肢的大小是相匹配的，当体重过大或过小都会影响假肢的使用，因此建议患者注重营养搭配，体重浮动控制在3kg以内。现代假肢接受腔的形状、容量十分精确，体形的改变会影响假肢的使用寿命。

**2. 保持清洁**　残肢要保持清洁干燥，袜套和接受腔要经常清洗，防止残端皮肤出现过敏、红肿、溃疡、感染等。

**3. 安全防护**　在日常生活活动中，要有安全意识，防止跌倒损伤。

## 目标检测

### 一、选择题

**（一）单项选择题（下列各题备选结果，只有一个选项正确）**

1. 残肢包扎时，应在术后多长时间切口愈合后改为软绷带包扎（　）
　　A. 1 周　　　　　　　　　B. 2 周　　　　　　　　　C. 3 周
　　D. 4 周　　　　　　　　　E. 5 周

2. 截肢术后的康复护理评定不包括（　）
　　A. 疼痛　　　　　　　　　B. 肌力　　　　　　　　　C. 关节活动度
　　D. 步态　　　　　　　　　E. 感觉

3. 大腿截肢术后，患者应保持的体位为（　）
　　A. 患侧卧位　　　　　　　　　　　　　B. 健侧卧位，在两腿之间放枕头
　　C. 仰卧位，髋关节保持外展　　　　　　D. 仰卧位，髋关节保持中立位
　　E. 俯卧位，髋关节外展

4. 截肢后主要的康复问题不包括（　）
　　A. 残肢肿胀　　　　　　　B. 残肢痛　　　　　　　　C. 幻肢痛
　　D. 残端畸形　　　　　　　E. 假肢的选择

5. 残肢评定不包括（　）
　　A. 健侧关节活动度　　　　B. 残肢长度　　　　　　　C. 残端肌力
　　D. 残肢皮肤　　　　　　　E. 残端畸形

6. 穿戴上肢假肢训练时应（　）
　　A. 首先训练假肢的穿脱
　　B. 首先训练手部抓握功能
　　C. 首先进行 ADL 训练
　　D. 着重训练患侧上肢，健肢起辅助作用
　　E. 上述说法都正确

**（二）多项选择题（下列各题备选结果，有 2 个或 2 个以上选项正确）**

7. 上肢截肢包括（　）
　　A. 腕关节离断　　　　　　　B. 前臂截肢　　　　　　　C. 肘关节离断

    D. 上臂截肢　　　　　　E. 赛姆截肢

8. 截肢后残肢常见并发症包括（　　）

    A. 幻肢痛　　　　　　　B. 残端痛　　　　　　　C. 残肢关节挛缩

    D. 残端肿胀　　　　　　E. 肌肉萎缩

### 三、思考题

1. 截肢可能会存在哪些功能障碍？

2. 穿戴下肢假肢需要进行哪些康复锻炼？

---

**书网融合……**

　　本章小结　　　　　　微课1　　　　　　微课2　　　　　　微课3　　　　　　题库

# 第十四章 人工髋膝关节置换术后的康复护理

PPT

## 学习目标

1. 通过本章学习，重点把握关节置换术的概念；人工髋膝关节置换术后主要的康复问题、康复护理评定及康复护理措施。

2. 学会运用所学知识，评估人工髋膝关节置换术后患者存在的主要功能障碍，制定康复护理计划，实施康复护理措施及健康指导，并具有良好的人文关怀精神，体现深度和精益求精的品德。

## 情境导入

**情景描述** 患者，女，70岁。患左膝骨关节炎8年，因活动时左膝疼痛剧烈，行走困难，长期以轮椅代步，日常生活受到严重影响而就诊。X片显示：左膝关节骨质增生，间隙狭窄，接近消失。骨科医生建议患者入院拟行左膝全关节置换手术。

**讨论** 1. 患者存在的功能障碍有哪些？

2. 该为患者选择哪些康复护理措施？

## 第一节 概 述  微课1

### 素质提升

#### "铁榔头"——郎平

中国女排前主教练、世界女排名将郎平在谈及髋关节置换术经历时，还是那么气场强大、信心满满，和赛场上的她一样。多年来的运动员生涯给了郎平体育精神上的快乐，但也让她身体尤其是关节倍受损伤。右侧髋关节置换术是郎平的第十一次手术。术后，她再次发挥了"铁榔头"精神，第二天就开始康复训练。"康复师要求很严格，我也认真自觉，所以康复计划推进得比较快，手术部位没有发生粘连、感染。"郎平回忆，训练计划是有针对性的，主要分为功能训练、力量训练和心肺训练三大部分。术后第四十天时，郎平走路已经完全甩掉了拐杖，并按照医生的要求每日到健身房做一个半小时的运动，包括骑自行车、垫上运动、联合器械和游泳等康复训练。郎平笑着说，"觉得特别好，知道这样我早就做了"。

关节置换术是指用人工关节替代和置换人体病损或受伤的关节，包括髋、膝、肘、肩、桡骨头、掌指关节置换等。我国自20世纪80年代开始进行关节置换术的实践和探索，其中人工髋和膝关节置换手术在临床上开展较多。本章重点介绍髋关节、膝关节置换术后的康复护理。

## 一、关节置换的原因

骨性关节炎、类风湿关节炎、严重骨折及恶性肿瘤等疾病或损伤影响患者正常的站立或行走功能，需要进行人工髋、膝关节置换术。

1. 骨性关节炎出现关节的严重退化，软骨积累性损伤、软骨黏多糖下降及纤维成分增加，导致软骨韧性下降，引起骨性关节炎。多见于中老年人。

2. 严重骨折后关节的正常解剖结构遭到破坏，或导致外伤性关节炎等，严重影响患者的站立、行走功能。

3. 类风湿关节炎引起的关节滑膜炎导致关节肿痛，关节软骨破坏、关节间隙变窄，晚期可因严重骨质破坏导致关节僵直、畸形和功能障碍。

4. 骨与关节的恶性肿瘤者需要截肢。

## 二、人工关节分类

### （一）人工髋关节分类

1. 按人体关节结构分为人工全髋关节和双杯型人工髋关节。

2. 按关节置换术分为人工半髋关节置换术，如股骨头置换术；人工全髋关节置换术。

3. 按照置换材料分为金属材料（如钛、钛合金等）；高分子材料（如骨水泥等）；陶瓷材料等。

4. 按固定方法分为骨水泥型固定和非骨水泥型（生物型）固定。目前，国内人工髋关节以改进Muller 型关节多见。

### （二）人工膝关节分类

1. 按设计种类分为髁型、铰链式及球臼式人工膝关节等类型。

2. 按固定方式分为骨水泥型、非骨水泥型固定等类型。

3. 按限制程度分为限制型、非限制型等类型。

# 第二节　康复护理评定 ⓔ 微课 2

## 一、主要康复问题

### （一）运动功能减退

关节疼痛及活动限制导致肌肉活动减少，导致废用性肌萎缩和肌力减退；疼痛通过神经抑制作用，影响肌力和关节稳定性，增加了能量消耗；关节和关节周围组织进行性退变、关节及关节软骨破坏、手术前后关节制动等均不同程度导致关节挛缩、粘连，导致患者运动功能明显减退。

### （二）步态异常

因关节病变导致的异常步态，引起关节负荷加重；髋、膝置换术后，手术截骨或假体安装部位不合适等原因，可能出现双下肢长短变化、关节活动受限、关节周围肌肉力量不平衡、关节不稳定及局部疼痛等问题，将不同程度地影响患者步态和步行能力。

### （三）疼痛

术前因退行性骨关节病、类风湿关节炎、外伤后关节炎等关节疾患，导致反复、进展性及活动后加重等慢性关节疼痛，药物和其他保守治疗效果不佳；术后因手术等创伤出现较为剧烈的疼痛。

### （四）关节活动受限或畸形

关节病损或不理想的关节置换术可能造成关节活动受限和关节畸形。如膝关节严重畸形，出现屈曲畸形、过伸畸形、内外翻等问题，导致日常活动能力降低。

### （五）ADL 能力降低

患者因关节疼痛或畸形导致活动时症状加重而减少活动，致使日常生活活动能力（如穿裤、穿鞋、转移、行走、上下楼梯等）下降，甚至丧失劳动能力。

### （六）心理障碍

关节疼痛反复发作，活动后疼痛加剧致使患者对日常活动产生恐惧心理，导致生活质量下降，产生严重心理障碍。

## 二、康复护理评定方法

### （一）术前评定

**1. 整体状况评定**　包括原发病、全身健康状况、精神状态、实验室及影像学检查等。

**2. 单项评定**　包括上、下肢肌力评定；下肢围度测量；关节活动度测量及受限原因评定等；观察步态，确定步态类型，有无使用助行器；术肢长度测定，包括双下肢长度及周径等。

### （二）术后评定

分别于术后 1 ~ 2 天、术后 1 周、2 周以及术后 1 个月、3 个月、6 个月进行评定。

**1. 临床评定**　测试患者的心、肺功能，观察患者的一般生命体征，分别了解心脏和呼吸功能在卧床和活动时的状况；检查伤口局部有无皮肤红、肿、热等感染体征；伤口愈合情况，有无渗出等。检查膝关节时可通过浮髌试验等判断关节内有无积液；关节周围组织的围径和肢体围度可作为判断软组织肿胀和肌肉萎缩的客观指标。

浮髌试验方法：患者仰卧位，下肢伸直放松，检查者一手拇指和其他手指分别固定在肿胀的膝关节上方，在膝关节的两侧加压，使关节腔内的液体不能够上、下流动，另一手示指将髌骨连续向后方按压数次。当按压时有髌骨与关节面的碰触感，松开时有髌骨随手浮起感时，即为浮髌试验阳性。

**2. 综合评定**　观察术后伤口愈合情况，有无疼痛，局部皮肤有无红、肿、热等感染体征；关节内或关节周围软组织的水肿状况；评定肢体围度、关节活动度、上下肢肌力情况以及活动及转移的能力、步态、关节的稳定性等。

目前，国内临床常用人工髋关节置换术后六级评价（表 14 - 1），以及人工全膝关节置换术 HSS 评分（表 14 - 2）。

**表 14 - 1　人工髋关节置换术后六级评分表**

| 分数 | 疼痛 | | 关节功能 | | | | |
| --- | --- | --- | --- | --- | --- | --- | --- |
| | 程度 | 服止痛剂 | 行走距离及步态 | 手杖 | 坐蹲 | 上下楼梯 | 生活自理 |
| 6 | 无痛 | 不用 | 长距离行走、不跛行 | 不用 | 自如 | 自如 | 完全独立 |
| 5 | 活动后偶有轻微疼痛 | 不用 | 长距离行走、稍跛行 | 不用 | 可蹲，坐无不适 | 不用扶手 | 稍困难，不影响功能 |
| 4 | 活动后疼痛稍重 | 偶服缓和止痛剂 | 室内行走良好，户外短距离行走 | 单手杖 | 不能蹲，可坐直 | 需扶手 | 除剪趾甲外，其他可独立完成 |

续表

| 分数 | 疼痛 | | 关节功能 | | | | |
|---|---|---|---|---|---|---|---|
| | 程度 | 服止痛剂 | 行走距离及步态 | 手杖 | 坐蹲 | 上下楼梯 | 生活自理 |
| 3 | 活动受限，但可忍受 | 常服缓和止痛剂 | 室内行走受限 | 单拐或双手杖 | 不能蹲，可坐椅子边 | 上下困难 | 除剪趾甲外，其他可勉强独立 |
| 2 | 稍活动即严重疼痛 | 偶服强止痛剂 | 室内行走明显受限 | 双拐 | 不能蹲，椅子边坐不久 | 不能 | 需人帮助 |
| 1 | 卧床不敢活动 | 常服强止痛剂 | 卧床或乘轮椅 | 不能行走 | 卧床 | 不能 | 不能 |

评分标准：1 级（优）16～18 分；2 级（良）13～15 分；3 级（中）10～12 分；4 级（尚可）7～9 分；5 级（差）4～6 分；6 级（很差）3 分。

表 14-2　人工全膝关节置换术 HSS 评分表

| 表现 | 评分 |
|---|---|
| （1）疼痛（30 分） | |
| 无论何时均无疼痛 | 30 |
| 行走时无疼痛 | 15 |
| 行走时轻微疼痛 | 10 |
| 行走时中度疼痛 | 5 |
| 行走时严重疼痛 | 0 |
| 休息时无疼痛 | 15 |
| 休息时轻微疼痛 | 10 |
| 休息时中度疼痛 | 5 |
| 休息时重度疼痛 | 0 |
| （2）肌力（10 分） | |
| 优：完全对抗阻力 | 10 |
| 良：部分对抗阻力 | 8 |
| 中：能带动关节活动 | 4 |
| 差：不能带动关节活动 | 0 |
| （3）屈膝畸形（10 分） | |
| 无畸形 | 10 |
| ＜5° | 8 |
| 5°～10° | 5 |
| ＞10° | 0 |
| （4）功能（22 分） | |
| 行走、站立无限制 | 12 |
| 行走 5～10 街区（2500～5000m） | 10 |
| 行走 1～5 街区（500～2500m） | 8 |
| 行走少于 1 街区（500m） | 4 |
| 不能行走 | 0 |
| 能上楼梯 | 5 |
| 能上楼梯，但需矫形器 | 2 |
| 屋内行走，无需矫形器 | 5 |
| 屋内行走，需矫形器 | 2 |

续表

| 表现 | 评分 |
|---|---|
| （5）活动度（18分） | |
| 每活动8度得1分，最高18分 | |
| （6）稳定性（10分） | |
| 正常 | 10 |
| 轻微不稳0°~5° | 8 |
| 中度不稳5°~15° | 5 |
| 严重不稳＞15° | 0 |
| （7）减分项目 | |
| 单手杖 | −1 |
| 单拐杖 | −2 |
| 双拐杖 | −3 |
| 伸直滞缺5° | −2 |
| 伸直滞缺10° | −3 |
| 伸直滞缺15° | −5 |
| 每5°外翻扣1分 | −1 |
| 每5°内翻扣1分 | −1 |

评分标准：优＞85分，良70~84分，中60~69为，差＜59分。

# 第三节　康复护理技术 ⓔ微课3

## 一、康复护理目标

1. 减少术后出血、感染、脱位及假体松动等并发症。
2. 提高手术关节附近肌群肌力，改善置换后关节活动度，重建关节良好功能。
3. 维持手术关节稳定性，恢复正常步行姿势。
4. 恢复体力，提高日常生活活动能力，促进生活自理，回归家庭，重返社会。
5. 增加患者对置换关节的认知，延长关节使用寿命。

## 二、康复护理措施

### （一）人工髋关节置换术的康复护理

**1. 术前康复护理**　目的：为患者接受手术做身体及心理上的准备，预先学习术后的康复训练方法，增强患肢肌力。

（1）心理疏导　介绍手术概况，消除患者疑虑，使患者以良好的心理状态接受手术及后期的康复训练。

（2）指导患肢活动　加强患侧踝关节、足趾关节活动，学会不负重触地式步行。

（3）肌力训练　加强术侧下肢各肌群的肌力训练。如髋外展肌、股四头肌、腘绳肌的等长收缩训练。

（4）床上排便训练　指导患者进行早期卧床排便训练，预防术后因体位不习惯而导致尿潴留。

（5）控制体重 指导患者控制体重，减少术后假体的负担，以延长假体寿命。

**2. 术后康复护理** 目的：预防并发症，增强髋关节周围肌群肌力，改善髋关节活动度，达到髋关节的功能重建。

（1）床上良姿位

①手术 24 小时：患者仰卧位，在手术侧肢体下方垫软枕，使髋、膝关节稍屈曲，术侧足穿防旋转鞋（丁字鞋），避免下肢外旋，并缓解疼痛。

②术后 1~7 天：撤除软垫，尽量伸直术侧下肢，以防屈髋畸形；保持术侧下肢处于外展中立位，可在双腿间放置三角垫，但需防止手术侧髋关节置于外旋伸直位；为防止患者向健侧翻身引起髋外旋，床头柜应放在手术侧；取健侧卧位时，两腿之间垫上软枕，防止髋关节屈曲大于 45°~60°。

髋关节置换术后应避免的危险体位：髋屈曲超过 90°；下肢内收越过身体中线；伸髋外旋；屈髋内旋。

（2）消肿、止痛

①冰疗：术后第 1 天可使用冰袋冷敷，置于术侧髋关节周围，每次 15~20 分钟，2~4 小时/次。

②经皮神经电刺激：可作为辅助止痛治疗。采用频率为 100 Hz 的双通路四电极分别置于手术伤口两侧。

（2）预防并发症 主要预防术后伤口感染、肺部感染、深静脉血栓形成等。可采用术后良姿位卧床；尽早开始深呼吸和有效的咳嗽训练，同时双上肢做伸展扩胸运动，预防肺部感染；踝关节"泵"式往返训练，踝关节主动背屈与跖屈，预防下肢深静脉血栓形成。

（3）肌力训练 患侧关节周围肌肉的等长收缩，以及健侧下肢和双上肢主动活动、抗阻训练。鼓励患者做患肢踝关节背屈、跖屈动作以及臀肌、股四头肌、腘绳肌等长收缩训练。

（4）关节活动度训练 术侧髋关节伸直位下进行内收和外展被动活动，充分伸展屈髋肌及关节囊前部，患侧髋关节轻度外展 20°~30°，髋关节无旋转，以不引起疼痛为宜。也可利用电动起立床进行站立位练习，逐渐增加斜床角度及站立时间。

（5）负重与步行训练

1）负重训练：术后开始负重训练时机受假体类型、固定方式、手术操作、髋关节软组织情况、患者体力等影响。

①骨水泥固定型假体：术后第 1 天，可借助助行器或双拐离床负重，练习床边站立、部分负重行走和上下阶梯；术后 1 周，改用健侧拐杖或手杖。

②非骨水泥固定型假体：术后第 1 天，可借助助行器或双拐离床，但不负重，负重时间适当推迟；术后第 3 周，开始患侧逐渐负重，第 3 周负重为体重 25%，第 4 周负重体重 50%，第 6 周负重体重 75%，第 8 周负重体重 100%。

2）步行训练：术后 24 小时，持助行器下地行走，站稳后健腿先向前迈步，助行器或拐杖随后前移，患腿随后或同时向前迈步，挺胸，双目平视前方。

3）步态训练：①站立相：训练髋伸展及膝关节屈、伸控制，髋、膝、踝协调运动，以及患肢的负重练习。②摆动相：训练摆动时屈髋屈膝，伸髋屈膝，足跟着地时伸膝和足背屈。

（6）髋关节保护技术 术后应注意关节保护，防止关节脱位，延长假体关节使用寿命。

①预防关节脱位：术后 3 个月，髋关节屈曲不超过 90°；内收不超过身体中线；手术后 6 个月，避免髋关节屈曲、内收、内旋位。

②良好姿位：避免把患肢放在健腿上，如翘二郎腿或两腿交叉；避免座椅或沙发太低，坐位时保持身体直立，不前倾或弯腰；不从较低的坐位上起立，过度向前屈曲；不下蹲取物；防止术侧髋关节内

收、内旋位。

③适宜运动：避免跑、跳、快速行走、爬山和球类等活动，以免增加假体负荷导致松动。

（7）心理护理　患者术后易出现抑郁、焦虑心理，应及时开展心理疏导，消除日后生活疑虑。

### （二）人工膝关节置换术的康复护理

**1. 术前康复护理**　目的：减轻患者心理压力、增强信心、促进康复。

（1）使患者充分了解术后康复的重要性，缓解心理压力。

（2）指导患者学会有效咳嗽、深呼吸，练习床上大小便。

（3）指导患肢进行股四头肌锻炼及膝关节主动运动训练。

（4）指导患者学习持助行器及拐杖行走。

**2. 术后康复护理**　目的：改善膝关节的活动范围；增强膝关节周围肌力，保证关节的稳定；加强膝关节主、被动活动，防止术后关节粘连；改善下肢血循环，避免并发症；改善患者精神心理状态，提高生活质量。

（1）术后1~3天　用石膏后托固定术侧膝关节于伸直位，抬高患肢平心脏水平，预防水肿及膝关节屈曲挛缩；冰敷或经皮神经电刺激，以消肿、止痛；向心性按摩；深呼吸和有效咳嗽训练；踝"泵"运动；股四头肌和腘绳肌的等长收缩运动，直腿抬高练习。

（2）术后4天~2周

1）股四头肌交互抑制训练：将患膝放置在舒适姿势，让患者主动收缩腘绳肌，同时在小腿后侧轻轻地给予阻力，在股四头肌放松及延长的情况下增加膝关节屈曲。

2）膝关节活动度练习：患者坐轮椅，术侧足触地，双手轻轻地向前方推动轮椅，使膝关节被动屈曲，并维持6秒后，主动抬腿伸膝，维持6秒。

3）行走及负重训练：骨水泥固定者在可忍受程度内部分负重，采用步行器或腋拐保护。非骨水泥固定者术后6周开始部分负重。

4）本体感觉训练：盲视下的关节角度重复训练，平衡训练，双侧关节感知训练。

（3）术后4~6周

1）肌力训练：股四头肌和腘绳肌多角度等长运动和轻度的抗阻练习。如将术侧足分别放在不同级阶梯上，在不同的角度上进行等长肌力训练；或仰卧位下，保持髋关节屈曲下做直腿抬高练习。

2）关节活动度训练：低强度长时间牵张（或收缩）－放松练习，以增加膝关节活动度。如固定式自行车练习。

3）步态与平衡训练：纠正异常步态，可先在平行杠内进行，逐渐过渡到平行杠外扶拐练习。

（4）术后7~12周

1）肌力训练：仰卧位、俯卧位和侧卧位下直腿抬高练习，增强髋伸展肌和外展肌肌力。

2）膝部稳定和控制训练：①膝关节微蹲短弧度训练：如患者站立位背靠墙，缓慢屈曲髋和膝关节，使背部靠墙面下移，然后再向上移动身体。②膝关节小弧度刺激动作训练：双足并立，术侧足向前小弓箭步，使膝关节微屈，再伸直膝关节，接着术侧足回复到原开始位置。

3）步行训练：先平地开始，然后过渡到不同条件地面行走，逐步提高协调控制步态及快速行走的能力。应同时练习侧向走及后退等。

4）上下楼梯训练：①上楼梯动作顺序：健腿→患腿→手杖。②下楼梯动作顺序：手杖→患腿→健腿。

5）日常生活活动能力训练：包括卧－坐－立转移训练、如厕转移训练，乘车转移训练以及穿戴鞋袜训练、上下台阶训练等。

### 三、康复护理教育

**1. 保持正确体位**　髋关节置换术后应避免翘二郎腿、盘腿坐、坐太低的座椅或沙发，坐位时保持身体直立。

**2. 借助辅助器具**　可使用穿袜辅助器及长柄鞋拔等，避免在穿袜穿鞋时过度弯曲髋关节。

**3. 环境改造**　如在洗漱室安装无障碍扶手；安装楼梯扶手；升高马桶坐垫等。

**4. 指导术后随诊时间**　第一次术后随诊时间应为术后 1.5~2 个月；第二次应为术后 4 个月；第三次应为术后 1 年；以后每年复查一次，如出现异常应及时随诊。

## 目标检测

### 一、选择题

**（一）单项选择题（下列各题备选结果中，只有一个选项正确）**

1. 下列关于人工关节的描述，错误的是（　　）

　　A. 人工关节是一种人工器官

　　B. 人工关节可完全替代人体器官功能

　　C. 人工关节置换术是使用人工关节置换已失去功能的病伤关节

　　D. 全身关节不只有髋膝关节可以置换人工关节

　　E. 人工关节置换术需要一定的手术指征

2. 人工髋关节置换术后主要的康复问题不包括（　　）

　　A. 髋关节疼痛　　　　　　B. 下肢活动能力下降　　　　　C. 精细活动能力下降

　　D. 心理及社交障碍　　　　E. ADL 受限

3. 人工髋关节置换术后床上应采取的体位为（　　）

　　A. 术后 24 小时取仰卧位，髋屈曲超过 90°

　　B. 术后 24 小时取仰卧位，下肢内收越过身体中线

　　C. 术后 24 小时取仰卧位，伸髋外旋

　　D. 术后 24 小时取仰卧位，术侧肢体下方垫软枕，髋、膝关节稍屈，术侧足穿防旋转鞋（丁字鞋），避免下肢外旋

　　E. 术后 24 小时取仰卧位，屈髋内旋

4. 下列关于人工髋关节置换术后预防关节脱位的描述，正确的是（　　）

　　A. 术后 3 个月，髋关节屈曲超过 90°

　　B. 髋内收超过身体中线

　　C. 髋关节屈曲、内收、内旋位

　　D. 避免把患肢放在健腿上，如翘二郎腿或两腿交叉

　　E. 可下蹲取物

5. 下列关于人工髋膝关节置换术康复护理的描述，错误的是（　　）

　　A. 没必要进行术前评定

　　B. 术后应避免摆放危险体位

　　C. 术后应进行肌力训练

D. 术前应进行相邻关节活动训练

E. 术后应预防并发症的发生

6. 人工膝关节置换术后上下楼梯方法的描述，正确的是（　　）

    A. 上楼梯：健腿→患腿→手杖；下楼梯：手杖→患腿→健腿

    B. 下楼梯：健腿→患腿→手杖；上楼梯：手杖→患腿→健腿

    C. 下楼梯：患腿→健腿→手杖；上楼梯：手杖→患腿→健腿

    D. 下楼梯：健腿→患腿→手杖；上楼梯：手杖→健腿→患腿

    E. 上述都不对

**（二）多项选择题（下列各题备选结果，有 2 个或 2 个以上选项正确）**

7. 人工髋膝关节置换术后的康复护理措施包括（　　）

    A. 心理疏导　　　　　　B. 肌力训练　　　　　　C. 关节活动训练

    D. 预防并发症　　　　　E. 步态训练

8. 人工髋膝关节置换术后主要的康复问题包括（　　）

    A. 关节疼痛　　　　　　B. 运动能力下降　　　　C. 心理及社交障碍

    D. ADL 能力受限　　　　E. 上述都是

## 二、思考题

1. 人工膝关节置换术后膝部稳定和控制训练方法有哪些？

2. 人工髋关节置换术前康复护理内容有哪些？

---

**书网融合……**

本章小结　　　　　　微课 1　　　　　　微课 2　　　　　　微课 3　　　　　　题库

# 第十五章　慢性阻塞性肺疾病的康复护理

◎ 学习目标

    1. 通过本章学习，重点把握慢性阻塞性肺疾病的概念、主要功能障碍及康复护理措施。

    2. 学会运用所学知识，评定慢性阻塞性肺疾病患者，制定并实施康复护理措施和康复指导，具有良好的人文关怀精神，体现深度和精益求精的品德。

≫ 情境导入

**情景描述**　患者，男，63 岁，有大量吸烟史 45 年，慢性支气管炎病史 18 年。患者因慢性咳嗽、咳痰伴喘息 18 年，加重伴气短、气促、呼吸困难 2 天入院。入院时体检：体温 39.2℃，呼吸频率 20 次/min，心率 125 次/min，血压 135/90mmHg，呼气性呼吸困难，桶状胸，肺部可闻及散在的干湿啰音。

**讨论**　1. 该患者存在的功能障碍有哪些？应如何进行肺功能评定？

        2. 应为该患者采取哪些康复护理措施？

## 第一节　概　述

PPT

    慢性阻塞性肺疾病（chronic obstructive pulmonary disease，COPD）简称慢阻肺，是一组以不完全可逆的气流受限为特征的慢性肺部疾病，主要包括以气流受阻为特征并呈进行性发展的慢性支气管炎及合并的肺气肿。

### 一、病因

    慢性阻塞性肺疾病的确切病因不清楚，目前认为其发病因素包括个体易感因素以及环境因素两个方面，两者相互影响。

    **1. 吸烟**　吸烟是引起 COPD 最危险的发病因素。调查显示，吸烟者 COPD 的患病率显著高于不吸烟者 4~8 倍，被动吸烟也可导致呼吸道症状以及 COPD 的发生。

    **2. 呼吸道感染**　反复的呼吸道感染是慢性支气管炎发病、加重及复发的基本原因。临床报告提示，肺气肿的发病 80% 是由慢性支气管炎发展而来，且极易发展为肺源性心脏病，导致心肺功能受到损害。

    **3. 空气污染**　空气中的烟尘或二氧化硫明显增加时，COPD 急性发作显著增多。研究表明，厨房烹调产生的大量油烟和生物燃料产生的烟尘与 COPD 发生密切相关。

    **4. 过敏**　慢性支气管炎尤其是哮喘型者，与过敏有一定关系，如真菌、尘螨和花粉等。

    **5. 职业暴露**　研究发现，职业粉尘暴露，如采矿、采石、铸造、水泥粉尘、油漆、化工等可增加人群呼吸道症状的危险度。

    **6. 个体因素**　某些遗传因素可增加 COPD 发病的危险性。目前已知的遗传因素为 $\alpha_1$ – 抗胰蛋白酶缺乏与非吸烟者的肺气肿形成有关。

## 二、临床表现及分类

### （一）临床表现

**1. 慢性咳嗽**　常为最早出现的症状，随病程发展可终身不愈，常晨间咳嗽明显，夜间有阵咳或排痰。当气道严重阻塞，通常仅有呼吸困难而不表现出咳嗽。

**2. 咳痰**　一般为白色黏液或浆液性泡沫痰，偶可带血丝，清晨排痰较多。急性发作期痰量增多，可有脓性痰。

**3. 气短或呼吸困难**　慢性阻性肺疾病的主要症状，早期在劳力时出现，后逐渐加重，以至在日常生活甚至休息时也感到气短。但由于个体差异，部分人可耐受。

**4. 喘息和胸闷**　部分患者特别是重度患者或急性加重时出现的。

**5. 全身性症状**　疲乏、消瘦、焦虑等常在慢性阻塞性肺疾病病情严重时出现，但并非慢性阻塞性肺疾病的典型表现。

### （二）分类

**1. 气肿型（又称红喘型 A 型）**　患者多较年老、消瘦，呈喘息外貌、无发绀，肺气肿的症状和体征明显，而气道感染和炎症较轻。由于常发生过度通气，血气分析 $PaO_2$ 轻度降低，$PaCO_2$ 可正常或降低。

**2. 支气管炎型（又称紫肿型 B 型）**　患者多年轻、体胖，发绀、气道感染及炎症明显，而肺气肿较轻。由于气道阻塞较重，血气分析 $PaO_2$ 显著降低，$PaCO_2$ 常明显增高，多合并呼吸衰竭。

**3. 混合型**　气道感染、炎症和肺气肿的临床表现并存。

# 第二节　康复护理评定  微课1

PPT

 **素质提升**

### 钟南山院士的心愿

　　钟南山院士：治疗慢性阻塞性肺疾病是我的愿望，一辈子的愿望，为什么？现在很多患者等到病情进展到三期或四期，症状很明显才开始治疗，实际上这是非常落后的。现在有谁说高血压要等脑出血才治疗，有谁说糖尿病要等到出现糖尿病足、心功能衰竭再去治疗？早期糖尿病用点药，早期高血压就用药，后面就不会发生更严重的情况。但是慢性阻塞性肺疾病患者全国有9000多万人，其中95%都是早期的，没人进行早期干预。所以我的愿望就是，希望通过几年的努力，能够对慢性阻塞性肺疾病患者进行早期干预，使患者的情况得到早期改善，不往坏处再发展。"走出一条能够像高血压、糖尿病一样早期干预治疗慢性阻塞性肺疾病的路"，这就是钟南山院士的愿望！

## 一、主要康复问题

### （一）有效呼吸减低

**1. 有效通气量降低**　肺气肿使肺组织弹性回缩力减低，呼气时将肺内气体驱赶到肺外的动力减低，气流速度减慢，同时，肺组织弹性回缩力减低，失去了对小气道的牵拉作用，呼气末小气道容易发生闭合，气道阻力增加，导致有效通气量降低，影响了气体交换功能。

**2. 长期慢性炎症**　呼吸道黏膜充血和水肿，管壁增厚，管腔狭窄，呼吸道分泌物的引流不畅，加重了换气功能障碍，导致缺氧和二氧化碳潴留。

**3. 胸廓活动受限**　不少慢性支气管炎患者年龄偏大，有不同程度的驼背，肋软骨有不同程度的钙化，限制了胸廓的活动，导致肺通气功能下降。

### （二）病理性呼吸模式

肺通气功能障碍，影响了患者平静呼吸过程中膈肌的上下移动，减少了肺的通气量；患者为了弥补呼吸量的不足，增加呼吸频率，在安静状态下也代偿性使用胸式呼吸，甚至动用辅助呼吸肌（如胸大肌、斜方肌、三角肌等）参与呼吸，久之形成浅快、用力的病理性呼吸模式，使得正常的腹式呼吸难以建立，限制有效呼吸。

### （三）呼吸肌无力

呼吸困难、有效呼吸减少及病理式呼吸模式产生，减少了机体活动量，影响肋间肌、膈肌、腹肌等呼吸肌运动，从而产生呼吸肌无力。

### （四）活动能力减弱

病理式呼吸模式让不该参与呼吸运动的肌群参与活动，气短、气促让患者颈肩背部甚至全身肌群紧张，体能消耗增加；患者因恐惧出现劳累性气短，导致自身活动受限，丧失了日常生活活动能力、工作及学习能力。

### （五）心理障碍

患者长期通气功能下降，氧气供应不足，产生精神紧张、烦躁不安、乏力、气短等并发症，影响了患者的休息和睡眠，产生焦虑、紧张、烦躁等心理障碍和精神负担。

## 二、康复评定方法

### （一）健康状况评估

了解患者的一般情况及家族史；了解患者过去史、吸烟情况，是否有慢性支气管炎、肺气肿、哮喘等。

### （二）肺功能评定

临床常用的评定方法包括肺活量、肺总量、第1秒用力呼气量（$FEV_1$）占预计值的百分比、呼吸肌功能评定等。

**1. 肺活量（VC）**　尽力吸气后缓慢而完全呼出的最大空气容量，为最常用的肺功能测试指标之一。COPD 患者因呼气气流受阻，肺泡过度充气，出现肺活量下降，而肺总量、残气容积、功能残气量增高。

**2. 第1秒用力呼气容积（$FEV_1$）**　尽力吸气后尽最大努力快速呼气，第1秒所能呼出的气体容量。$FEV_1$ 是 COPD 的一项敏感指标，不仅可以检出轻度呼气气流受限，也能反映中、重度呼气气流受限，操作简单，变异率低。COPD 患者呼气气流受限分级见表 15-1。

表 15-1　COPD 气流受限分级

| 分级 | $FEV_1$ 占预计值的百分比 |
| --- | --- |
| 轻度 | $FEV_1$/预计值 ≥ 80% |
| 中度 | 50% ≤ $FEV_1$/预计值 < 80% |
| 重度 | 30% ≤ $FEV_1$/预计值 < 50% |
| 非常重度 | $FEV_1$/预计值 < 30% |

### （三）运动功能力评定

**1. 心电运动试验**　通过活动平板或功率踏车进行运动试验获取最大心率、最大吸氧量、最大代谢当量（METS）等指标来评定患者运动能力，也可通过试验中患者的主观用力程度分级（Borg 计分）等半定量指标来评定患者运动能力。

**2. 定量行走评定**　让患者进行 6 分钟或 12 分钟的步行试验，记录能走的最长距离。对于不能进行心电运动试验的患者可进行此项检查。

**3. 耐力运动试验**　如在固定自行车上或步行器上用最大负荷（由开始的渐进连续试验测得）测定耐力，选用固定负荷为最大负荷的 75% ~ 85%，记录其速度和时间。

**4. 呼吸肌功能评定**　气流受阻，肺泡过度充气，增加了呼吸肌的负荷；异常的呼吸模式增加了呼吸肌的耗能；心肺功能下降致呼吸肌血供不足。对呼吸肌肌力和耐力进行评定能反映患者的肺功能，也是呼吸功能训练疗效评价的重要指标。

### （四）日常生活能力评定

日常生活活动（ADL）能力是衡量患者病情严重程度的指标，也是评价患者治疗效果的重要指标。根据日常生活活动受限的程度将 COPD 患者的日常生活活动能力分为 6 级（表 15 - 2）。

**表 15 - 2　COPD 患者日常生活活动能力分级**

| 分级 | 主要表现 |
| --- | --- |
| 0 级 | 虽存在不同程度肺气肿，但活动如常人，对日常生活无影响、无气短 |
| 1 级 | 一般劳动时出现气短 |
| 2 级 | 平地步行无气短，速度较快或上楼、上坡时，同行的同龄健康人不觉气短而自己感觉气短 |
| 3 级 | 慢走不到百步即有气短 |
| 4 级 | 讲话或穿衣等轻微活动时亦有气短 |
| 5 级 | 安静时出现气短，无法平卧 |

### （五）心理社会评定

由于自身呼吸困难和慢性缺氧，COPD 患者经常处于持续紧张不安的焦虑状态，导致胸壁肌紧张程度增加，呼吸更为困难，患者表现出情绪不稳定等问题。

## 第三节　康复护理技术 💬微课 2

PPT

## 一、康复护理目标

**1. 保持呼吸道通畅**　清除呼吸道分泌物，保持和改善呼吸道通畅，消除或减少刺激呼吸道的因素。

**2. 指导呼吸训练**　获取轻松、正确的呼吸方式，增加胸腔活动，指导患者形成有效的呼吸模式，减少呼吸运动时气管肺泡的塌陷，改善呼吸调节控制。

**3. 提高机体免疫力**　指导患者呼吸与日常生活活动相适应，改善膈肌和胸廓的运动，提高心功能和全身体力，尽可能地恢复活动能力。增强生活自理能力，减少住院次数。

**4. 提高活动耐力**　提高机体能力储备，改善或维持体力和耐力，帮助相关呼吸肌群放松，提高呼吸效率。

**5. 精神放松**　建立"控制呼吸能力"自信心，身心放松，减少用药量，减轻气促、气短等症状及精神症状如压抑、紧张等康复护理方法。

## 二、康复护理措施

### （一）康复护理原则

**1. 个体化原则**　依据 COPD 患者不同阶段全身情况、合并症、康复需求、职业及家庭情况制订不同的康复护理方案。

**2. 整体化原则**　康复护理时不单纯针对呼吸功能，而是要结合身心功能、体能及心理环境因素进行全面的康复护理。

**3. 循序渐进原则**　实施康复护理时，应根据患者具体情况，内容由少到多，程度由易到难，训练量由小到大，使患者逐渐适应，注意运动强度、运动前后患者反应，严防出现呼吸性酸中毒和呼吸衰竭。

### （二）康复护理措施

**1. 呼吸训练**

（1）腹式呼吸　通过增大横膈的活动范围来提高肺的伸缩性，以提高呼吸效率，缓解呼吸困难，又称膈呼吸。

方法：吸气时鼓起腹部，呼气时腹部收缩下陷，尽量把肺的气体排出。横膈活动每增加 1~2cm，可增加肺通气量 250~350ml。腹式呼吸是一种最省力、低耗、高效的生理性呼吸模式。

腹部加压暗示呼吸法：体位舒适放松（仰卧位、半卧位或坐位），患者将自己的手按压在上腹部，集中注意力，呼气时腹部下陷，双手随之下压，进一步增加腹压，使膈肌进一步上抬；吸气时，上腹部对抗手的压力，将腹部缓慢隆起。训练要领：吸时经鼻，呼时经口，深吸细呼，不可用力。每分钟 7~8 次，每次训练 10~15 分钟，每日 2 次，反复训练，以后逐渐增加次数和时间。

（2）缩唇呼吸　呼气时通过缩唇限制呼气流，使气道保持一定压力，促进更多的残留气体排出，改善通气量，又称吹笛样呼气法或吹蜡样呼气法。

方法：鼻吸气，闭嘴；然后缩嘴呼气，每分钟呼吸频率 <20 次，呼气与吸气时间的比例为 1∶2 或 1∶3。

（3）抗阻呼吸　在进行腹式呼吸训练时增加阻力的训练方法。

方法：坐位，吹蜡烛，逐渐增加吹蜡烛的距离与时间；卧位，在脐和耻骨联合之间放上 1kg 重的沙袋，每 2 日增加一次重量，逐渐加到 3kg，2 次/日，30 分钟/次。

（4）深慢呼吸　深慢呼吸模式可以减少解剖死腔，提高肺泡通气。

方法：呼气与吸气时间的比例为 1∶2。训练前先设置呼吸节律，随训练次数增多，节律逐渐减慢。

**2. 排痰训练**

（1）有效咳嗽训练　帮助过多的支气管分泌物由气道排出，以改善通气功能。

方法：分为 6 个步骤。①进行数次深吸气、缓呼气的腹式呼吸练习。②先深吸气，以达到必要的吸气容量。③吸气末段暂屏气 3~5 秒，以使气体在肺内得到最大分布。④身体前倾，通过增加腹内压来增加胸内压，使呼气时产生高速气流。⑤当肺泡内压力明显增高时，突然将声门打开，即可形成由肺内冲出的高速气流，连续进行 2~3 次短促有力的咳嗽，将痰液咳到咽部附近，再迅速用力将痰液咳出体外。⑥缓慢深吸气，缓呼气，重复以上动作，连续 2~3 次后，嘱患者静卧休息。咳嗽时要收缩腹肌，或用自己的手按压上腹部，帮助咳嗽。

（2）胸部叩击与胸壁震颤　利用震颤和叩击让黏稠的痰液脱离支气管壁，移至较大的支气管而排出。

方法：协助患者坐位或侧卧位。治疗者五指并拢呈弓形，用中等以患者能承受为宜的力量、以腕关节的力量，以 40 ~ 50 次/分的频率、由下至上、由外至内叩击。每次 10 ~ 15 分钟。同时指导患者深呼吸气后用力咳痰。咳嗽时嘱患者身体略向前倾，腹肌用力收缩、在深吸气后屏气 3 ~ 5 秒再咳嗽，重复数次。咳嗽后注意心律，有无缺氧，听诊呼吸音。如果心率增加 20 次/分，喘息、缺氧则应暂缓咳痰，并予以吸氧。

（3）体位引流　借助重力作用使支气管内分泌物流向引流支气管开口处而被排出体外。适用于神志清楚、体力较好、分泌物多的患者。体位选择以支气管解剖为基础，病变肺部处于高位，引流支气管开口向下，痰液可顺体位引流排出。

方法：根据病灶位置，变换体位，一般取侧卧、仰卧或俯卧位。体位引流步骤（表 15 - 3）。若引流痰液排出不多，可同时进行腹式呼吸来增加引流液排出；若分泌物少则每天上、下午各引流 1 次；若痰量多宜 3 ~ 4 次/日，以餐前为宜，也可早晨起床或睡觉前等。

表 15 - 3　COPD 患者体位引流步骤

| 步骤 | 体位 | 引流部位 |
| --- | --- | --- |
| 1 | 坐位，上身左右前后倾斜45°各10秒 | 两肺上叶 |
| 2 | 去枕，仰卧位<br>俯卧位 | 两肺上叶前区<br>两肺上叶后区及下叶 |
| 3 | 头垫枕，右（左）侧卧位，旋转左（右）肩及上身 | 左（右）肺上叶和下叶侧区 |
| 4 | 俯卧位，下腹垫枕双手交叉放置额上 | 两肺下叶 |
| 5 | 仰卧位，头低15°，右侧卧位<br>左侧卧位 | 右肺中叶和左肺区的舌叶<br>左肺下叶外侧区及肺底区 |
| 6 | 头及侧腹垫枕，头低15°，右侧卧位<br>左侧卧位 | 左肺下叶外侧区及肺底区<br>右肺下叶外侧区及肺底区 |
| 7 | 去枕，头低15°，仰卧，上身离床左旋45°<br>上身离床右旋45° | 右肺中叶<br>左肺上叶的舌叶 |
| 8 | 仰卧，头与上臂与床边呈45°，下垂双臂及着地持续1~5分钟 | 两肺除上叶外各叶 |

**3. 体力训练**　指导患者进行步行、爬斜坡、上下楼梯及慢跑等为主的有氧运动，以增强患者的体力，改善心肺功能。训练强度可以循序渐进，运动量由慢至快，由小到大，以身体耐受情况为度。开始运动 5 ~ 10 分钟，4 ~ 5 次/日，适应后可延长至 20 ~ 30 分钟/次，3 ~ 4 次/日。

**4. 辅助治疗**

（1）氧疗　每天进行 15 小时或夜间持续低流量（1.0 ~ 2.0L/min）的家庭氧疗，能明显改善 COPD 患者生存质量和延长寿命。夜间低氧血症者可在睡时吸氧，休息时无明显低氧血症者可在运动时吸氧。为防止因吸氧而造成二氧化碳麻醉，氧流量休息时应低于 3.0L/min、运动时应低于 5.0L/min。

（2）营养支持　保证充足营养，给予高蛋白、高热量、高维生素饮食。合理的膳食搭配、科学的烹调方法、正确的饮食习惯，可改善机体代谢功能，增强身体素质，促进疾病康复。

**5. 心理护理**　患者长期胸闷、咳嗽、呼吸困难会影响其正常生活，且随着病情进展患者常常会有焦虑、失落、悲观等心理问题，如果病情恶化这种心理障碍就会逐渐加重。医护人员在康复护理中要认真观察患者的一言一行，针对不同的心理问题给予相应的心理康复护理。

## 三、康复护理教育

在康复护理的同时加强康复宣传教育是预防和控制 COPD 的重要环节。

**1. 疾病知识教育**　帮助患者了解正常呼吸道的解剖结构和呼吸肌的功能；认识呼吸在人的生命中的重要作用；掌握正常的呼吸方式和呼吸习惯等。

**2. 良好的生活作息**　注意保护呼吸道清洁卫生；增强身体抵抗力，预防感冒，减少呼吸道发病的机会，如定时起床、睡眠、饮食等。

**3. 戒烟**　认识吸烟的危害，保持居住环境空气的清新和通畅。告知各种年龄及各期的 COPD 患者均应戒烟。

**4. 增强体质**　预防急性呼吸道感染，在身体条件允许情况下，坚持用冷水洗脸、擦身等方法进行耐寒锻炼。加强缓解期营养摄入，指导进行呼吸训练的患者高蛋白、高热量、高维生素、易消化饮食，提高呼吸训练耐力和能量。

**5. 家庭氧疗指导**　长期低流量吸氧（＜ 5L/分）可以提高患者生活质量，提高 COPD 患者的生存率。使用氧气过程中要禁止吸烟，预防火灾和爆炸。

## 目标检测

### 一、选择题

**（一）单项选择题（下列各题备选结果，只有一个选项正确）**

1. 与 COPD 发生关系最密切的是（　　）
   A. 吸烟 　　　　　　　　　B. 感染因素 　　　　　　　　C. 免疫因素
   D. 气候异常 　　　　　　　E. 过敏因素

2. 阻塞性肺气肿最主要的临床表现是（　　）
   A. 咳嗽、咳痰 　　　　　　B. 心音减弱 　　　　　　　　C. 呼吸音粗糙
   D. 呼吸困难 　　　　　　　E. 肺部啰音

3. 护士指导患者预防慢性阻塞性肺疾病（COPD）应首先强调（　　）
   A. 戒烟 　　　　　　　　　B. 预防感冒 　　　　　　　　C. 避免着凉
   D. 加强锻炼 　　　　　　　E. 改善环境卫生

4. 护士指导慢性阻塞性肺疾病患者加强腹式呼吸的原因是（　　）
   A. 有利于痰液排出
   B. 增加肺泡张力
   C. 使呼吸幅度扩大，增加肺泡通气量
   D. 增加呼气末气道内压力
   E. 防止小气道过早塌陷

5. 确诊慢性阻塞性肺疾病（COPD）最主要的依据是（　　）
   A. 胸部 X 片
   B. 血气分析
   C. 肺功能检查
   D. 典型的慢性咳嗽、咳痰症状
   E. 肺部检查

6. 患者，男，62 岁，咳嗽 20 余年，近日咳大量浓痰、胸闷气短，诊断为阻塞性肺疾病。护士指导患者下列哪种措施能有效改善该呼吸困难（　　）
   A. 祛痰剂 　　　　　　　　B. 超声雾化 　　　　　　　　C. 插管吸痰
   D. 呼吸器 　　　　　　　　E. 腹式呼吸训练

（二）多项选择题（下列各题备选结果中，有2个或2个以上选项正确）

7. 慢性阻塞性肺疾病患者家庭氧疗应注意的问题包括（  ）

    A. 持续低流量吸氧     B. 吸氧浓度1~2L/min     C. 每天吸氧15小时以下

    D. 氧疗装置定期更换清洁     E. 每天吸氧15小时以上

8. 慢性阻塞性肺疾病患者的健康教育包括（  ）

    A. 耐寒训练     B. 避免危险因素     C. 持续低浓度氧疗

    D. 间断高浓度氧疗     E. 指导呼吸功能康复训练

## 二、思考题

1. 慢性阻塞性肺疾病康复护理的措施有哪些？

2. 如何对慢性阻塞性肺疾病患者进行康复护理教育？

---

**书网融合……**

本章小结       微课1       微课2       题库

# 第十六章　冠心病的康复护理

◎ **学习目标**

    1. 通过本章学习，重点把握冠心病的定义、分类、危险因素、临床表现；冠心病的主要功能障碍及评定方法、主要康复护理措施。

    2. 学会运用所学知识，按照冠心病三期康复治疗的特点，对各期患者制定并实施康复护理措施，做好康复指导，协助患者重返家庭和社会。

》 **情境导入**

**情景描述**　患者，男，72岁，劳累性胸痛2年，加重1个月入院。患者主诉心前区疼痛，呈绞榨样，起初常在劳累后发作，休息或舌下含服硝酸甘油后3~5分钟疼痛逐渐缓解。近一月来，疼痛发作次数增多，与劳累无明显关系，休息或舌下含服硝酸甘油后疼痛能缓解，但所需时间延长。行冠状动脉造影结果提示：冠状动脉前降支两处狭窄，狭窄程度75%，后降支中段狭窄80%。入院诊断：冠心病，不稳定型心绞痛。入院后在全麻体外循环下行冠状动脉旁路移植术，术后病情稳定，胸片示肺扩张良好。择日出院，予出院指导。

**讨论**　1. 该患者的主要康复问题是什么？如何进行康复护理评定？

       2. 应为患者实施哪些护理措施和康复教育？

## 第一节　概　述 ⓔ微课1

PPT

冠状动脉粥样硬化性心脏病（coronary atherosclerotic heart disease）是指冠状动脉粥样硬化使血管腔狭窄或阻塞，和/或因冠状动脉功能性改变（痉挛）导致心肌缺血、缺氧或坏死而引起的心脏病，简称冠心病。

目前，冠心病是威胁人类健康的常见疾病之一，以脑力劳动者居多，多发生于中老年人群，男性多于女性。全球疾病负担国际合作研究2017年发布报道，冠心病是全球第一位的死亡原因。近年来，我国冠心病年龄呈现年轻化趋势，发病率在不断增加。开展冠心病康复护理不仅为了提高患者生存质量，也可通过控制危险因素，减轻临床症状，降低复发率和死亡率。

### 一、病因

冠心病的发病原因至今尚未完全清楚，诸多研究显示，冠心病是人体在多种因素共同作用下产生的冠状动脉粥样硬化，临床医学中常将这些因素称为危险因素。

    **1. 高血压**　高血压是冠心病的主要危险因素，收缩压和舒张压均与冠心病发病率显著相关，而且随着血压升高，冠心病的发病率和死亡率均呈上升趋势。

    **2. 血脂异常**　高胆固醇血症、高三酰甘油血症与冠心病的发病均存在关联。

    **3. 糖尿病及糖耐量异常**　糖尿病是冠心病发病的高危因素，血糖水平的高低与冠心病发生风险密切相关。研究显示，男性糖尿病患者冠心病发病率较非糖尿病患者高 2 倍，女性糖尿病患者冠心病发生风险则增加 4 倍。糖耐量减低也常见于本病患者。

**4. 肥胖和超重** 肥胖在冠心病危险因素中的作用是被逐步发现的。研究证明，超重可增加冠心病的发生风险，向心性肥胖更是冠心病的高危因素。心血管疾病发生风险的增加不仅限于与重度肥胖有关，在"正常体重"范围上限时，心血管疾病的发生风险就开始增加，随着体重的增加，危险性逐步增大。

**5. 不良生活方式**

（1）吸烟 冠心病发生风险与每天吸烟量以及烟龄有关。每天吸烟大于、等于、小于 20 支烟的人群冠心病发生风险分别提高 7.25 倍、2.67 倍、1.43 倍。此外，吸烟者心肌梗死发生风险较不吸烟者高出 1.5 ~ 2.0 倍。

（2）饮食 不良饮食习惯包括过多的热量摄入导致的超重和肥胖，过多的胆固醇摄入引起血脂紊乱，过多的盐摄入导致血压不稳等。

（3）体力活动 缺乏锻炼，脑力活动紧张，经常有紧迫感而不注意休息者。

（4）其他 如家族史、A 型性格者（性情急躁、进取心和竞争心过强）。

## 二、临床表现

冠心病的临床表现主要取决于受累心脏缺血程度。当冠状动脉管径狭窄达 75% 以上时，可产生心绞痛、心肌梗死、心律失常，甚至猝死。轻者胸闷气憋，重者则胸痛，或胸痛彻背，或突然剧痛，面色苍白，四肢厥冷，大汗淋漓，脉微欲绝。

**1. 心绞痛** 表现为胸骨后的压榨感、闷胀感，伴随明显的焦虑，持续 3 ~ 5 分钟，常发散到左侧臂部、肩部、下颌、咽喉部、背部，也可放射到右臂，经休息和含服硝酸甘油可缓解。根据发作频率和严重程度分为稳定型和不稳定型心绞痛。

**2. 心肌梗死** 症状严重，为冠状动脉闭塞、血流中断，部分心肌因严重而持久的缺血发生局部坏死，临床表现为比心绞痛更为严重和持续时间较长的胸痛，多持续 30 分钟以上，含服硝酸甘油难以缓解，患者出现烦躁不安、大汗、恐惧或濒死感。少数患者无疼痛，开始即表现为休克或急性心力衰竭。

**3. 无症状型心肌缺血** 也称隐匿型，因病变较轻或有较好的侧支循环，患者多无症状，但负荷运动后心电图有 ST 段压低、T 波低平或倒置等特征性心电图改变。

**4. 心力衰竭和心律失常** 因长期心肌缺血引起心肌纤维化所致，出现心绞痛、心肌梗死、心脏逐渐增大、心律失常，甚至心力衰竭。

**5. 猝死型冠心病** 由于缺血造成心肌细胞电生理活动异常，严重心律失常，出现不可预测的突然死亡，在急性症状出现以后 6 小时内发生心搏骤停所致。

<h2 style="text-align:center">第二节　康复护理评定 微课 2</h2>

PPT

 **素质提升**

**中国冠心病介入治疗的发展历程**

（一）经皮冠状动脉腔内血管成形术（PTCA）时代

由于介入器械完全依赖进口，治疗费用高昂，术中（或后）早期血管急性闭塞和术后再狭窄等原因，PTCA 在我国早期推广困难重重。1984～1996 年，全国共有 51 家医院完成 6213 例 PT-CA，主要集中在北京、上海等少数大城市。

（二）金属裸支架时代

金属裸支架的应用解决了 PTCA 导致的血管急性闭塞问题。20 世纪 90 年代初，我国开展冠脉金属裸支架植入术；20 世纪 90 年代中后期，支架植入术成为国内冠心病患者的主要治疗手段。

（三）药物洗脱支架时代

我国在药物洗脱支架应用领域几乎与国际同步。国内自主研发的多种新型药物洗脱支架，取得了较好的治疗效果，显著降低了医疗费用。我国冠心病介入治疗从无到有，从弱到强，跻身于介入治疗大国行列。

## 一、主要康复问题

**1. 心血管功能障碍**　活动后心脏负荷及耗氧量增加，造成心肌缺血，患者多需要限制体力活动，使心血管系统的适应性降低，导致循环功能降低。

**2. 呼吸功能障碍**　长期心血管功能障碍可导致肺循环功能障碍，使肺血管和肺泡气体交换的效率降低，吸氧能力下降，诱发或加重缺氧症状。

**3. 全身运动耐力减退**　机体吸氧能力减退/肌肉萎缩和氧化代谢能力降低，从而限制全身运动耐力。

**4. 代谢功能障碍**　运动缺乏可导致脂质代谢和糖代谢障碍，表现为血胆固醇和三酰甘油增高，高密度脂蛋白胆固醇降低。缺乏运动还可导致胰岛素抵抗，除了引起糖代谢障碍，还可促使高胰岛素血症和血脂升高。

**5. 行为障碍**　由于冠心病相关危险因素的存在，患者随时都有可能发生心肌缺血，给患者造成极大的心理压力和精神负担，甚至影响正常的生活和工作。

## 二、康复评定

### （一）健康状况评估

了解患者的现病史、既往史和个人史，心绞痛、心肌梗死情况（表 16 - 1），全身体格检查情况，明确冠心病的危险因素（表 16 - 2）

表 16 - 1　患者目前诊断、症状及治疗情况调查表

| 诊断、症状和治疗情况 | 内容 |
| --- | --- |
| 目前疾病 | □急性心肌梗死后 |
| | □冠状动脉旁路移植术后 |
| | □经皮冠状动脉介入治疗后 |
| | □心力衰竭急性期 |
| | □不稳定型心绞痛 |
| | □起搏器或置入性心律转复除颤器术后 |
| | □其他 |
| 目前症状 | □典型或不典型心绞痛 |
| | □呼吸困难或气短 |

续表

| 诊断、症状和治疗情况 | 内容 |
| --- | --- |
| 目前症状 | □眩晕<br>□血压是否达标<br>□血糖是否达标<br>□血脂是否达标<br>□其他<br>□无 |
| 既往史 | □高血压<br>□糖尿病<br>□卒中<br>□慢性阻塞性肺疾病<br>□其他：如骨关节活动受限 |
| 目前用药情况 | □抗血小板药物<br>□血管紧张素转换酶抑制剂/血管紧张素受体拮抗剂<br>□β 受体阻滞剂<br>□他汀类<br>□硝酸酯类<br>□其他 |
| 治疗效果 | □有效<br>□无效 |

表 16 – 2　冠心病患者危险因素调查表

| 危险因素 | 内容 |
| --- | --- |
| 吸烟 | _____支/d，_____年<br>□住院时戒烟<br>□既往吸烟（戒烟超过 6 个月）<br>□既往吸烟（戒烟小于 6 个月）<br>□从不吸烟 |
| 血脂异常 | □入院前血脂水平异常<br>□入院后血脂水平<br>　总胆固醇_____低密度脂蛋白胆固醇_____<br>　三酰甘油_____高密度脂蛋白胆固醇_____<br>□正常 |
| 超重或肥胖 | 目前身高_____体质量_____<br>体质指数_____ = g/m²<br>□正常，18.0 ~ 23.9 kg/m²<br>□超重，24.0 ~ 27.9 kg/m²<br>□肥胖，≥28.0 kg/m² |
| 嗜酒 | □饮酒_____年，白酒（度数）/红葡萄酒，_____ g/d<br>□无 |
| 压力及心理相关问题 | □高心理压力水平史<br>□以前心理或精神治疗史<br>□表现或行动<br>□生气　□抑郁　□敌意　□孤独<br>□无 |
| 缺乏体力活动 | □住院前体育运动：<3 次/周、<20 分钟/次、连续时间 <3 个月<br>□规律运动者 |

### （二）心功能障碍评定

**1. 心绞痛分级**

①Ⅰ级：日常体力活动（如散步、登梯等）不会引起心绞痛，但在情绪紧张、工作节奏加快或行走时间延长时可发生心绞痛。

②Ⅱ级：日常活动轻度受限，心绞痛发生于快步行走和登梯、爬坡、餐后活动、寒冷、刮风、情绪激动时，或者发生于睡醒后数小时。心绞痛发生于行走超过 2 个街区的距离，或以通常的速度和状态登越二层或以上楼梯时。

③Ⅲ级：日常体力活动明显受限。心绞痛发生于在行走超过 1~2 个街区距离或以通常速度登一层楼梯时。

④Ⅳ级：轻微体力活动均可引起心绞痛，休息时亦可能出现心绞痛。

心绞痛的发生限制了患者活动，影响患者休息，会产生因害怕活动后引起心绞痛而不敢活动的恶性循环，将进一步导致患者外周循环系统和肌肉系统适应能力减退，活动能力下降。

**2. 心功能分级**　急性心肌梗死可以引起心功能衰竭，陈旧性心肌梗死可引起慢性心功能不全。纽约心脏病学会将心功能分为 4 级。

①Ⅰ级：患有心脏病，体力活动不受限。

②Ⅱ级：患有心脏病，体力活动稍受限。

③Ⅲ级：患有心脏病，体力活动明显受限。

④Ⅳ级：患有心脏病，体力活动完全丧失。严重的患者休息、卧位下都感到呼吸困难。心功能的减退，妨碍了患者正常的生活、学习和工作。

冠心病和缺乏运动均导致机体肌肉萎缩、吸氧能力减退和氧化代谢能力降低，从而降低了全身运动耐力。

### （三）呼吸功能障碍评定

冠心病患者过度卧床休息，可导致横膈活动降低，发生通气及换气功能障碍。主观呼吸功能障碍程度评定分为六级。

①0 级：有不同程度肺气肿，但日常生活无影响。

②1 级：较剧烈劳动或运动时出现气短。

③2 级：速度较快或登楼、上坡时出现气短。

④3 级：慢走即有气短。

⑤4 级：讲话或穿衣等轻微动作时气短。

⑥5 级：安静时气短，无法平卧。

### （四）活动能力障碍评定

**1. 心电运动试验**　心电运动试验（exercise testing，ECG）是以心电图为主要检测手段，通过观察受试者运动时的呼吸、血压、心率、心电图、气体代谢、临床症状与体征等，判断心、肺、骨骼肌等的储备功能（实际负荷能力）和机体对运动的实际耐受能力。

平时心电图无明显改变的患者，可通过逐步增加运动负荷检查，一般采用运动平板、功率自行车、二级梯等运动试验，暂时增加患者的心肌负荷及耗氧量，在心电图上出现心肌缺血的表现。

**2. 超声心电运动试验**　可直接反映患者心肌活动情况，揭示心肌收缩和舒张功能，反映心脏内血流变化情况，提供运动心电图所不能显示的重要信息。一般采用卧位踏车或活动平板。

**3. 代谢当量测定**　代谢当量（metabolic equivalent，MET）以安静、坐位时的能量消耗为基础，表达各种活动时相对能量代谢水平的常用指标。代谢当量的最大优点在于将人体所消耗的能量标准化，使不同年龄、性别、体重的个体间得以进行比较（表16-3）。

表16-3　日常生活活动及职业活动代谢当量

| 活动 | METs | 活动 | METs |
|---|---|---|---|
| **日常活动** | | | |
| 穿衣 | 2.0 | 步行1.6km/h | 1.5~2.0 |
| 站立 | 1.0 | 步行2.4km/h | 2.0~2.5 |
| 洗手 | 2.0 | 散步4.0km/h | 3.0 |
| 坐椅 | 1.2 | 步行5.0km/h | 3.4 |
| 淋浴 | 3.5 | 下楼 | 5.2 |
| 站立 | 1.0 | 上楼 | 9.0 |
| **自我料理** | | | |
| 坐位独立吃饭 | 1.5 | 铺床 | 3.9 |
| 穿、脱衣服 | 2.5~3.5 | 扫地 | 4.5 |
| 上、下床 | 1.65 | 擦地 | 5.3 |
| 站立热水淋浴 | 3.5 | 拖地 | 7.7 |
| **职业活动** | | | |
| 秘书（坐） | 1.6 | 焊接工 | 3.4 |
| 织毛衣 | 1.5~2.0 | 缝纫（坐） | 1.6 |
| 写作 | 2.0 | 开车 | 2.8 |
| **娱乐活动** | | | |
| 打牌 | 1.5~2.0 | 桌球 | 2.3 |
| 有氧舞蹈 | 6.0 | 弹钢琴 | 2.5 |
| 跳绳 | 12.0 | 游泳（慢） | 4.5 |
| 网球 | 6.0 | 游泳（快） | 7.0 |
| 乒乓球 | 4.5 | 羽毛球 | 5.5 |

**4. 行为类型评估**　A种类型人表现为工作主动，有进取心和时间感，同一时间总想做两件以上事情，但缺乏耐心、易激惹、情绪易波动；B种类型人表现为平易近人、耐心，充分利用业务时间放松自己，不受时间驱使，无过强竞争性。通常情况下，A种类型人应激反应较强烈，冠心病发生率相对较高，B种类型人冠心病发生率相对较低。

### （五）代谢功能障碍评定

主要包括脂质代谢和糖代谢障碍，表现为血胆固醇和三酰甘油增高，高密度脂蛋白胆固醇降低。脂肪和能量物质摄入过多而缺乏运动是基本原因。缺乏运动还可导致胰岛素抵抗，除了引起糖代谢障碍外，还可促使形成高胰岛素血症和血脂升高。

### （六）康复心理评定

由于冠心病患者经常出现心绞痛、心律失常等，同时伴有一些相关的危险因素存在，患者随时有发生心肌梗死的可能。这造成患者极大的心理压力和精神负担，出现情绪上的不稳定。此外，长期的卧床制动往往增加患者的恐惧、焦虑和消极情绪，均不利于患者的康复。因此，客观、科学地了解患者心理状况，可为临床康复工作提供依据。

康复心理评定的主要方法包括观察法、访谈法、心理测验法，以及使用评定量表。常用的心理评定量表有焦虑自评量表（self-rating anxiety scale，SAS）和抑郁自评量表（self-rating depression scale，SDS）等。

PPT

# 第三节 康复护理技术 ⓔ微课3

## 一、康复护理目标

国际上一般将康复治疗分为三期进行。

### （一）Ⅰ期康复护理目标

急性阶段住院患者的康复，急性心肌梗死2周以内，冠状动脉分流术和冠状动脉气囊腔内成形术后早期为冠心病Ⅰ期康复。在此阶段，患者应争取尽早出院并能够生活自理，达到低水平运动试验阴性，可按正常节奏连续行走100～200m或上下1～2层楼而无症状和体征；运动能力达到2～3METs时，能适应家庭生活，使患者理解冠心病的危险因素及注意事项，在心理上适应疾病的发作和处理生活中的相关问题。

康复目标：缩短住院时间，促进日常生活及运动能力的恢复，增加患者自信心，减少心理痛苦，减少再住院；避免卧床带来的不利影响（如运动耐量减退、低血容量、血栓栓塞等并发症），提醒戒烟并为Ⅱ期康复提供全面完整的病情信息和准备。

### （二）Ⅱ期康复护理目标

从患者出院开始，至病情稳定性完全建立为止，又称院外早期康复或门诊康复期，时间5～6周。对AMI和（或）ACS恢复期、稳定型心绞痛、PCI或CABG后6个月内，除外暂缓康复治疗，即不稳定型心绞痛，心功能Ⅳ级，未控制的严重心律失常，未控制的高血压（静息收缩压＞160mmHg或静息舒张压＞100 mmHg）患者。

康复目标：患者自觉改变不良的生活习惯，控制危险因素，改善或提高体力活动和心血管功能，改善出院时的心功能水平，逐步恢复生活完全自理，恢复正常的社会生活，提高生活质量，逐步恢复一般日常生活活动能力，包括轻度家务劳动、娱乐活动等。

### （三）Ⅲ期康复护理目标

Ⅲ期又称社区或家庭康复期，关键是维持已形成的健康生活方式和运动习惯，时间一般为2～3个月，自我锻炼应该持续终生。

康复目标：巩固Ⅱ期康复成果，控制危险因素，改善或提高心血管功能和身体活动能力，最大限度地恢复其生活与工作。此期可以在康复中心完成，也可以在社区进行。

## 二、康复护理方法

### （一）Ⅰ期康复护理

原则：循序渐进增加活动量，生命体征一旦稳定，无合并症或并发症即可开始。

**1. 心理护理** 早期心理康复护理是急性心肌梗死患者常识宣教成功的保障。为患者分析发病诱因，避免再次发病；帮助患者了解冠心病相关知识，使其理解冠心病的发病特点，避免不必要的紧张和焦虑，控制危险因素，提高患者依从性，减少患者的不适感和精神压力。

**2. 呼吸训练** 训练腹式呼吸，吸气时鼓起腹部，让膈肌尽量下降；呼气时腹部收缩下陷，肺内气体尽量排出。呼气与吸气之间应均匀、缓慢、连贯，不可憋气。

**3. 运动及日常生活活动** 当患者一旦脱离急性危险期，病情处于稳定状态，在过去8小时内没有新发或再发胸痛，无明显心力衰竭失代偿征兆，没有新发心律失常或心电图改变，运动及日常生活活动即可开始。但应注意循序渐进，从被动运动开始，逐步过渡到坐起、双脚悬挂在床边、床旁站立、床旁行走，病室内步行以及上1层楼梯或固定踏车训练。冠心病患者早期运动及日常生活指导示例见表16-4。

表16-4 冠心病患者住院期四步早期运动及日常生活指导

| 步骤 | 代谢当量（METs） | 活动类型 | 心率反应适合水平（与静息心率比较） |
|---|---|---|---|
| 1 | 1.0～ | 被动运动<br>缓慢翻身、坐起<br>床边椅子坐立<br>床边坐便 | 增加5～15次/分 |
| 2 | 2.0～ | 床边坐位热身<br>床旁行走 | 增加10～15次/分 |
| 3 | 3.0～ | 床旁站立热身<br>大厅走动5～10分钟，2～3次/天 | 增加10～20次/分 |
| 4 | 3.0～4.0 | 站立热身<br>大厅走动5～10分钟，3～4次/天<br>上1层楼梯或固定踏车训练<br>坐位淋浴 | 增加15～25次/分 |

**4. 保持大便通畅** 鼓励患者适量摄入蔬菜、水果等高纤维素食物，以利于排便，保持大便通畅。卧位排便时由于臀部位置提高，回心血量增加，心脏负荷增加，同时排便时需克服体位所造成的重力，增加用力，因此，尽量在床边放置简易坐便器，患者坐位排便，使心脏负荷和能量消耗小于卧床位置，省力且容易排便。

**5. 方案调整与监护** 遵循个体化康复护理原则，根据患者年龄、体质、心梗部位和面积、患病后心理反应等，适当调整护理方案。如患者在训练过程中无任何不良反应，活动时心率增加10次/min，次日训练可进入下一阶段；活动时心率增加20次/min，则应继续同一级别的运动，或出现任何不良反应时，应退到前一阶段运动，或停止运动。为保证运动的安全性，可在心电监护下进行所有新的活动。

**6. 出院前评估及计划制订** 当患者能够顺利达到训练目标，连续步行200m无症状且心电图无异常后，可通过运动负荷试验或6分钟步行试验来评估出院前功能状态，客观评估患者运动能力，为指导日常生活或进一步运动康复计划提供客观依据。出院前应制订一个完整的家庭康复护理计划，包括康复训练内容、注意事项及出现异常的急救知识等，以实施家中进行的Ⅱ期康复。

**（二）Ⅱ期康复护理**

**1. 运动训练** 包括室内外散步、医疗体操（如太极拳等）、气功（如静功）、家庭卫生、厨房活动、园艺活动或在邻近区域购物、作业活动等；活动强度应逐步达到最大耗氧量的60%～80%；每次运动时间从10分钟开始逐步达到60分钟（包括准备和整理运动在内）；训练频率逐步达到3～4次/周。运动训练包括3个步骤。

第一步：准备活动，即热身运动。多采用低水平有氧运动，持续5～10分钟。目的是放松和伸展肌肉、提高关节活动度和心血管的适应性，预防运动诱发的心脏不良事件及预防运动性损伤。

第二步：训练阶段。包含有氧运动、阻抗运动、柔韧性运动等，时间30～90分钟。其中，有氧运动是基础，阻抗运动和柔韧性运动是补充。

第三步：放松运动。有利于运动系统的血液缓慢回到心脏，避免心脏负荷突然增加诱发心脏事件。放松方式可以是慢节奏有氧运动的延续或是柔韧性训练，根据患者病情轻重可持续5～10分钟，病情越重放松运动的持续时间宜越长。

**2. 康复活动检测** 康复活动应注意循序渐进，禁止过度用力，无并发症的患者可在家属帮助下做逐渐用力运动，活动时不可有气喘和疲劳。所有上肢超过心脏平面的活动均为高强度活动，应避免或减少。训练时应注意保持一定的活动量，在日常生活和工作时应采用能量节约策略，如制订合理的工作或日常生活流程，尽量减少不必要的动作和体力消耗等。冠心病患者Ⅱ期康复护理参考方案见表16-5。

表16-5 冠心病Ⅱ期康复护理方案

| 活动内容 | 第一周 | 第二周 | 第三周 | 第四周 |
|---|---|---|---|---|
| 门诊宣教 | 1次 | 1次 | 1次 | 1次 |
| 散步 | 15分钟 | 20分钟 | 30分钟 | 30分钟×2次 |
| 厨房活动 | 5分钟 | 10分钟 | 10分钟×2次 | 10分钟×3次 |
| 看书或电视 | 15分钟×2次 | 20分钟×2次 | 30分钟×2次 | 30分钟×3次 |
| 医疗体操 | 医疗体操学习 | 体操×1次 | 体操×2次 | 体操×2次 |
| 缓慢上下楼 | 1层×2次 | 2层×2次 | 3层×1次 | 3层×2次 |

**3. 日常生活活动指导** 改变不良的生活方式并对患者和家属进行健康教育，包括饮食和营养指导，改变不良生活习惯（戒烟、限酒等），如何控制体重和睡眠管理。

指导患者尽早恢复日常活动，根据运动负荷试验测得患者最大运动能力［最大代谢当量（MET-max）］，将目标活动时的METs值与测得的METmax比较，评估进行该活动的安全性（表16-6）。

表16-6 日常活动能量消耗水平（用METs衡量）

| 能量消耗水平（METs） | 日常生活活动 | 职业活动 | 休闲活动 | 体育活动 |
|---|---|---|---|---|
| <3 | 洗漱，剃须，穿衣，案头工作，洗盘子，开车，轻家务 | 端坐（办公室），打字，案头工作，站立（店员） | 高尔夫（乘车），编织，手工缝纫 | 固定自行车，轻松健美操 |
| 3~ | 耙地，使用自动除草机，铺床或脱衣服，搬运6.75~13.50 kg重物 | 摆货架（轻物）修车，轻电焊，木工 | 交际舞，高尔夫（步行），帆船，双人网球，6人排球，乒乓球，夫妻性生活 | 步行（4.8~6.4 km/h），骑行（10~13 km/h），较轻松健美操 |
| 5~ | 花园中简单挖土，手工修剪草坪，慢速爬楼梯，搬运13.50-27.5 kg重物 | 户外木工，铲土，锯木，操作汽动工具 | 羽毛球（竞技），网球（单人），滑雪（下坡），低负荷远足，篮球，橄榄球，捕鱼 | 步行（7.2~8.0km/h），骑行（14.5~16.0km/h），游泳（蛙泳） |
| 7~ | 锯木，较重挖掘工作，中速爬楼梯，搬运27.50-40 kg重物 | 用铲挖沟，林业工作，干农活 | 独木舟，登山，乒乓球，步行（8km/h），跑步（12分钟跑完1600 m），攀岩，手球 | 游泳（自由泳），划船机，高强度健美操，骑行（19.0 km/h） |
| ≥9 | 搬运大于40kg重物，快速爬楼梯，大量铲雪工作 | 伐木，重劳动者，重挖掘工作 | 足球（竞技），壁球，越野滑雪，激烈篮球比赛 | 跑步（>10.0km/h），骑行（>21.0 km/h），跳绳，步行上坡（8.0 km/h） |

**4. 随访** 每周需要门诊随访一次。任何不适均应暂停运动，及时就诊。

**（三）Ⅲ期康复护理**

此期应以等张和节律性有氧运动为主，包括有氧训练、循环抗阻训练、柔韧性训练、医疗体操、作业训练、放松性训练、行为治疗、心理治疗等，因人而异制订个体化康复运动方案，循序渐进。

**1. 运动方式** 常用有氧运动方式有行走、慢跑、骑自行车、游泳、爬楼梯，以及在器械上完成的行走、踏车、划船等。

**2. 运动量**

（1）合理运动量的主要标志 运动时稍微出汗，轻度呼吸加快，但不影响对话，次日早晨起床时感觉舒适，无持续疲劳感和其他不适感。

（2）运动量的基本要素 运动强度、运动时间和运动频率。每次运动20~40分钟，运动量要达到一定的阈值才能产生训练效应，每周合理的总运动量为2931~8374KJ（相当于步行或慢跑10~32km）。

初始从 20 分钟开始，根据患者运动能力逐步增加运动时间。运动频率 3~5 次/周，运动强度为最大运动强度的 50%~80%。体能差的患者，运动强度水平设定为 50%，随着体能改善，逐步增加运动强度。对于体能好的患者，运动强度应设为 80%。

（3）常用确定运动强度的方法　包括心率储备法、无氧阈法、目标心率法、自我感知劳累程度分级法。其中，前三种方法需心电图负荷试验或心肺运动负荷试验获得相关参数。

①心率储备法：不受药物（β 受体阻滞剂等）影响，临床上最常用。方法：目标心率 =（最大心率 - 静息心率）×运动强度% + 静息心率。例如，最大心率 160 次/min，静息心率 70 次/min，选择的运动强度为 60%，目标心率 =（160 - 70）×60% + 70 = 124 次/min。

②无氧阈法：无氧阈水平相当于最大摄氧量的 60% 左右，为冠心病患者最佳运动强度。此参数需通过运动心肺试验或血乳酸阈值获得，需一定设备和熟练的技术人员。

③目标心率法：在静息心率基础上增加 20~30 次/min，体能差者增加 20 次/min，体能好者增加 30 次/min。此方法简单方便，但精确性差。

④自我感知劳累程度分级法：采用 Borg 评分表（6~20 分），通常患者应在 12~16 分范围内运动（表 16 - 7）。

表 16 - 7　自我理解用力程度 Borg 评分表

| Borg 评分 | 对自我理解的用力程度 |
| --- | --- |
| 6~8 | 非常非常轻 |
| 9~10 | 很轻 |
| 11~12 | 轻 |
| 13~14 | 有点用力 |
| 15~16 | 用力 |
| 17~18 | 很用力 |
| 19~20 | 非常非常用力 |

**3. 训练实施**　每次训练必须包括准备活动、训练活动与结束活动。充分的准备与结束活动是防止训练意外的重要环节，运动训练时的心血管意外 75% 发生在准备与结束活动时期。

（1）准备活动　预热，即让肌肉、关节、韧带逐步适应训练期的运动应激。运动强度较小，运动方式包括牵伸运动及大肌群活动，确保全身主要关节及肌肉都参与活动，一般采用医疗体操、太极拳等。

（2）训练活动　达到靶训练强度的活动，中低强度训练目的是达到最佳外周适应，高强度训练目的在于刺激心肌侧支循环生成。

（3）结束活动　冷却，即让高度兴奋的心血管应激逐步降低，适应运动停止后血液动力学改变。运动方式可与训练方式相同，但强度应逐渐减小。

**（四）注意事项**

1. 遵循个体化、循序渐进、持之以恒、兴趣性和全面性原则。

2. 选择适当的运动，避免竞技性运动。

3. 注意周围环境因素对运动反应的影响，如寒冷和炎热气候要相对降低运动量和运动强度。

4. 定期检查和修正运动处方，避免过度训练；运动时如出现胸部不适、无力、气短、骨关节疼痛等应停止运动，及时就医。

5. 上坡时要减慢速度，饭后不做剧烈运动，运动后勿立即洗浴。

6. 强化和高水平的Ⅲ期冠心病康复，需要 6~12 个月，要帮助和鼓励患者坚持按运动处方的要求进行，以维持康复效果，提高生存质量。

### 三、康复护理教育

通过健康教育让患者了解疾病，促进健康生活方式的建立或养成，提供治疗依从性，降低冠心病发病风险，降低再住院率，提高患者生活质量，改善冠心病预后。

**1. 知识宣教**　向患者及家属介绍冠心病的基本知识，生活行为与冠心病的关系，药物治疗的作用及康复护理的重要性。

**2. 生活指导**　合理膳食，宜清淡、易消化、低脂、低盐饮食，多食用富含维生素和粗纤维的新鲜蔬菜和水果，控制体重。严禁暴食或过饱，应少食多餐，养成良好的饮食习惯。戒烟戒酒，避免饮咖啡或浓茶，生活规律，保证睡眠充足，注意保暖，预防上呼吸道感染。

**3. 用药指导**　家中应备有如硝酸甘油、硝酸异山梨酯、速效救心丸等心脏急救药品并随身携带，以便病情发作能立即用药。

**4. 定期随访**　患者应学会自我监测血压，注意病情变化，坚持按医嘱服药，定期到医院健康体检。

**5. 心理指导**　采用个人或小组形式进行咨询或健康教育，情绪波动过大或精神极度紧张，对心脏会产生不良影响，应教会患者处理应激技巧及放松方法，保持情绪稳定，积极参加有利于身心健康的社会活动。

## 目标检测

### 一、选择题

**（一）单项选择题（下列各题备选结果，只有一个选项正确）**

1. 冠心病 I 期康复目标中，下列哪项不包括（　　）

　　A. 低水平运动试验阴性

　　B. 连续走 200 米

　　C. 上下 1 层楼

　　D. 运动能力达到 4 ~6METs

　　E. 能够适应家庭生活

2. 有关冠心病的康复护理，以下说法错误的是（　　）

　　A. 主要采用积极的身体训练

　　B. 帮助患者缓解症状

　　C. 改善心血管功能

　　D. 在生理、心理、社会、职业和娱乐等方面达到理想状态

　　E. 提高生活质量

3. 冠心病患者饮食应（　　）

　　A. 低胆固醇、高纤维素、低盐、少饮酒

　　B. 低动物蛋白、低胆固醇、少糖少盐、适量蛋白

　　C. 低盐、低脂肪、高蛋白、高糖

　　D. 低盐、低脂肪、低蛋白、高维生素

　　E. 高糖、高脂肪、高维生素、适量蛋白质

4. 冠心病最常见的病因是（ ）

    A. 重度主动脉瓣病变    B. 冠状动脉栓塞    C. 冠状动脉粥样硬化

    D. 肥厚型心肌病    E. 冠状动脉痉挛

5. 冠心病患者出院后常用的锻炼方法是（ ）

    A. 跳绳    B. 打乒乓球    C. 行走

    D. 骑自行车    E. 游泳

6. 冠心病 I 期康复中的床上活动，正确的是（ ）

    A. 一般需要专用器械

    B. 使用哑铃等器械训练十分有效

    C. 肢体活动一般从抗地心引力的活动开始

    D. 肢体活动从远端肢体的小关节活动开始

    E. 以等长肌力训练为主，待急性冠状动脉事件稳定性完全建立后，再进行修饰、穿衣等日常生活活动

**（二）多项选择题（下列各题备选结果，有 2 个或 2 个以上选项正确）**

7. 冠心病 II 期康复方案包括（ ）

    A. 室外散步    B. 坐位训练    C. 家庭卫生

    D. 园艺活动    E. 心理康复

8. 冠心病患者主要的功能障碍包括（ ）

    A. 心血管功能障碍    B. 呼吸功能障碍    C. 代谢功能障碍

    D. 全身运动耐力减退    E. 行为障碍

## 二、思考题

1. 心功能分几级？如何进行划分？

2. 在冠心病的 II 期康复中，如何进行运动训练？

**书网融合……**

本章小结      微课1      微课2      微课3      题库

# 第十七章　糖尿病的康复护理

◉ 学习目标

　　1. 通过本章的学习，重点把握糖尿病的病因、临床表现及分类；主要的康复问题及康复评定方法；常用的康复护理技术。

　　2. 运用所学知识，掌握适宜的护理方法，为糖尿病患者提供良好的护理技术，实现护理目标，协助患者制定合理的饮食及运动方案，促进患者健康。

≫ 情境导入

　　**情景描述**　患者，女，66 岁，既往有 2 型糖尿病史 10 余年，现因视物模糊半年，下肢浮肿伴麻木月余入院就诊。查空腹血糖 12.8mmol/L，BUN 7.0mmol/L，尿糖（＋＋＋＋），眼科检查"轻度白内障，视网膜有新生血管"，双下肢可凹性浮肿，感觉减退，膝腱反射消失，Babinski 征（－）。

　　**讨论**　1. 该患者康复护理评定的主要内容有哪些？

　　　　　　2. 如何为该患者制定康复护理计划？

## 第一节　概　述  微课1

PPT

　　糖尿病（diabetes mellitus，DM）是由多种病因引起以慢性高血糖为特征的内分泌代谢病。其特点为由于胰岛素的绝对或相对不足和靶细胞对胰岛素的敏感性降低，引起碳水化合物、蛋白质、脂肪、电解质和水的一系列代谢紊乱。

　　糖尿病是目前世界上发病率最高、增长速度最快的疾病之一，成为仅次于心脑血管疾病和肿瘤之后的第三大非传染性疾病。WHO 报告 2022 年全世界糖尿病患者已达 5.5 亿。我国糖尿病的患病率也呈快速增长趋势，2022 年我国糖尿病患者已达到 1.4 亿。糖尿病已经成为严重威胁人类健康的世界性公共卫生问题。

### 一、病因

　　糖尿病的发生与多种因素如遗传、病毒感染、自身免疫以及胰岛组织的破坏有关。除此之外，如不良的饮食习惯、缺少运动和心理社会应激等也是诱发糖尿病不可忽视的重要原因。

#### （一）1 型糖尿病

　　**1. 自身免疫缺陷**　1 型糖尿病患者血液中可查出多种自身免疫抗体，如谷氨酸脱氢酶抗体、胰岛细胞自身抗体等可导致人体胰岛 β 细胞损伤引起胰岛素分泌绝对不足。

　　**2. 遗传因素**　有家族史倾向，主要表现在人体第 6 对染色体的组织相容性抗体异常。

　　**3. 病毒感染**　相关病毒包括柯萨奇 $B_4$ 病毒、腮腺炎病毒、风疹病毒、脑炎病毒、心肌炎病毒等。

#### （二）2 型糖尿病

　　**1. 遗传易感性**　2 型糖尿病比 1 型糖尿病具有更强的遗传倾向，由多基因变异引起。

**2. 胰岛素抵抗**　胰岛素抵抗时，机体对一定量的胰岛素的生物学反应低于预计正常水平，脂肪组织对葡萄糖的摄取、利用或储存能力降低，糖异生增加，随病情进展，血糖不能恢复正常的基础水平。

**3. β细胞功能缺陷**　患者早期可出现餐后低血糖，随病情进展，血糖逐渐增高，最终发展为空腹血糖。

**4. 糖耐量降低和空腹血糖**　目前认为糖耐量降低和空腹血糖调节受损，均为糖尿病的危险因素。

## 二、临床表现及分类

### （一）临床表现

糖尿病系慢性进行性疾病，除1型起病较急外，2型一般起病缓慢，轻症早期常无症状，至症状出现或确诊后常历时数年至数十年不等。有时可始终无症状，直至严重并发症而在临终前才被发现患有糖尿病。

**1. 典型症状**　"三多一少"是糖尿病的主要临床表现，如多饮、多尿、多食及体重减轻。血糖升高，因渗透性利尿引起多尿，继而因口渴而多饮。为补偿损失的体内糖分以维持机体活动，常出现易饥多食。体内葡萄糖不能利用，蛋白质和脂肪消耗增多，引起乏力、体重减轻。可有皮肤瘙痒，尤其外阴瘙痒。高血糖可使眼房水、晶状体渗透压改变而致视物模糊。此外，常见女性月经失调、男性阳痿等。

**2. 反应性低血糖**　部分早期2型糖尿病患者进食后胰岛素分泌高峰延迟，餐后3～5小时血浆胰岛素明显升高，引起反应性低血糖。

**3. 并发症**　酮症酸中毒及昏迷、非酮性高渗昏迷及乳酸性酸中毒是糖尿病的急性并发症。随着胰岛素的广泛应用，上述急性并发症已明显减少。目前，慢性并发症已成为糖尿病临床致残和导致患者死亡的主要原因。临床常见慢性合并症：①大血管病变，包括冠心病、脑血管病、肾动脉硬化、肢端坏疽等。②微血管病变，如糖尿病肾病和视网膜病变。③神经病变，以周围神经病变最常见，表现为对称性肢端感觉异常。④其他病变，如青光眼、白内障、糖尿病足（足部疼痛、皮肤溃疡、肢端坏疽）等。

### （二）分类

糖尿病的分类目前采用1999年WHO分类标准（表17－1）。

表 17－1　糖尿病的分类（1999，WHO）

1 型糖尿病
（胰岛 β 细胞破坏，导致胰岛素绝对缺乏）
1. 自身免疫性：急性型、缓发型
2. 特发性
2 型糖尿病
（胰岛素抵抗为主伴胰岛素相对缺乏，或胰岛素分泌不足伴胰岛素抵抗）
特殊类型糖尿病
1. 胰岛 β 细胞功能遗传缺陷
2. 胰岛素作用遗传缺陷
3. 胰腺外分泌疾病
4. 内分泌疾病
5. 药物或化学制剂所致糖尿病
6. 感染
7. 少见型免疫介导性糖尿病
8. 其他伴有糖尿病的遗传综合征
妊娠糖尿病（GDM）

1 型糖尿病多见于儿童和青少年。临床特点为起病急，症状较明显，易发生酮症酸中毒。起病初期血中胰岛细胞自身免疫标志性抗体阳性率高，胰岛素和 C 肽水平。低于正常，糖刺激后分泌仍呈低平曲线。必须依赖胰岛素治疗。

2 型糖尿病多见于中、老年。大多数起病缓慢，临床症状较轻或缺如，无酮症酸中毒倾向，但在一定诱因作用下，也可发生酮症酸中毒或高渗性昏迷。胰岛细胞自身免疫标志性抗体阴性，空腹血浆胰岛素和 C 肽水平可正常、轻度降低或高于正常，糖刺激后呈延迟释放。通常以饮食控制、适量运动和口服降糖药治疗。当疗效欠佳或有并发症时需要用胰岛素控制高血糖。

# 第二节 康复护理评定 ⓔ 微课2

## 一、主要康复问题

### （一）生理功能障碍

**1. 糖尿病性心脏血管病变** 糖尿病微血管病变累及心肌组织，引起心肌广泛性坏死损害。诱发心力衰竭、心律失常、心源性休克和猝死。糖尿病大中动脉粥样病变，可引起冠心病，出现胸闷、胸痛、心悸等表现，甚至发生心肌梗死危及生命。

**2. 糖尿病性脑血管病变** 主要由于脑动脉粥样硬化引起，临床上易继发脑梗死和脑出血，表现有运动障碍、言语障碍、认知功能障碍等，是糖尿病致死的主要原因之一。

**3. 糖尿病视网膜病变** 糖尿病微血管病变可引起视网膜病变，轻者出现视物模糊，严重时可致失明。糖尿病还可引起白内障、青光眼、黄斑病变等，导致视力障碍乃至失明。

**4. 糖尿病性肾病变** 糖尿病微血管病变和大中动脉粥样硬化均可累及肾脏出现肾功能减退，伴有高血压、浮肿，最终发生氮质血症、肾衰竭。

**5. 糖尿病神经病变** 主要为周围神经病变最常见，通常表现为对称性，下肢较上肢严重，感觉神经较易受累，病情进展缓慢。早期表现为袜子或手套状肢体感觉异常，肢体疼痛；后期因为运动神经受累可出现肌力、肌张力减退甚至肌萎缩或瘫痪。自主神经也可受累出现尿潴留、尿失禁和性功能障碍。

**6. 糖尿病足** 主要由于下肢远端大血管病变和神经异常而发生的踝关节以下部位的皮肤破溃、肢端坏疽或感染，形成经久不愈的溃疡，可深及肌腱并导致骨破坏，是创伤性截肢致残的主要原因。

### （二）心理功能障碍

患者需终身治疗且需严格控制饮食，给患者生活带来了极大的不便，使患者产生悲观情绪，失去生活乐趣，感到孤独无助。对失明、脑梗死等并发症的担心，给患者带来了极大的精神心理负担，患者易产生抑郁、焦虑、消极态度、缺乏自信，不能坚持治疗。

### （三）日常生活活动及社会参与能力受损

糖尿病患者可出现全身症状有乏力、易疲劳、生活工作能力下降等。若发生眼、脑、心、肾脏、大血管和神经并发症，则可出现日常生活活动严重受限。糖尿病生理功能障碍或严重的心理障碍，不同程度地影响了患者的生活质量、劳动、就业和社会交往等能力。

## 二、康复护理评定方法

### （一）血糖测定

我国目前采用国际上通用 WHO 糖尿病专家委员会（1999）提出的诊断标准：症状（多尿、多饮、多食和体重减轻）+ 随机血糖≥11.1mmol/L 或空腹血糖（PFG）≥7.0mmol/L，或口服葡萄糖耐量试验（OGTT）中，2 小时血糖≥11.1mmol/L。

### （二）靶器官损害程度评定

**1. 糖尿病冠心病评定** 主要为心功能的评定，在运动状态下，对受试者的心肺功能进行综合评价。主要表现有心前区疼痛、心律失常、心电图特征性改变。运动负荷试验不仅可以判断患者心血管系统对运动的反应能力、患者的体力活动能力，还能筛查未诊断出的缺血性心脏病，指导糖尿病运动处方的制定。

**2. 糖尿病脑血管病变的评定**　糖尿病致死的主要原因之一，主要有脑血管病变引起的运动功能、言语功能、认知功能障碍的严重程度。

**3. 糖尿病视网膜病变的评定**　长期血糖升高的患者大多合并不同程度的视网膜病变，导致视物模糊，严重者继发视网膜剥离导致失明。可用眼底镜、眼底荧光血管造影及眼底光学断层扫描等方法进行检查。

**4. 糖尿病周围神经病变的评定**　包括运动神经、感觉神经和自主神经功能的评定。诊断必须符合下列条件：糖尿病诊断明确；四肢（至少双下肢）有持续性疼痛和感觉障碍；双踝反射消失；主侧腓总神经感觉传导速度低于同年龄组正常值的 1 个标准差。

**5. 糖尿病足**　糖尿病足是指糖尿病患者踝关节以下部位的皮肤溃疡、肢端坏疽或感染，是由于长期神经和血管病变所致。

（1）神经检测

① SWME 检测：用一种尼龙单丝探针对足部进行刺激，评估足部的感觉，正常足部的保护性感觉阈值是 5.07，感觉低于此阈值水平有发生足部溃疡的危险。

②痛觉检查：针刺足底 9 个不同部位和足背 1 个部位，两个以上部位无感觉表明痛觉显著丧失。

③振动觉试验：使用生物振动阈测定仪进行足部检查，振动感觉阈值 >25V 者，说明足部发生溃疡的危险性明显增加；或使用有刻度的音叉在拇指末关节处检查，可诊断患者有无振动觉减退，如检查 3 次中有 2 次答错，表示音叉振动感觉缺失。

（2）足部供血评定

①间歇性跛行：糖尿病周围血管病变导致足部供血不良，患者常出现间歇性跛行，同时足部动脉搏动减弱或消失。若踝 – 肱血压指数（ABI）＜0.9 提示有糖尿病周围血管病变存在，ABI≤0.5 提示有严重的糖尿病周围血管病变。ABI = 踝动脉收缩压/肱动脉收缩压。

②经皮氧分压（$TcPO_2$）：反映皮肤微循环状态的指标，$TcPO_2$ ＜30mmHg 预示足部有发生溃疡的危险，$TcPO_2$ ＜20mmHg 则患者的溃疡几乎无愈合的可能，预示有截肢的危险。

③足部损害评估：采用 Wagnei's 足部损害分类可以预测足部溃疡的愈合潜力，它根据局部皮肤组织坏死的深度和范围将足部溃疡分为 6 级，并提出了相应的治疗方案，见表 17 – 2。

表 17 – 2　Wagnei' 足部损害分类

| 级别 | 评定标准 | 治疗措施 |
|---|---|---|
| 0 | 皮肤完整 | |
| 1 | 皮肤局部表浅溃疡 | 1 级或 2 级：有感染者给予紫外线与超声波配合治疗，无感染者用激光或红外线治疗 |
| 2 | 溃疡扩展到肌腱、骨、韧带或关节 | |
| 3 | 深部脓肿或骨髓炎 | 3 级：行外科清创配合抗生素静脉点滴，同时用超声波、紫外线、直流电抗生素导入治疗 |
| 4 | 1 个或多个足趾或前足坏疽 | 4 级：实施血管再造或血管成形术 |
| 5 | 全足坏疽 | 截肢 |

## （三）康复疗效评定

糖尿病康复治疗效果评价实际上与临床疗效评价一致。血糖升高是目前诊断糖尿病的主要依据，治疗目的在于尽可能长时间地保持无合并症及相对正常的生活，全部时间内维持血糖在正常范围，控制各种危险因素是评价糖尿病控制的重要指标之一，具体见表 17 – 3。

表 17-3　糖尿病控制目标

| 项目 | | 理想 | 尚可 | 差 |
|---|---|---|---|---|
| 空腹血糖（mmol/L） | | 4.4～6.1 | ≤7.0 | >7.0 |
| 餐后血糖（mmol/L） | | 4.4～8.0 | ≤10.0 | >10.0 |
| 糖化血红蛋白（%） | | <6.5 | 6.5～7.5 | >7.5 |
| 血压（mmHg） | | <130/80 | >130/80～140/90 | ≥140/90 |
| 体重质量指数（kg/m²） | 男 | <25 | <27 | ≥27 |
| | 女 | <24 | <26 | ≥26 |
| 三酰甘油（mmol/L） | | <1.5 | <2.2 | ≥2.2 |
| HDL-C（mmol/L） | | >1.1 | 1.1～0.9 | <0.9 |
| LDL-C（mmol/L） | | >2.6 | 2.6～4.0 | >4.0 |

### （四）心理功能评定

糖尿病患者的心理改变，主要是对疾病相关知识的缺乏而产生的焦虑、抑郁等。可采用相应的量表测试评定：Hamilton 焦虑量表；Hamilton 抑郁量表；简明精神病评定量表；症状评量表；睡眠自测 AIS 量表等。

### （五）日常生活活动评定

糖尿病患者的日常生活活动评定可采用 Barthel 指数评定。具体参见第二章康复护理评定。

## 第三节　康复护理技术 ᴇ微课3

PPT

 **素质提升**

### 防治糖尿病 圆梦中国

糖尿病是一种全球性流行病，成年人中约 10% 患有糖尿病，科学防治糖尿病是当前医学界的工作重点。我国糖尿病治疗起步较晚，1985 年，中日友好医院潘孝仁教授，联合美国国立卫生研究院贝内特教授和大庆油田总医院的胡英华院长，在中国开创糖尿病的预防之路，经过三代人历时 30 年的执着努力，大庆研究多次发布令全世界关注的结果。1997 年，在世界上第一次证明了简单的生活干预方式能够显著减少糖尿病高危人群的发病率。大庆研究的成果极大地推动了全世界的糖尿病预防，并促成了其后 10 年内世界性糖尿病预防研究的热潮。糖尿病预防圆梦中国，奠定了我国在该领域的领跑地位。我们的医学前辈们勇于探索，为患者的康复不辞辛苦，值得我们学习与尊敬。

## 一、康复护理目标

### （一）短期目标

1. 控制血糖，纠正各种代谢紊乱，促进糖、蛋白质、脂肪代谢功能的正常化，消除临床症状。
2. 控制病情，防止并发症，减轻各种并发症所致的功能障碍程度，降低患者的致残率和病死率。
3. 保证育龄期妇女的正常妊娠、分娩和生育。
4. 巩固和提高糖尿病患者的饮食治疗和药物治疗效果。

### （二）长期目标

1. 通过糖尿病教育，使患者掌握糖尿病的防治知识、必要的自我保健能力和自我监测技能。

2. 改善糖尿病患者的生活质量，使之正常参与社会劳动和社交活动，享有正常人的心理和体魄状态。

3. 保证儿童、青少年的正常生长、发育。

4. 维持糖尿病患者基本的体能和运动量，提高他们的生活和工作能力。

## 二、康复护理措施

康复护理原则：早期诊治、综合康复、个体化方案、持之以恒。强调综合治疗的五方面，即饮食控制、运动疗法、药物治疗、糖尿病教育及血糖自我监测。1 型糖尿病以胰岛素治疗为主，配合饮食和运动疗法；2 型糖尿病治疗以改善患者生活方式，控制饮食和运动锻炼为重点。

### （一）饮食疗法

由于糖尿病患者的代谢紊乱和机体能量调节障碍，需要人为地调节能量物质的供给，才能保持机体能量代谢的平衡。饮食调理是药物治疗的基础。

**1. 控制热量** 饮食控制是糖尿病治疗的基础，应定时、定餐、定量，严格并长期执行，以便促进机体胰岛功能的恢复。成人糖尿病患者每天每千克标准体重所需热量，如表 17－4 所示。

表 17－4 糖尿病患者每天所需热量 单位：kJ/（kg.d）[kcal/（kg.d）]

| 劳动强度 | 消瘦 | 正常 | 肥胖 |
|---|---|---|---|
| 轻体力劳动 | 147（35） | 126（30） | 84～105（20～25） |
| 中体力劳动 | 160（38） | 147（35） | 126（30） |
| 重体力劳动 | 160～210（38～50） | 160（38） | 147（35） |

营养素热量分配：合理的饮食结构应为膳食总热量中碳水化合物应占总热量的 50%～60%，蛋白质占 15%～20%，其中动物蛋白占 1/3，脂肪占 20%～25%。据此，可以计算出三大营养物质每天的摄入量。

**2. 制定食谱** 每日三餐热量分配应为 1/5、2/5、2/5 或 1/3、1/3、1/3，或分成四餐为 1/7、2/7、2/7、2/7，可根据患者饮食习惯、用药及病情控制情况进行调整。

**3. 微量元素补给** 鼓励糖尿病患者适当补给维生素和矿物质等微量元素，如食用荞麦、燕麦、玉米、豆类、海藻类、绿色蔬菜等高纤维素食物。

**4. 限盐和忌酒** 糖尿病患者每日的摄盐量不应超过 7g，伴有肾病者应小于 6g，有高血压者应小于 3g。糖尿病患者应忌酒。

### （二）运动疗法

运动不足是 2 型糖尿病发病的重要环境因素，长期规律的运动可以减少 2 型糖尿病的发生，提高胰岛素的敏感性，有利于控制血糖和预防糖尿病并发症。

**1. 适应证** 2 型糖尿病肥胖者、轻度和中度 2 型糖尿病患者，以及 1 型糖尿病稳定期的患者。

**2. 禁忌证** 急性并发症，如酮症酸中毒及高渗昏迷；合并各种急性感染；心力衰竭或心律失常；严重糖尿病肾病；严重糖尿病病足；严重糖尿病视网膜病变；新近发生的血栓；空腹血糖 >15.0mmol/L 或有严重的低血糖倾向应禁止运动治疗。

**3. 运动的风险** 运动有潜在的危险性，特别是已有糖尿病并发症的患者，可使冠心病加重，运动中血压升高，视网膜出血，尿蛋白增加，足溃疡加重，退行性关节病变加重以及发生低血糖等。但只要严格选择适应对象，加强监护和指导，这些危险是可以防止的。

### 4. 运动处方

（1）运动强度 糖尿病患者适宜的运动强度为中等强度，可以根据运动中靶心率确定，也可根据运动试验确定，常取运动试验中最高心率的 70% ~ 80% 作为靶心率。

（2）运动量 体重正常的患者，运动所消耗的热量应与其摄入的热量保持平衡，但对肥胖和超重的人要求运动消耗的热量大于摄入热量。运动量 = 运动强度 × 运动时间。

（3）运动项目 行走、慢跑、骑自行车、游泳、登山、上下楼梯、乒乓球、篮球、网球等运动，可以改善心血管功能和代谢功能；散步、太极拳、健身气功、保健体操等可起到放松精神、消除疲劳的作用。其中，步行是国内外最常用的运动项目。

（4）运动时间 自 10 分钟开始，逐渐延长至 30 ~ 40 分钟，如果运动时间过短达不到体内代谢的效果，但运动时间过长，易产生疲劳，加重病情。

（5）运动频率 每周运动 3 ~ 4 次较为合适，如果身体较好，每次运动后不感觉疲劳者，可坚持每天 1 次，运动锻炼不应间断。

### 5. 注意事项

（1）进行运动治疗前应先对患者身体状况进行全面的检查，充分了解糖尿病的程度和并发症的情况，以便选择合适的运动方式、运动强度和运动量。

（2）运动应循序渐进、持之以恒，切忌操之过急或半途而废。

（3）观察运动后的尿糖和血糖水平，据此确定运动量和强度是否合适，运动后尿糖阴性、血糖平稳，说明运动的方法和强度基本适合，否则，应考虑改变运动方法和运动量。

（4）运动量应控制在中等，即全身出汗、心率 < 130 次/ min，持续 20 ~ 30 分钟，最长可延长至 1 小时。

（5）为避免运动中低血糖发生，训练应安排在餐后 1 ~ 2 小时为宜，注射胰岛素的患者在药物作用高峰期间应避免运动，以防止低血糖。

（6）运动期间应注意安全，注意防止皮肤损伤和骨折。

## （三）药物治疗

**1. 口服降糖药物** 目前常用的口服降糖药物分为三类，即促胰岛素分泌剂、胰岛素增敏剂和 α - 葡萄糖苷酶抑制剂。促胰岛素分泌剂可引起低血糖，后两类一般不引起低血糖。可根据病情选用一种或两种药物联合治疗。

（1）促胰岛素分泌剂 磺酰脲类：如格列齐特，80 ~ 240mg/d；格列吡嗪 5 ~ 30mg/d 等，餐前服。格列奈类：如瑞格列奈，每次 0.5 ~ 4mg；那格列奈，每次 120mg，餐时服。

（2）胰岛素增敏剂 双胍类：如二甲双胍，0.5 ~ 2.0g/d，餐后服用。噻唑烷二酮类：如罗格列酮，4 ~ 8mg/d，早晚服用。

**3. 胰岛素治疗** 短效胰岛素，3 ~ 4 次/d，餐前 30 分钟皮下注射；中长效胰岛素，1 ~ 2 次/d，早、晚餐前 30 分钟皮下注射；预混胰岛素，1 ~ 2 次/d，早、晚餐前 30 分钟皮下注射。

## （四）血糖监测

自我检测血糖（SMBG）是近 10 年来糖尿病患者管理方法的主要进展之一。患者可应用便携式血糖计经常观察和记录血糖水平，为调整药物剂量提供依据。但应定期到医院检查，每 2 ~ 3 个月复查 HbAlc，每年 1 ~ 2 次全面体检。

## （五）心理护理

由于糖尿病病程长，患者会出现各种心理问题，影响患者情绪，要支持、爱护、帮助患者，消除精神压力，使患者正确认识疾病，树立战胜疾病的信心。

### 三、康复护理教育

**1. 积极宣教** 对糖尿病患者及其家属进行宣传教育，使其了解糖尿病基本知识，积极配合医护人员，自觉执行康复治疗方案，改变不健康的生活习惯，做好自我护理，如皮肤和足部护理等。

**2. 预防诱发因素** 如精神紧张、情绪不稳定、过度劳累、低血糖频繁发作、饮食控制不当、药物使用不当等。

**3. 饮食指导** 指导患者使用富含粗纤维的食物，可以降低血浆胆固醇水平，降低营养素的利用率，达到减慢糖的吸收、减低血糖的目的。

**4. 用药指导** 胰岛素的种类、剂量计算、调整及胰岛素治疗中的可能出现的并发症、不良反应及相应的处理措施。

**5. 患者自我监测** 指导患者自我观察和病情记录，包括每天饮食、精神状态、体力活动、血糖、尿糖检查结果等。

**6. 定期门诊复查** 定期检查空腹血糖、餐后两小时血糖、尿微量白蛋白，检查眼底、心血管及神经系统功能状态。

## 目标检测

### 一、选择题

**（一）单项选择题（下列各题备选结果，只有一个选项正确）**

1. 下列哪项是糖尿病的急性并发症（　　）
   A. 糖尿病足　　　　　　B. 糖尿病酮症酸中毒　　　　C. 糖尿病肾病
   D. 眼底出血　　　　　　E. 白内障

2. 糖尿病患者的饮食治疗，正确的有（　　）
   A. 病情轻者可不需饮食治疗
   B. 有并发症者不宜控制饮食
   C. 使用胰岛素者要给予高热量饮食
   D. 有肾功能不全者需限制蛋白质摄入
   E. 可不控制饮食

3. 正常人的空腹血糖值范围为（　　）
   A. 2.8 ~ 4.4mmol/L　　　　B. 4.4 ~ 6.1mmol/L　　　　C. 6.1 ~ 7.0mmol/L
   D. 7.0 ~ 7.8mmol/L　　　　E. 5.0 ~ 6.1mmol/L

4. 糖尿病患者在日常运动时应注意事项除了下列哪项（　　）
   A. 穿宽松衣裤、柔软棉线袜、合脚运动鞋及必要防护用具，避免出现运动伤害
   B. 随身携带应急食品（糖果、饼干、含糖果汁），当发生低血糖时及时服下
   C. 运动时注意饮水，无法随身携带时可在运动前、后各饮一杯
   D. 带好血糖仪，随时监测
   E. 携带糖尿病患者信息急救卡

5. 防治糖尿病视网膜病变，糖尿病患者应（　　）检查一次眼底

A. 两年 1 次　　　　　　B. 一年 1 次　　　　　　C. 每次体检时都要查

D. 出现眼部症状后检查　　E. 半年 1 次

6. 糖尿病患者在家注射速效胰岛素，当出现极度饥饿、软弱、手抖、出汗、头晕等时，应（　　）

    A. 让患者平卧并协助活动四肢

    B. 让患者卧床休息至症状消失

    C. 立即口服糖块

    D. 立即电话询问保健医生

    E. 上述都不对

**（二）多项选择题（下列各题备选结果，有 2 个或 2 个以上选项正确）**

7. 糖尿病的危险因素包括（　　）

    A. 肥胖　　　　　　　　B. 高血压　　　　　　　C. 血脂代谢紊乱

    D. 重体力劳动　　　　　E. 吸烟

8. 糖尿病患者的正确健康指导原则包括（　　）

    A. 掌握自我监测的方法　　B. 提高自我护理能力　　C. 指导患者定期复诊

    D. 防止意外发生　　　　　E. 增加对疾病的认识

## 二、思考题

1. 糖尿病的康复护理目标。

2. 糖尿病患者的康复护理教育内容。

---

**书网融合……**

本章小结　　　　　　微课 1　　　　　　微课 2　　　　　　微课 3　　　　　　题库

# 参考文献

[1] 张绍岚，戴波．康复护理 [M].2 版．北京：高等教育出版社，2022.

[2] 王玉龙，周菊芝．康复评定技术 [M].3 版．北京：人民卫生出版社，2020.

[3] 葛均波，徐永健，王辰．内科学 [M].北京：人民卫生出版社，2020.

[4] 闵水平．作业治疗技术 [M].3 版．北京：人民卫生出版社，2020.

[5] 文兆峰．临床医学概要 [M].北京：中国医药科技出版社，2020.

[6] 薛秀琍．常见疾病康复 [M].北京：中国医药科技出版社，2020.

[7] 左天香，黄学英．常见疾病康复 [M].北京：中国医药科技出版社，2020.

[8] 宋为群，孟宪国．康复医学 [M].4 版．北京：人民卫生出版社，2019.

[9] 张绍岚，王红星．常见疾病康复 [M].3 版．北京：人民卫生出版社，2019.

[10] 谭工，邱波．康复护理学 [M].3 版．北京：中国医药科技出版社，2019.

[11] 黄学英，丛大鹏，陶雯．康复护理学 [M].4 版．上海：同济大学出版社，2019.

[12] 周更苏．康复护理技术 [M].武汉：华中科技大学出版社，2019.

[13] 林成杰．康复治疗技术 [M].3 版．北京：人民卫生出版社，2019.

[14] 郑彩娥，李秀云．实用康复护理学 [M].2 版．北京：人民卫生出版社，2018.

[15] 窦祖林．作业治疗学 [M].3 版．北京：人民卫生出版社，2018.

[16] 梁娟．作业治疗技术 [M].北京：中国医药科技出版社，2018.

[17] 林成杰，孙权．康复评定技术 [M].北京：中国医药科技出版社，2018.

[18] 燕铁斌，尹安春，康复护理学 [M].4 版．北京：人民卫生出版社，2017.

[19] 张玲芝．康复护理学基础 [M].北京：人民卫生出版社，2014.

[20] 赵辉三．假肢与矫形器学 [M].2 版．北京：华夏出版社，2013.

[21] 燕铁斌．物理治疗学 [M].2 版．北京：人民卫生出版社，2013.

[22] 汪家琮．日常生活技能与环境改造 [M].北京：华夏出版社，2005.

[23] 中华医学会，中华医学会杂志社，中华医学会全科医学分会，等．冠心病心脏康复基层指南（2020）[J].中华全科医师杂志，2021，20（2）：150－165.

[24] JuhaniK，WilliamW，AnttiS，etal. 2019 ESC Guidelines for the diagnosis and management of chronic coronary syndromes [J].European Heart Journal，2020，41（3）：407－477.

[25] 中华医学会心血管病学分会，中国康复医学会心血管病专业委员会，中国老年学学会心脑血管病专业委员会．冠心病康复与二级预防中国专家共识 [J].中华心血管病杂志，2013，41（4）：267－275.

[26] 孙佩伟，马建新．冠心病的康复进展 [J].中国康复理论与实践，2015，21（12）：1425－1429.